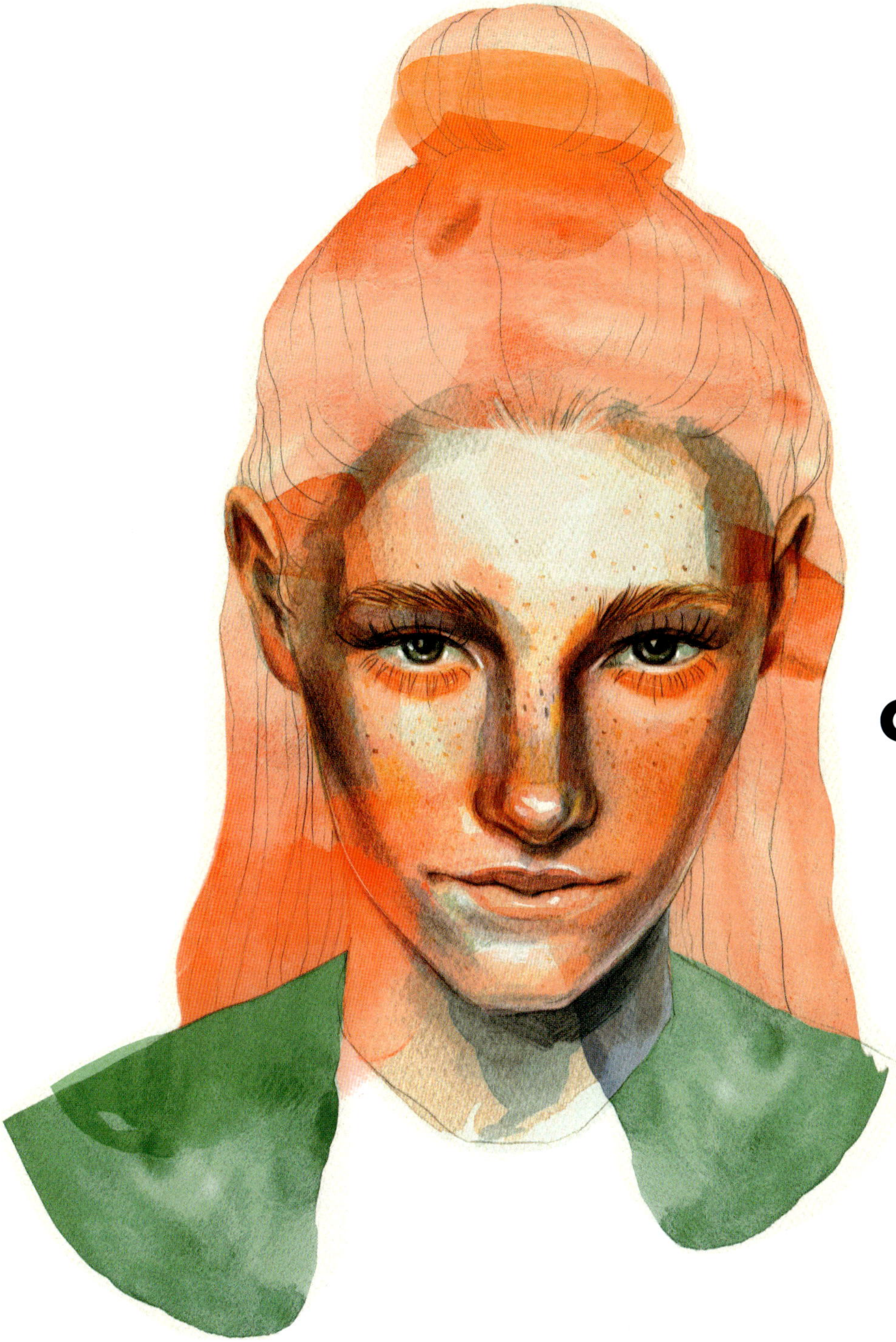

RETRATOS CREATIVOS
EN ACUARELA

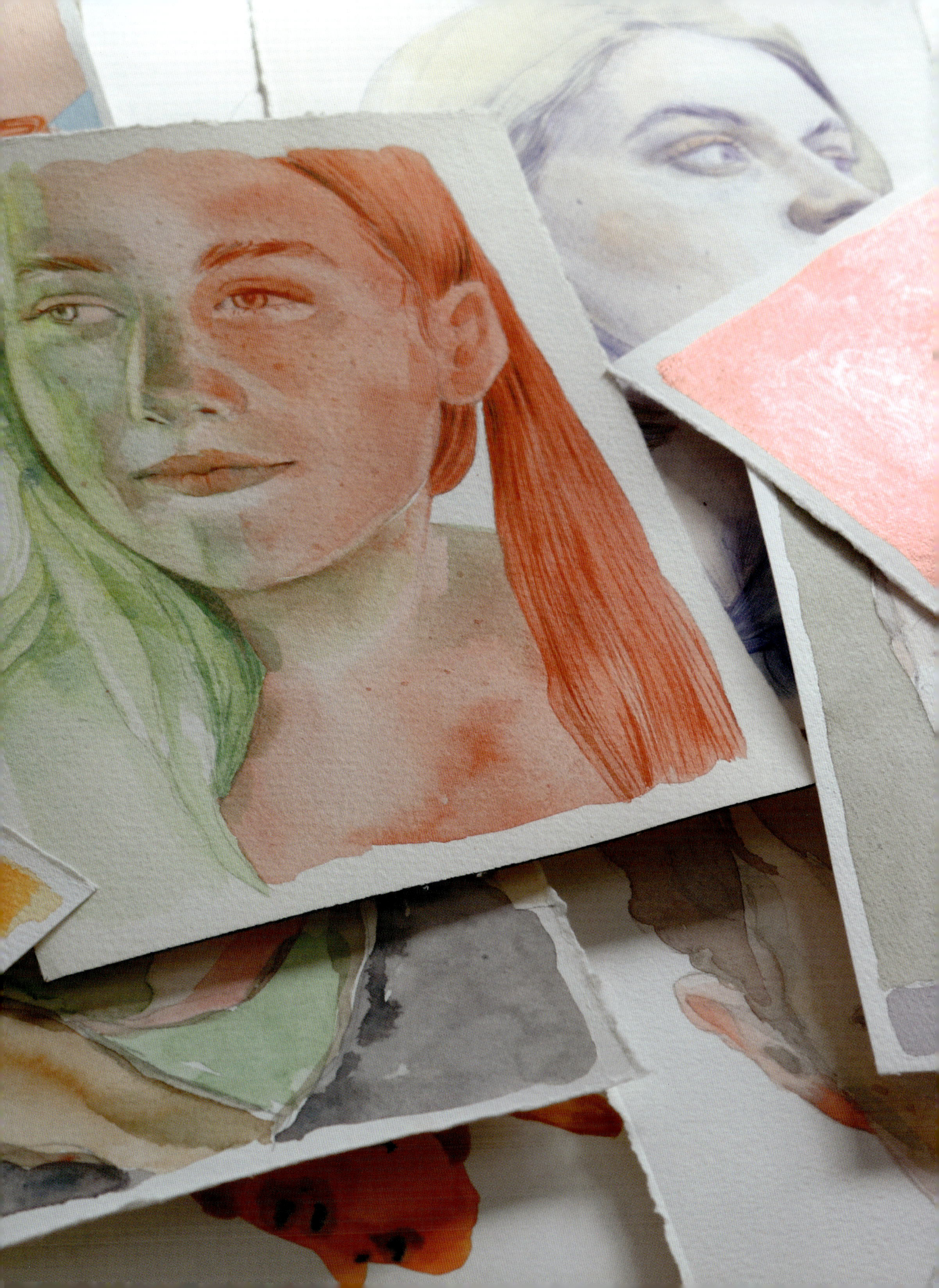

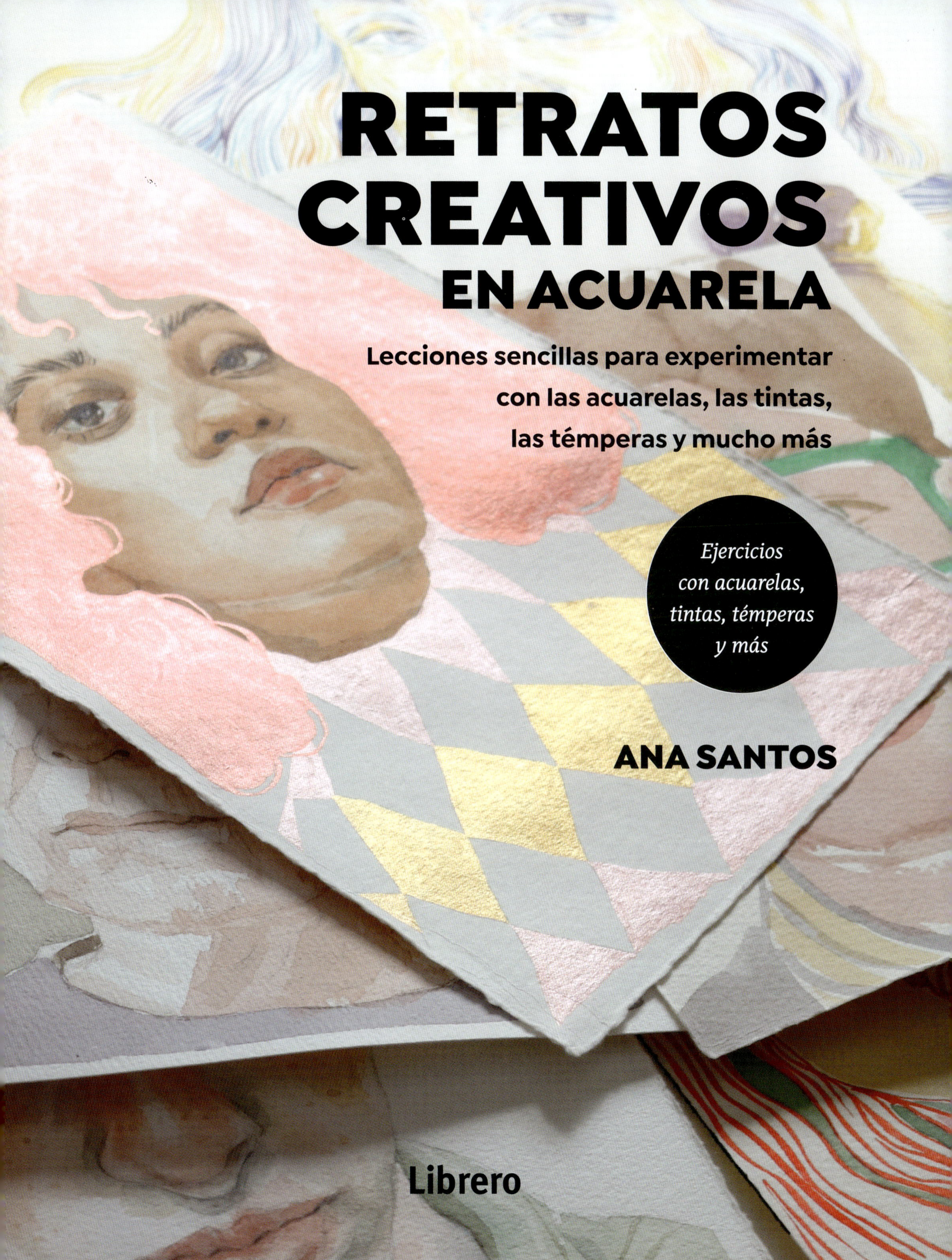

RETRATOS CREATIVOS
EN ACUARELA

Lecciones sencillas para experimentar
con las acuarelas, las tintas,
las témperas y mucho más

*Ejercicios
con acuarelas,
tintas, témperas
y más*

ANA SANTOS

Librero

ÍNDICE

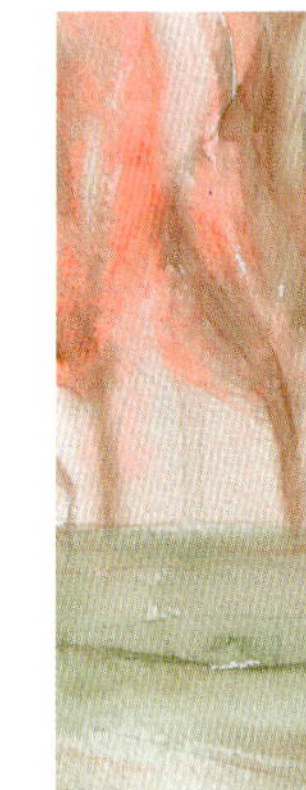

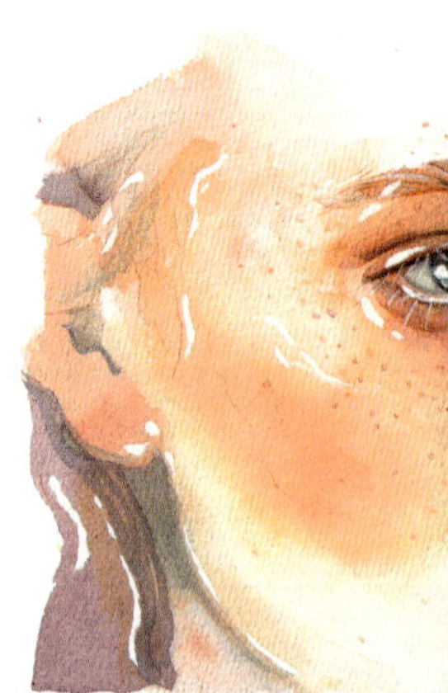

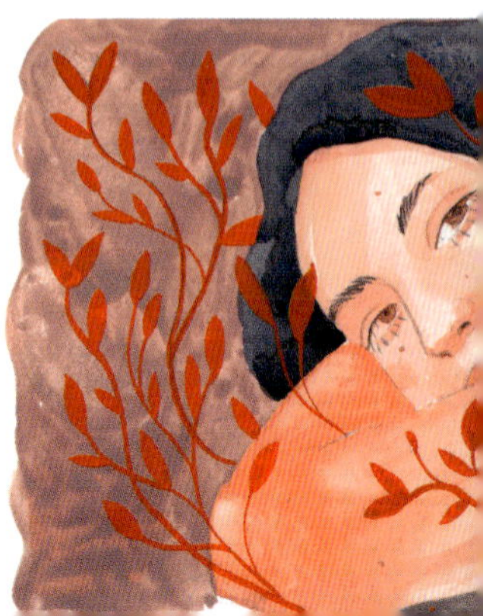

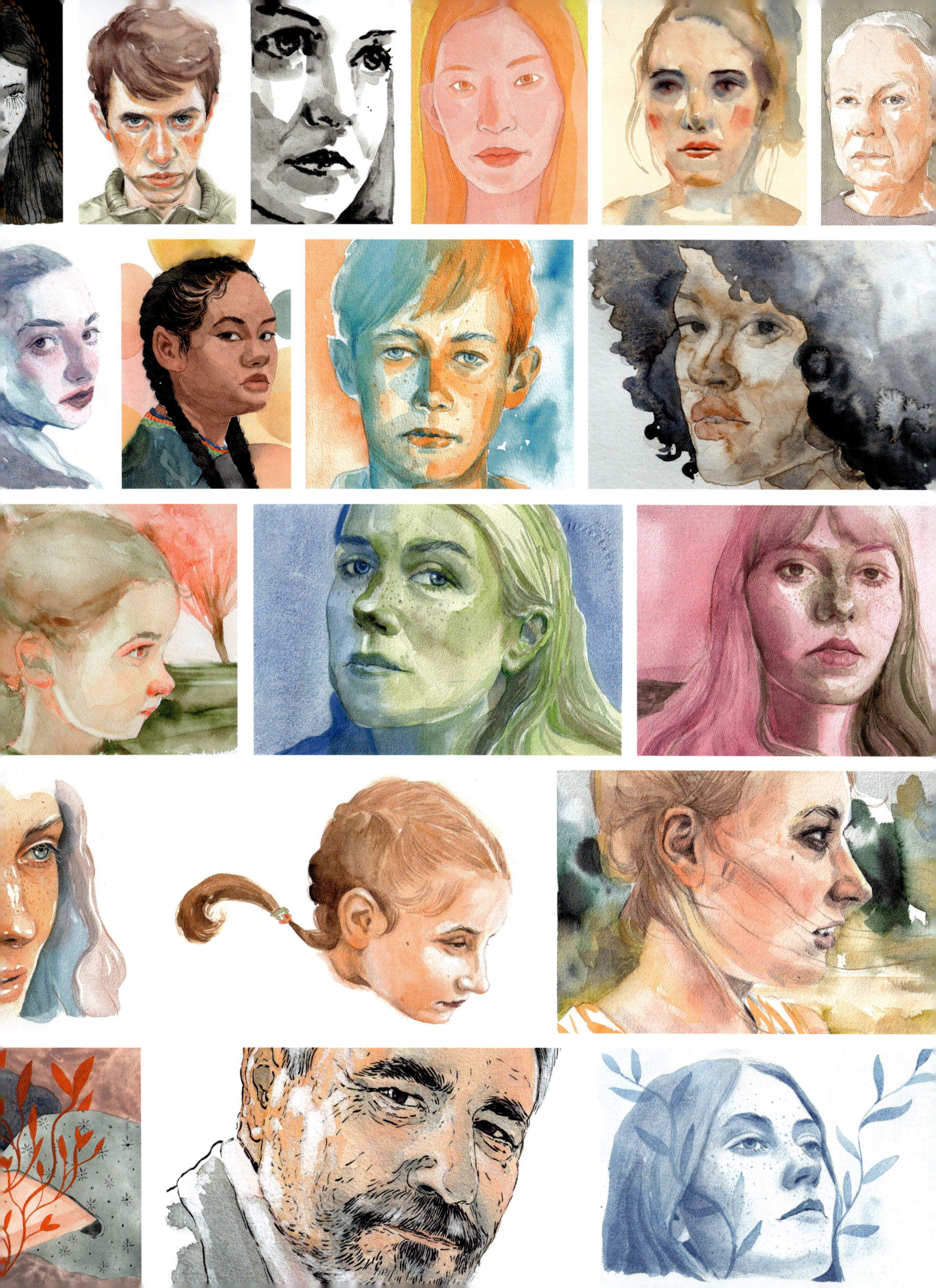

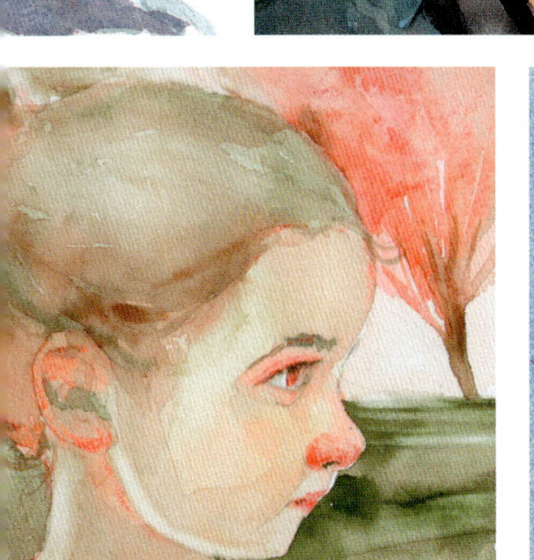
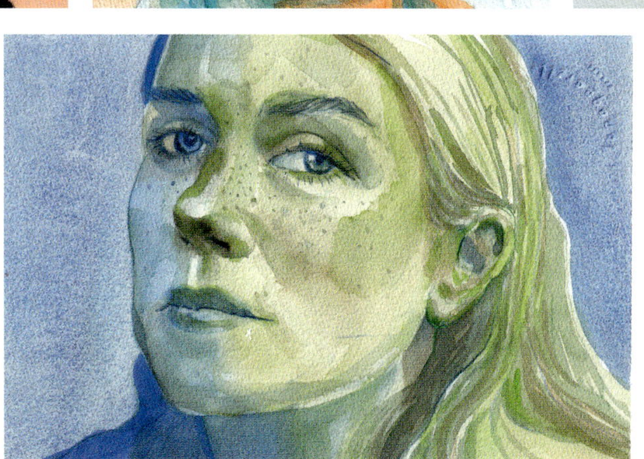
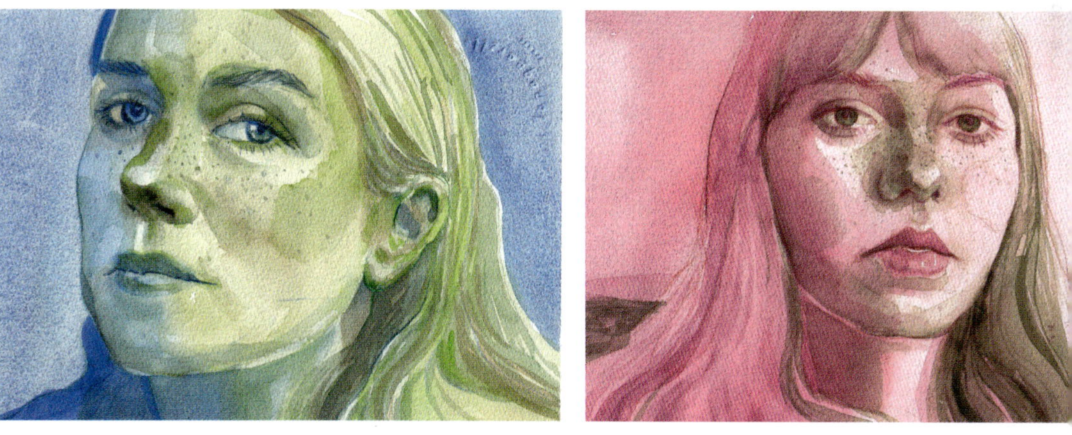
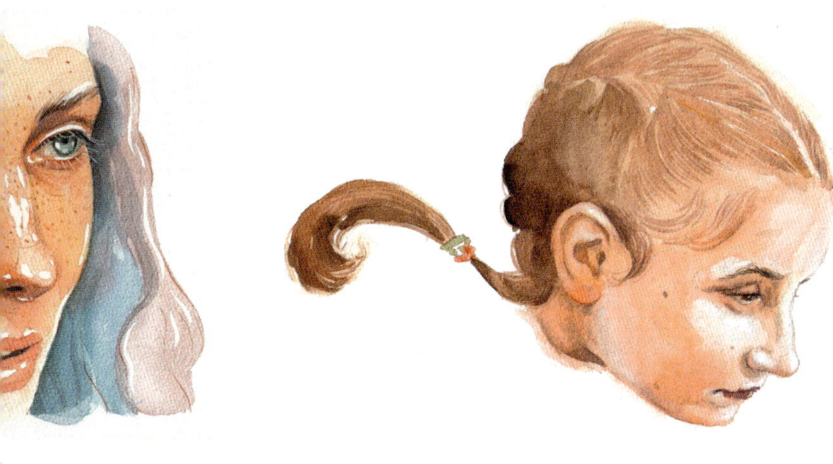
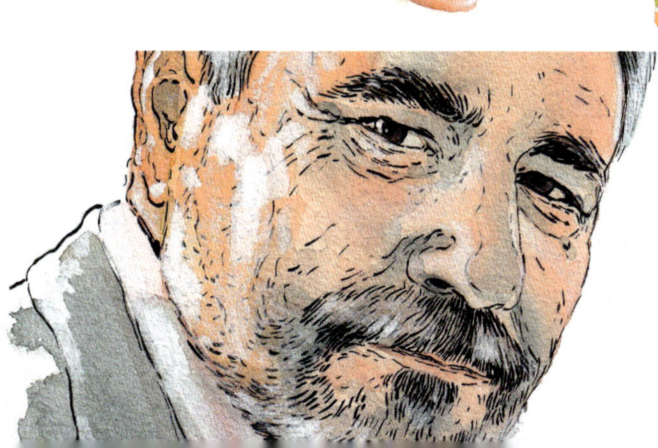
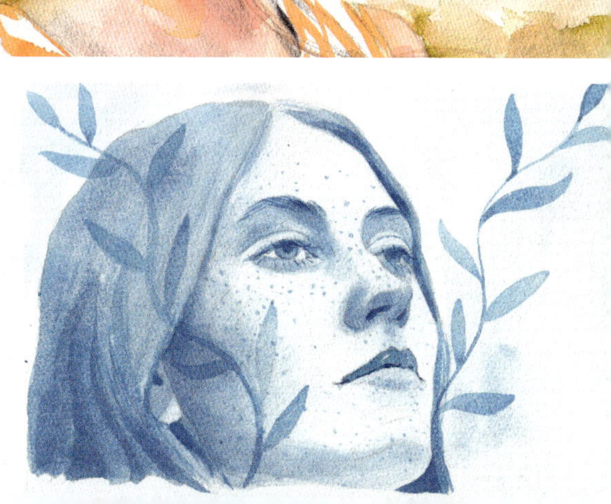

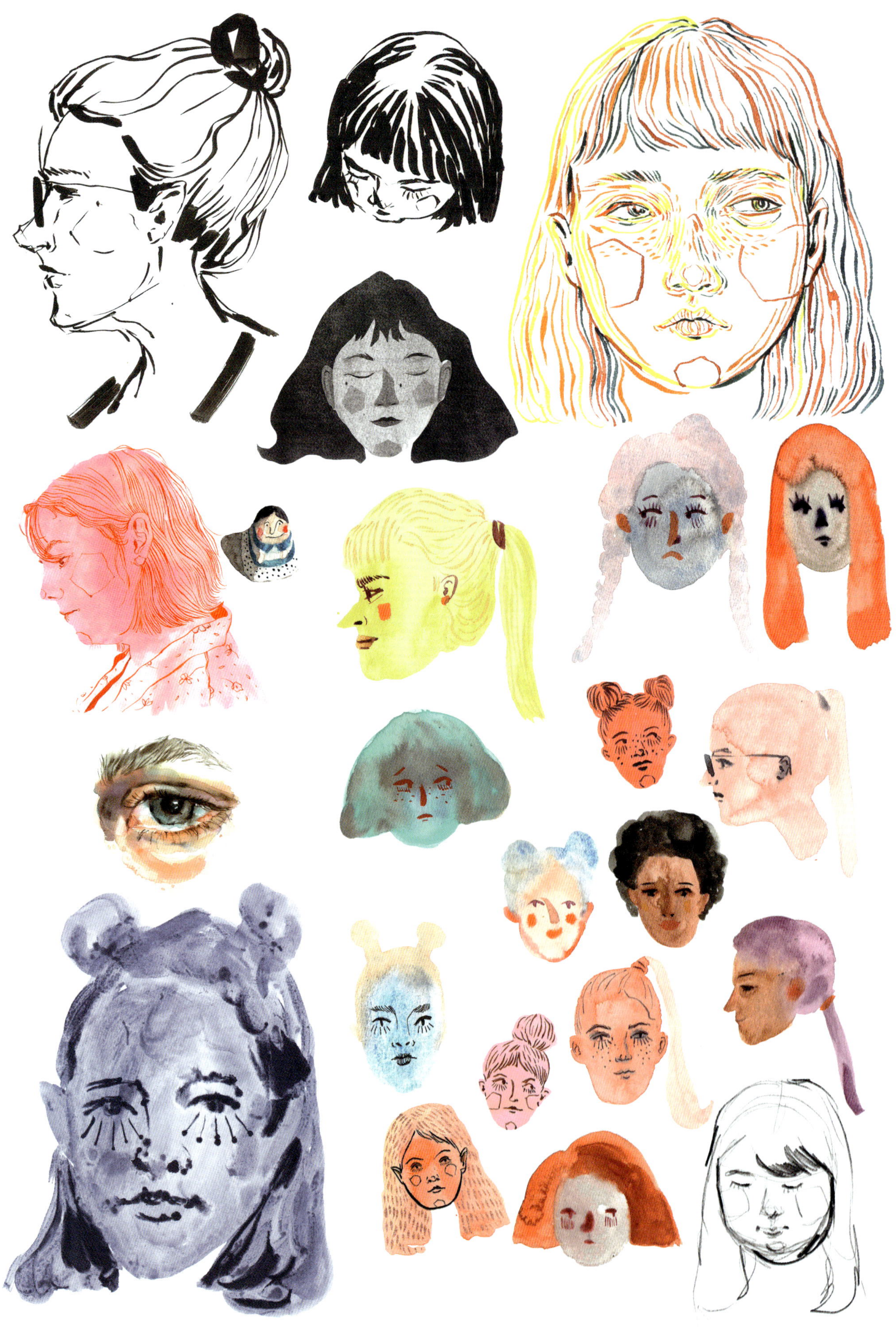

INTRODUCCIÓN

Dibujar ha sido una de mis actividades favoritas desde que era una niña. Siempre ha sido un refugio donde he encontrado la calma. Los retratos, en concreto, siempre me han fascinado. Lo que más me gustaba era inventar caras y dotarlas de una personalidad.

Descubrí las acuarelas en el colegio y me han acompañado desde entonces. Fue al terminar mis estudios de Bellas Artes cuando empecé a comprender más a fondo la acuarela y a interesarme por las diversas técnicas que ofrece.

Lo que más me fascina de esta técnica es que, a pesar de parecer sencilla (pintura, agua y nada más), se pueden crear infinidad de efectos, texturas y trazos variados en función de cómo se mezclen estos dos elementos. Es una de las técnicas más adecuadas para combinar con otros métodos y materiales, y eso la hace aún más versátil. Además, el uso de distintos tipos de papel le ofrece aún más posibilidades.

Para mí, las acuarelas son sorprendentes. Son una combinación de magia y azar, y eso es lo que las hace tan especiales. Dejar que el agua fluya y se adapte por sí misma, sorprenderse con el resultado, tener paciencia durante el proceso de secado, descubrir nuevos efectos y acabados. Creo que con la acuarela nunca se deja de aprender y de sorprenderse.

El juego y la experimentación son fundamentales en mi trabajo. Aprender nuevas técnicas, probar distintos acabados y, sobre todo, disfrutar y divertirme durante el proceso. Creo que estas son las cuestiones más importantes a la hora de elegir la acuarela como pasatiempo. Me gusta pintar con otros tipos de materiales, como óleos o acrílicos, pero la acuarela tiene esa magia aleatoria y sorprendente que siempre me hace volver a ella.

En este libro quiero compartir algunas de las cosas que he aprendido a lo largo de todos estos años. No quería que fuera un libro muy complejo, así que he intentado ser breve e introducir técnicas sencillas para que pueda descubrir poco a poco a esta misteriosa amiga que es la acuarela. Aunque este libro trata sobre la pintura de retratos, puede aplicar lo que aprenda aquí a lo que desee, y recuerde que lo principal es divertirse y disfrutar del proceso.

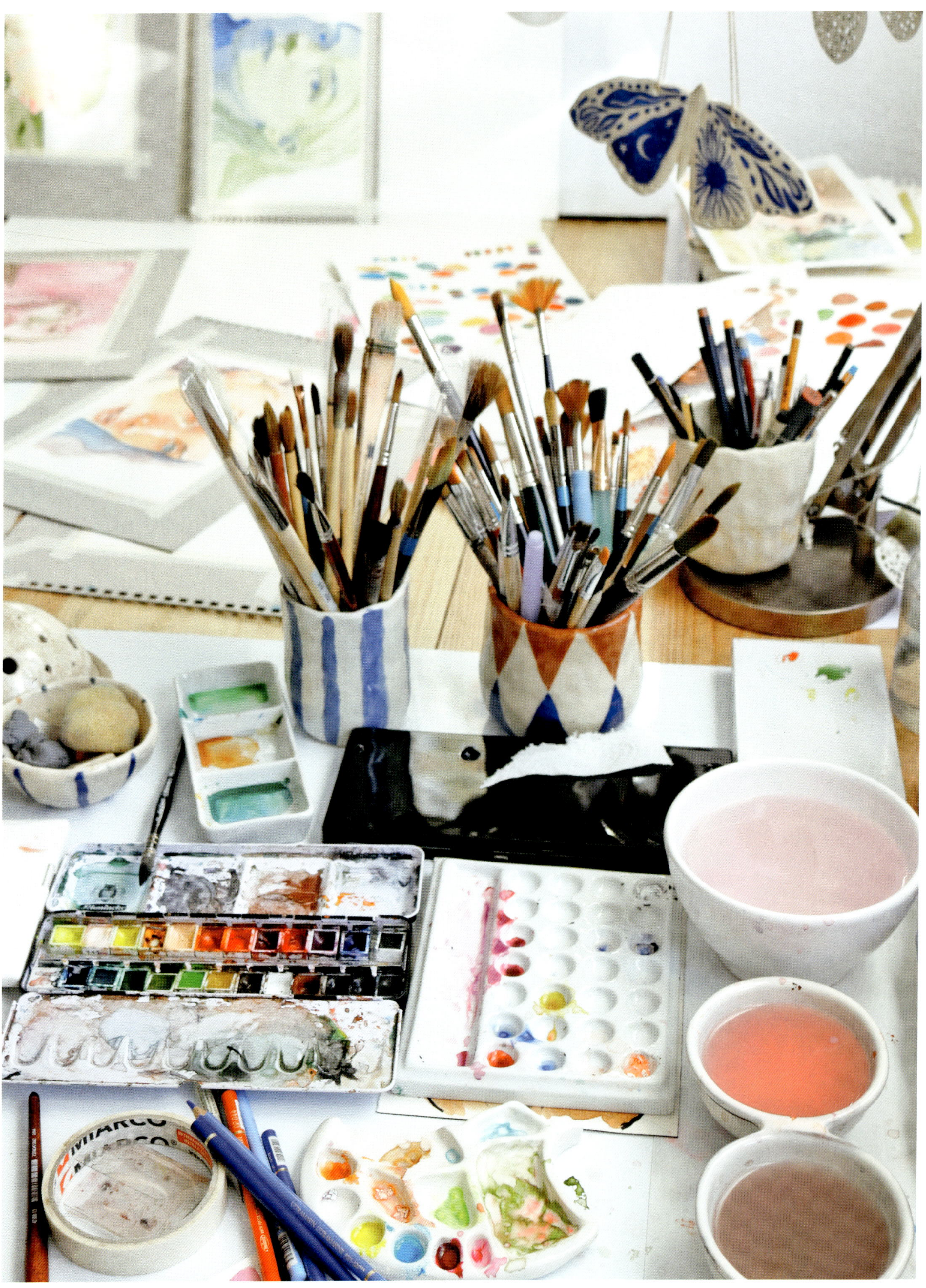

MATERIALES Y TÉCNICAS BÁSICOS

La acuarela es una técnica que es muy fácil de combinar con otras. En este libro veremos algunas de ellas más adelante, pero para empezar no nos compliquemos demasiado. Lo mejor es familiarizarse primero con la acuarela y sus posibilidades, y, una vez que hayamos aprendido las técnicas, podremos introducir nuevos materiales.

TIPOS DE ACUARELAS

En la actualidad, se pueden encontrar a la venta distintos tipos de acuarelas. Hay acuarelas en pastilla, acuarelas en tubo y acuarelas líquidas, así como lápices y rotuladores acuareables. Su elección dependerá de sus gustos y de lo que le vaya mejor. Personalmente, tengo todo tipo de acuarelas, y las combino para conseguir distintos efectos y resultados.

ACUARELAS EN PASTILLA

Las acuarelas en pastilla son la presentación más conocida y práctica, especialmente para pintar al aire libre o cuando se está de viaje. Puede comprar un set con los colores básicos (hay marcas que ofrecen sets que son ediciones especiales con diferentes paletas de colores) o bien comprar un estuche metálico para acuarelas y, a medida que vaya utilizando los colores, sustituirlos o añadir los que más le gusten. Para mí, esta opción es ideal. Los estuches metálicos duran mucho tiempo si se cuidan bien y se mantienen limpios. Las acuarelas en pastilla también duran mucho tiempo, y se activan humedeciendo la pintura con agua.

ACUARELAS EN TUBO

Las acuarelas en tubo tienen una textura cremosa y pueden hacerse más transparentes o más opacas, según la cantidad de agua con la que se mezclen. Algunos colores son más pigmentados en el formato de tubo que en las acuarelas en pastilla.

Si desea crear grandes cantidades de color, aguadas extensas, colores más saturados o colores más pigmentados, las acuarelas en tubo son una opción excelente. Para este tipo de pinturas también es una buena idea tener una paleta para guardar los colores que quiera utilizar. La mejor opción es utilizar una caja metálica donde depositar el color y guardar lo que sobre para reactivarlo con agua en otra ocasión. Esta es una buena opción si sabe que no va a utilizar los tubos durante un tiempo. Si abre los tubos y no los usa enseguida, lo más probable es que se

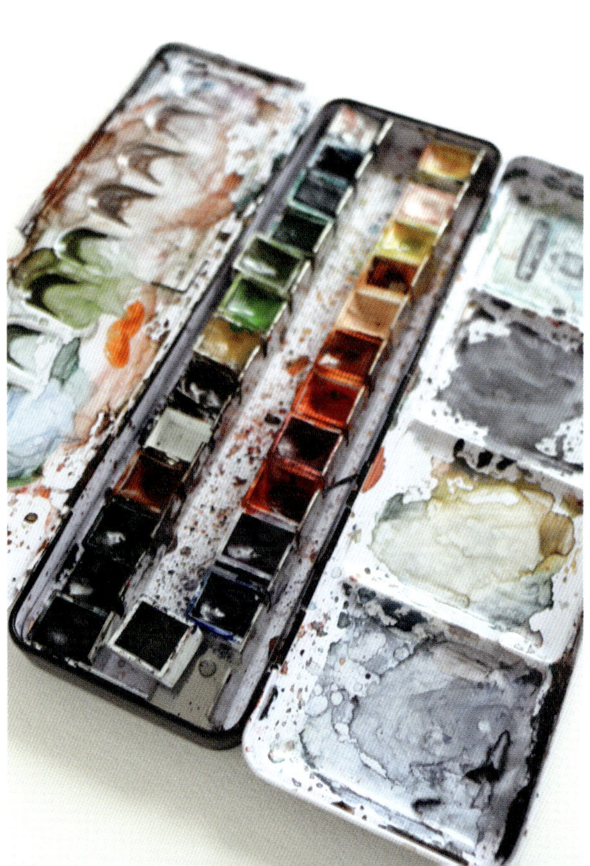

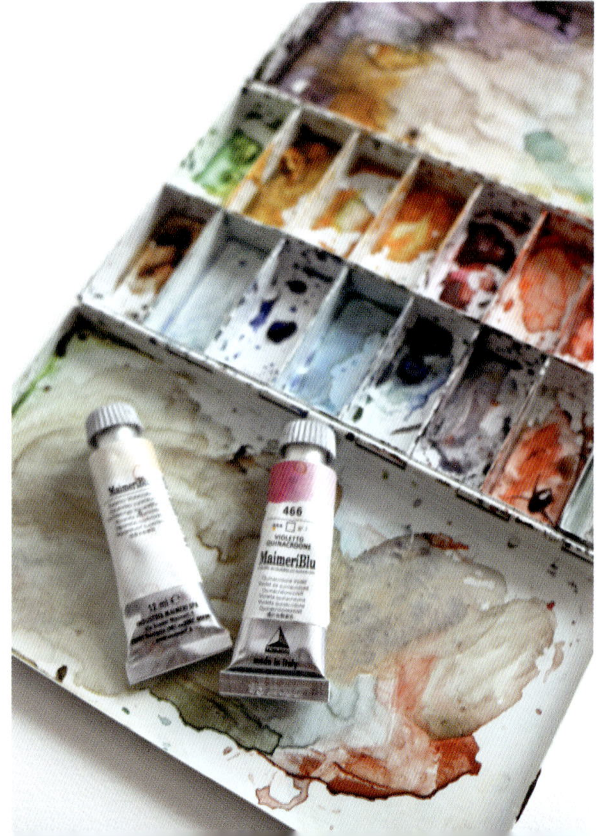

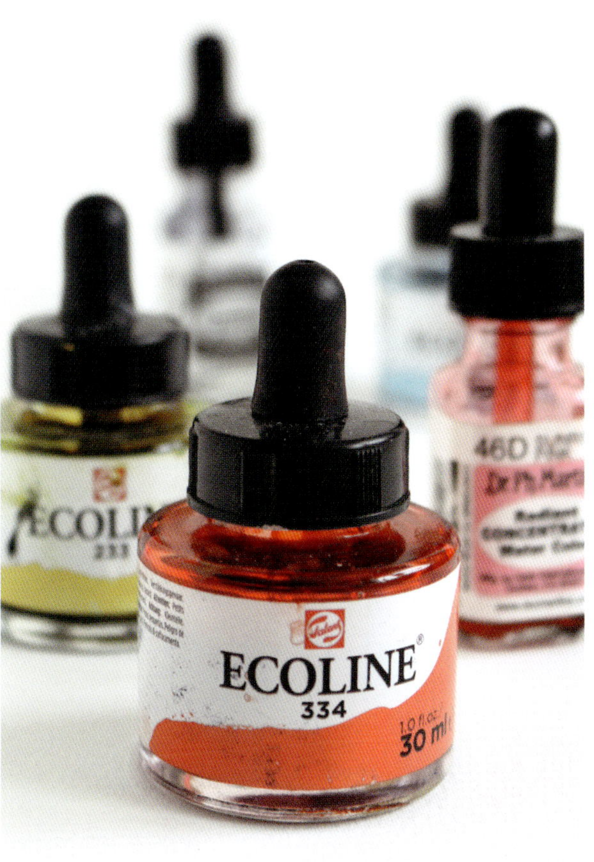

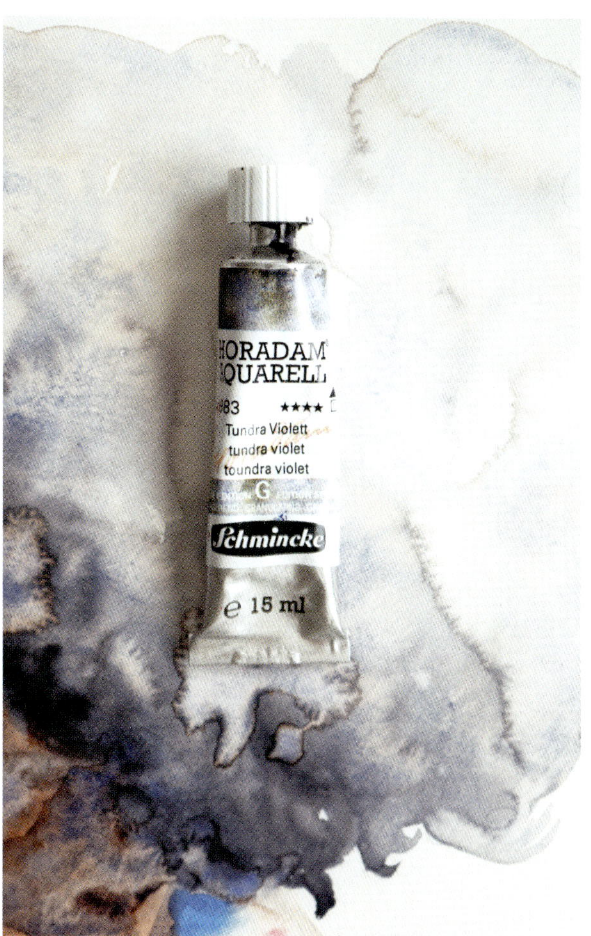

sequen. Si esto ocurre, corte el tubo con un cúter y úselo como si fuera una acuarela en pastilla.

Las acuarelas en tubo son una buena opción si busca colores que sean más «especiales». Algunos colores que vienen en tubos presentan efectos únicos una vez se han secado, como diferentes texturas.

ACUARELAS LÍQUIDAS

Las acuarelas líquidas suelen venir en botes de plástico o cristal con un cuentagotas para facilitar su uso sin desperdiciarlas. Lo que distingue estas pinturas para acuarela es el tipo de pigmento del que están hechas. Al ser un tinte, podemos hacer colores intensos y fluorescentes, y obtener colores más saturados que cuando utilizamos acuarelas en pastilla.

Puede utilizar las acuarelas líquidas directamente sobre el papel. Como ya son líquidas, no requieren agua necesariamente. Si se aplican directamente, el color será puro y muy concentrado. Siempre existe la opción de añadir un poco de agua para aumentar la transparencia o disminuir la saturación

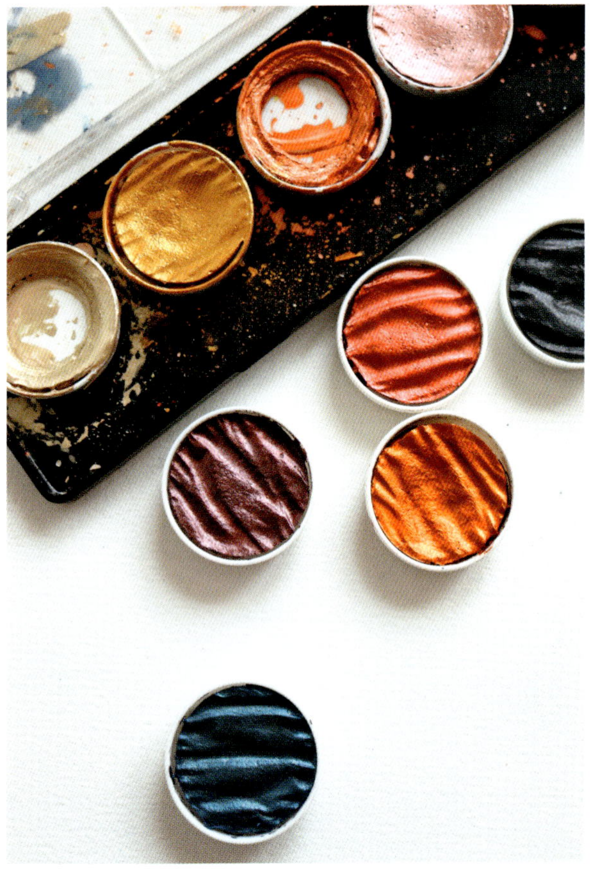

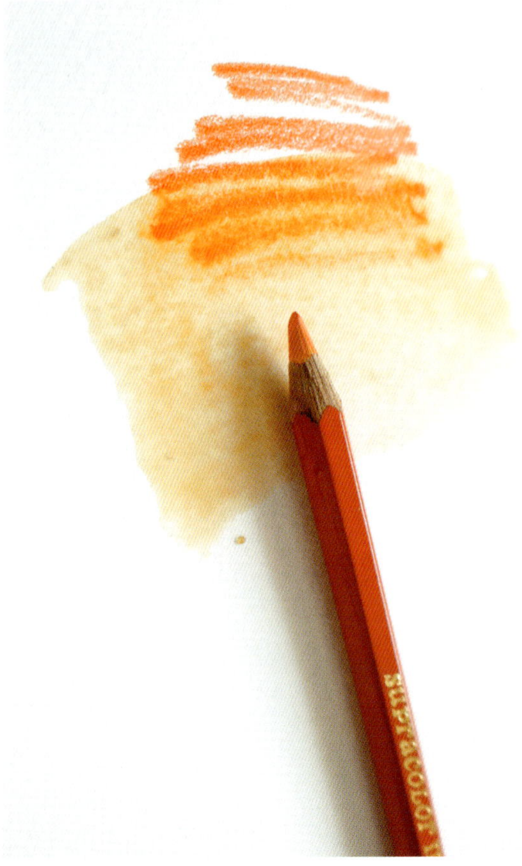

OTRAS OPCIONES

Otro tipo de pinturas para acuarela muy atractivas son las **acuarelas metalizadas**. Si busca un acabado diferente o irisado, las acuarelas metalizadas pueden darle resultados muy interesantes.

También hay ceras, rotuladores y lápices acuareables.

ELECCIÓN Y USO DE LA PINTURA

Cuando empiece a aprender cualquier técnica nueva, procure elegir un material económico para poder practicar sin estropear productos que sean más caros. Muchas veces, cuando compramos material más profesional o más costoso, nos da miedo utilizarlo o lo dejamos para ocasiones «especiales». Esto nos limita a la hora de practicar. No vamos un paso más allá y nos quedamos con lo que ya sabemos hacer. No nos permitimos la libertad de experimentar y ver otras posibilidades.

Aunque es verdad que optar por materiales de calidad nos dará mejores resultados, a veces también depende de la habilidad individual y de la capacidad de sacar el máximo partido a los materiales de los que disponemos. En mi caso, opto por no subestimar ningún material, y creo que se pueden realizar ilustraciones interesantes incluso con materiales destinados a estudiantes.

Mi consejo es que dedique tiempo a experimentar con un material para ver qué posibilidades puede ofrecerle y cómo le hace sentir mientras lo utiliza. Con el tiempo irá prescindiendo de algunos materiales y, al final, se quedará con los que le resulten más cómodos para trabajar. A mí me gusta utilizar y combinar las tres opciones principales de pintura para acuarela, ya que cada una da un resultado distinto. Cuando se combinan, el abanico de posibles resultados es mucho mayor. Pero, independientemente de lo que elija, cuando empiece, no compre materiales muy caros.

CONSEJOS ÚTILES PARA TRABAJAR CON ACUARELA

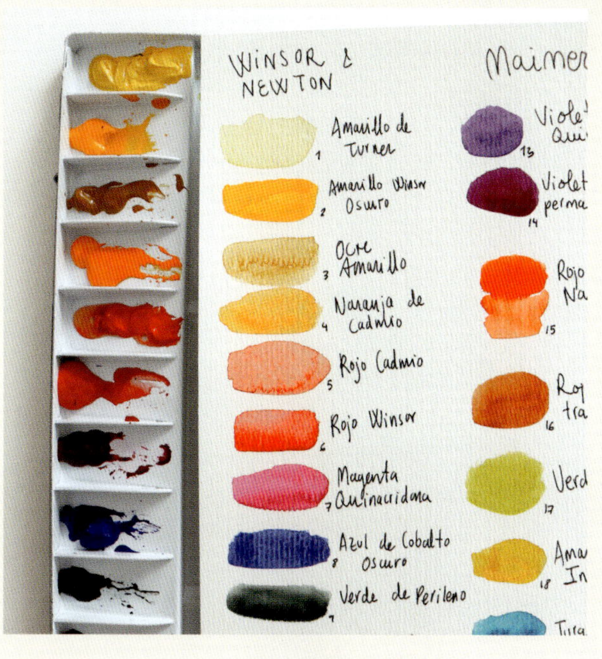

- No deje sus materiales al sol. Guárdelos mientras no los utilice. ¡Haga lo mismo con sus pinturas! Con el tiempo, el sol blanqueará los colores.

- Utilice una pequeña jeringuilla o un cuenta-gotas para llevar una buena cantidad de agua a la paleta, le ahorrará tiempo.

- Antes de empezar a pintar, haga paletas de colores para aprender el verdadero color de las pinturas. El aspecto que muestran los colores en sus envases es muy distinto del que tienen sobre el papel.

- Guarde un trozo de papel desechable para probar un color antes de pintarlo en el papel que utilizará en el proyecto final.

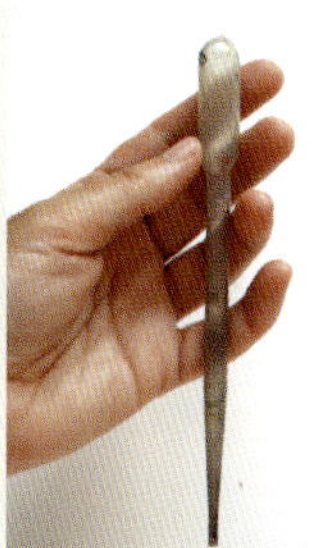

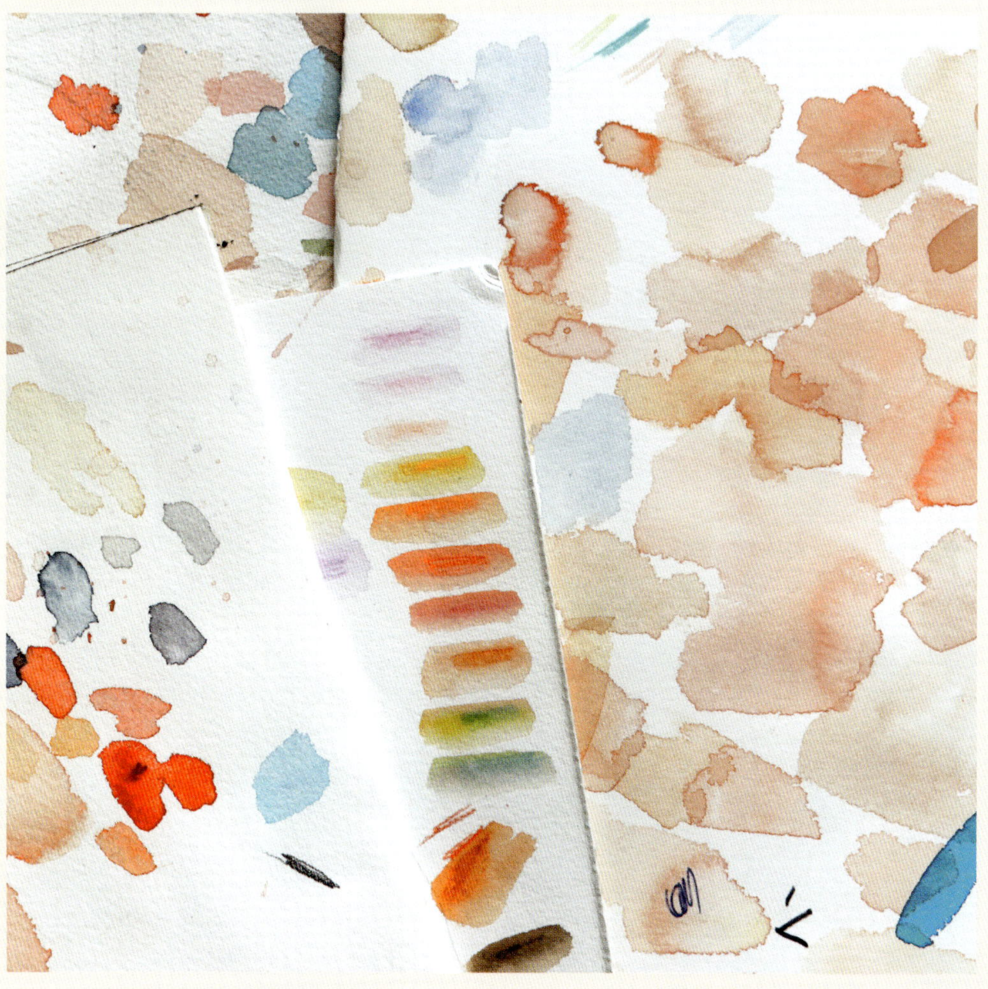

La elección de **un buen papel es primordial**. Las pinturas son importantes pero, en la acuarela, el papel es crucial cuando se trata de obtener un resultado gratificante, ya que es el soporte principal de nuestro trabajo.

Cuando se empieza con la acuarela, se suele elegir el papel más económico, y a veces los resultados no son muy satisfactorios que digamos. Esto puede ser frustrante, y es posible que empiece a pensar que nunca se le dará bien esta técnica. Pero con solo cambiar la calidad del papel, a menudo se obtienen mejores resultados. Los materiales de bellas artes suelen ser caros, así que si necesita economizar, opte por destinar un poco más de su presupuesto al papel.

Hay muchos tipos diferentes de papel que varían en tamaño, configuración (como hojas sueltas o en blocs), texturas y gramajes. Hay una gran variedad de papeles disponibles, y es interesante probarlos todos: ¡con cada uno obtendrá un resultado distinto!

El papel que elija es muy importante porque tiene que poder aguantar determinadas cantidades de agua y pintura. Conocer el gramaje del papel es fundamental. Cuanto menor sea el gramaje, menos capas de agua tolerará. Siempre recomiendo un gramaje mínimo de 300 gramos por metro cuadrado, lo que permite realizar pinturas con varias capas de acuarela.

Si elige papel de menor gramaje, procure no utilizar demasiada agua o resérvelo para trabajos sencillos con una sola capa. Yo suelo utilizar papel de menor gramaje para hacer texturas sencillas de una capa, para pruebas de color o para bocetos sencillos cuando quiero probar y experimentar antes de utilizar un papel más caro.

El tamaño y el formato del papel son una elección muy personal.

Existen hojas sueltas de gran formato que puede recortar del tamaño que desee con una carpeta de papel a modo de guía. También puede utilizar blocs de hojas de papel. La ventaja de los blocs es que suelen estar encuadernados, lo que mantiene el papel tenso al pintar y, por lo tanto, no se ondula. Una vez seco, el papel queda muy liso y entonces puede arrancarse del bloc. Es una opción excelente, pero no podrá arrancar el papel del bloc hasta que haya terminado de pintar. Por eso es bueno disponer de otros blocs o papeles sueltos si tiene que pintar mucho.

Otra cualidad importante es la **textura**. Hay acabados satinados (prensado en caliente), así como granos finos y gruesos (prensado en frío).

El papel satinado es un papel liso prensado con rodillos calientes que le confieren la textura suave. Los ilustradores profesionales lo prefieren porque permite aplicar detalles y acabados más definidos, delicados y «limpios». Al escanear la imagen, se aprecian mejor los detalles y la textura del papel no resulta visible.

Por el contrario, el papel de grano grueso se prensa en frío. Estos papeles suelen tener más textura, y permiten crear distintos tipos de efectos, texturas y trazos con el pincel. Normalmente los utilizan los profesionales que pintan paisajes, bodegones o pintan al aire libre porque aportan mucho más carácter y consistencia que un papel satinado. Visualmente y al tacto, tienen un acabado reconocible como acuarela por su grado de rugosidad.

Personalmente, me gusta trabajar con todo tipo de papeles, y la elección depende del proyecto en el que vaya a trabajar. El mismo método de pintura da resultados muy diferentes según el papel que se utilice.

Permítase probar diferentes opciones y experimentar. Al final, somos como los cocineros: podemos usar los mismos materiales y pinturas, pero cada uno de nosotros añade su toque personal.

Tenga en cuenta que cada empresa tiene su propia manera de fabricar papel. Una marca de papel de grano fino de 300 gramos por metro cuadrado puede ser muy diferente de otra aunque se describan de la misma manera. Personalmente, siempre que puedo opto por probar diferentes productos y hago un seguimiento de los que mejor me funcionan. Como en todo el proceso, la decisión es muy subjetiva.

PINCELES

La elección de los pinceles es algo muy personal. A veces nos pasamos y creemos que necesitamos tener tantos tipos de pinceles como sea posible. Pero le puedo asegurar que aún conservo un pincel de punta redonda del n.º 24 que compré para mi primera clase de Bellas Artes. Lo he utilizado en numerosos proyectos. Me ha permitido trabajar tanto con detalles como con grandes aguadas. Es el único pincel que he utilizado durante los cinco años que duraron mis estudios.

Con esto le quiero decir que me bastó un solo pincel de buena calidad, y a día de hoy sigue como nuevo. Siempre que los cuide bien, los pinceles suelen durar mucho tiempo. Si puede, compre pinceles buenos.

No hace falta que compre pinceles de todos los tamaños o formas si no le parece viable. Aunque cada uno puede darle un acabado distinto o ayudarle a esbozar ciertas cosas de manera diferente, cuando esté empezando no es imprescindible.

En el mercado existen pinceles sintéticos y naturales. La elección depende mucho del gusto de cada uno. Sin duda, existen pinceles sintéticos de muy buena calidad.

Los pinceles están disponibles en todos los tamaños o números. Hay pinceles redondos, pinceles planos, pinceles lengua de gato, pinceles de mopa, pinceles en abanico, pinceles delineadores y mucho más. Para empezar, basta con tener solo dos pinceles redondos: un n.º 6 o un n.º 12 para pequeños detalles, y un n.º 20 o un n.º 24 para grandes aguadas. Si además añade un pincel plano de numeración alta también podrá hacer grandes aguadas.

Personalmente, mis favoritos son los pinceles japoneses (o de estilo japonés). Algunos tienen un extremo redondo con la punta muy fina. Son excelentes tanto para aplicar grandes aguadas como pinceladas, ya que pueden retener mucha agua.

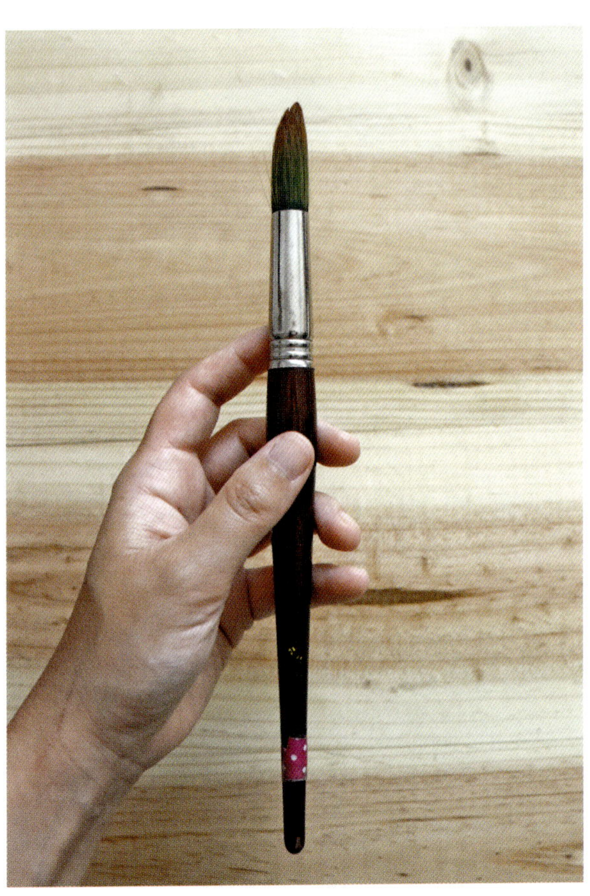

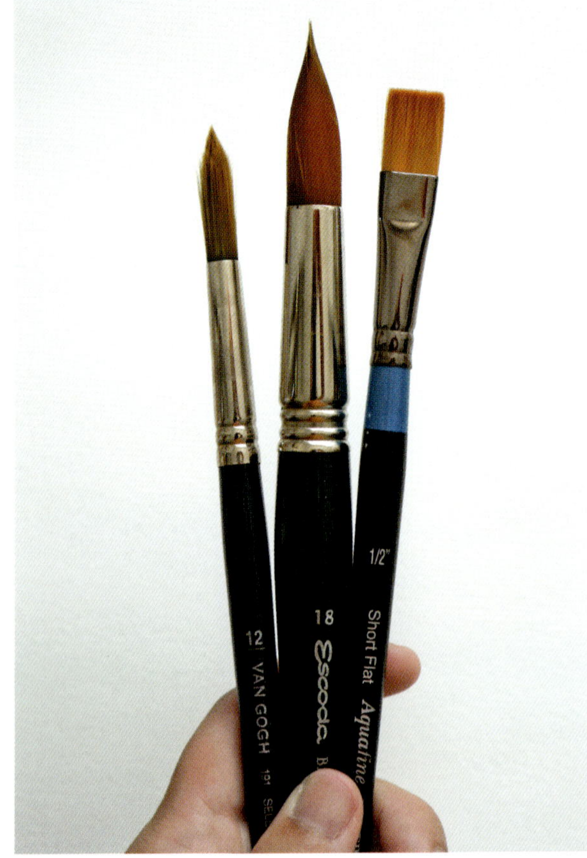

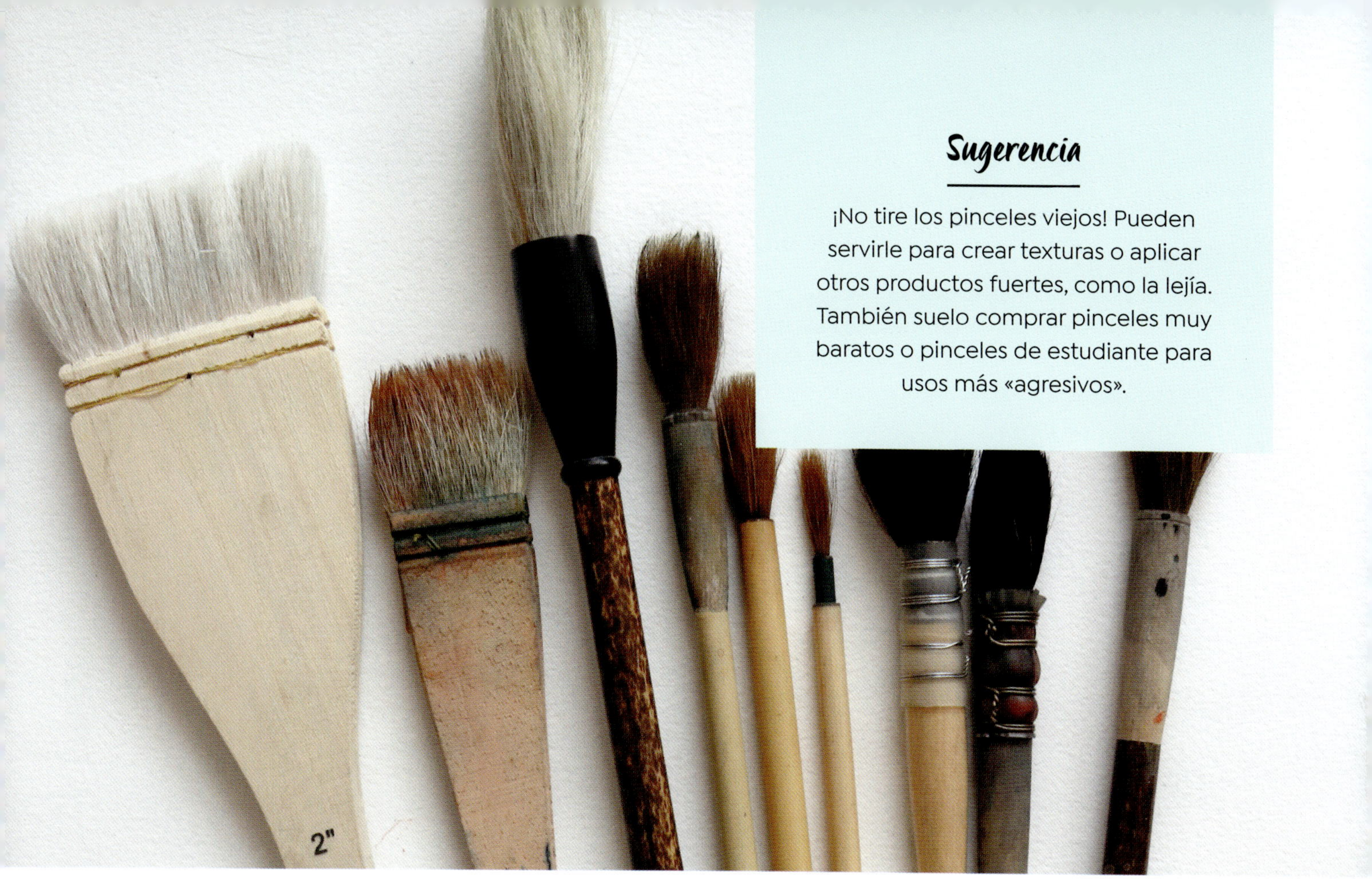

Sugerencia

¡No tire los pinceles viejos! Pueden servirle para crear texturas o aplicar otros productos fuertes, como la lejía. También suelo comprar pinceles muy baratos o pinceles de estudiante para usos más «agresivos».

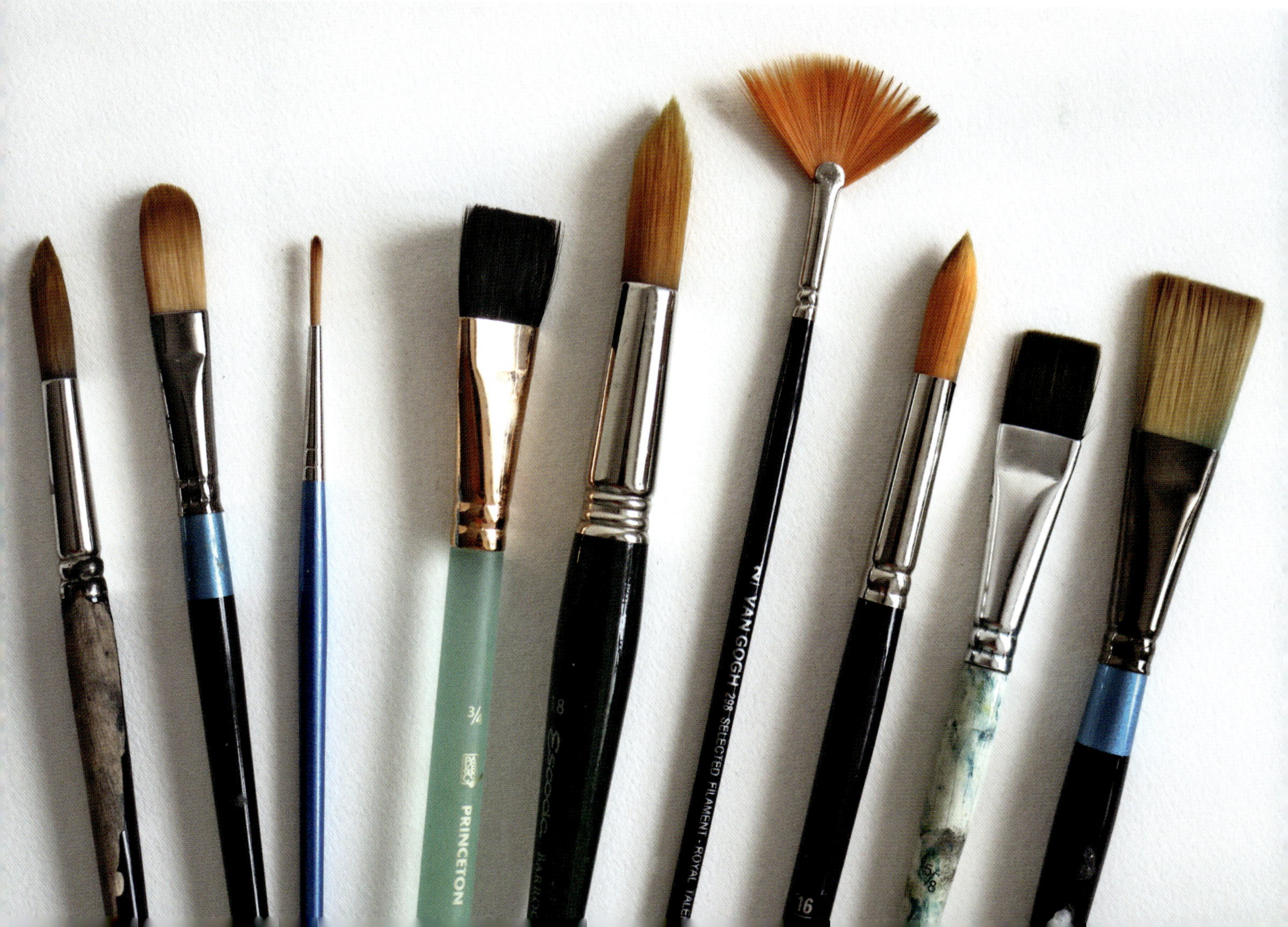

OTROS MATERIALES

Además de los materiales básicos e imprescindibles que necesitamos para iniciarnos en la acuarela, podemos ir incluyendo otros materiales complementarios. A continuación comparto algunas de las herramientas que utilizo. Añada lo que crea necesario y le funcione.

PALETA

Las acuarelas en pastilla suelen incluir una paleta, pero no está de más utilizar otra. Las hay de plástico, metal o cerámica. Personalmente le recomiendo que compre una de cerámica. Son fáciles de limpiar y las pinturas se mezclan mejor. También las hay de diferentes tamaños. Pero si le gusta pintar cuando está de viaje, una paleta de metal le resultará más ligera y cómoda.

Sugerencia

Si no tiene una paleta, puede mezclar los colores en un plato de su vajilla.

PAPEL ABSORBENTE

El papel absorbente tiene varios usos. Le irá bien para limpiar y eliminar el exceso de agua de los pinceles mientras trabaja.

Asimismo, puede utilizar el papel absorbente como pincel para arrastrar la pintura o absorberla. O bien para crear texturas interesantes.

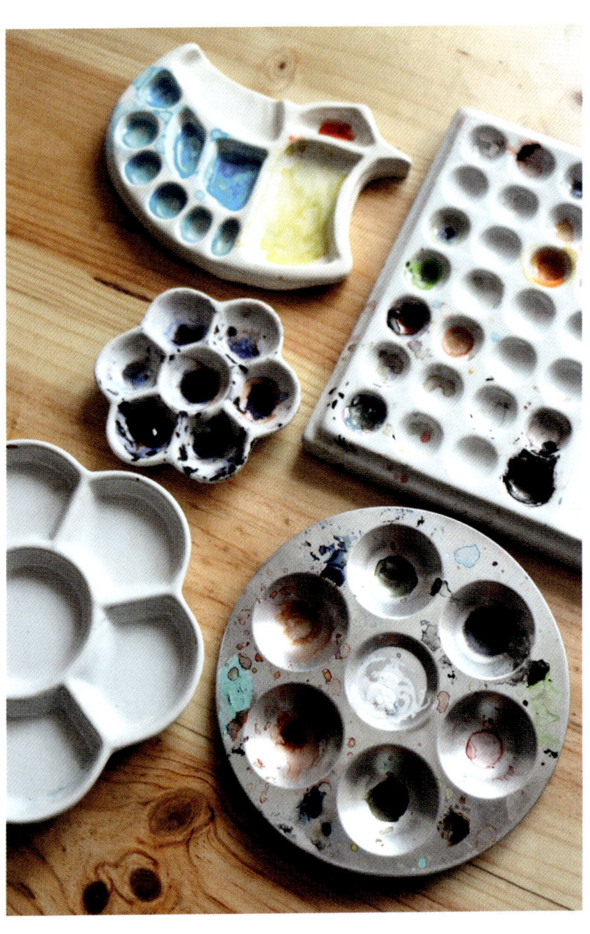

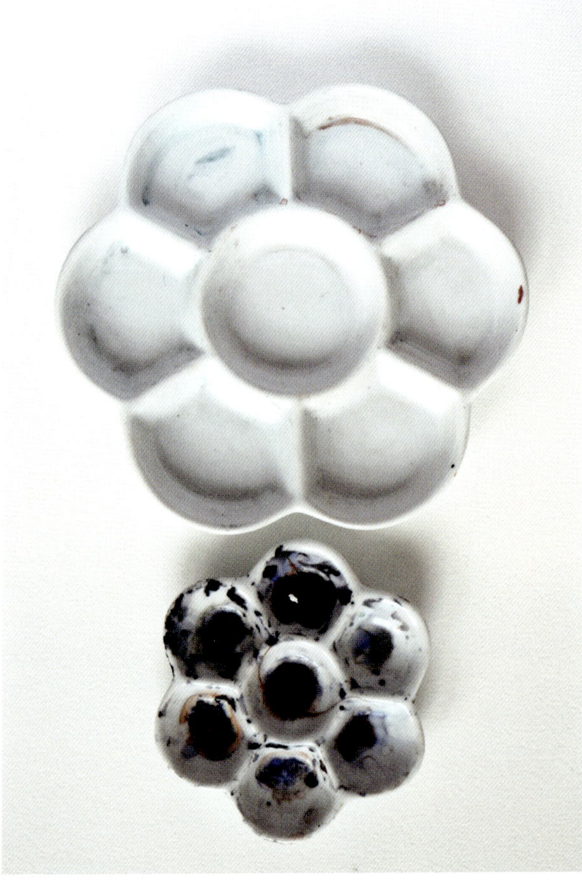

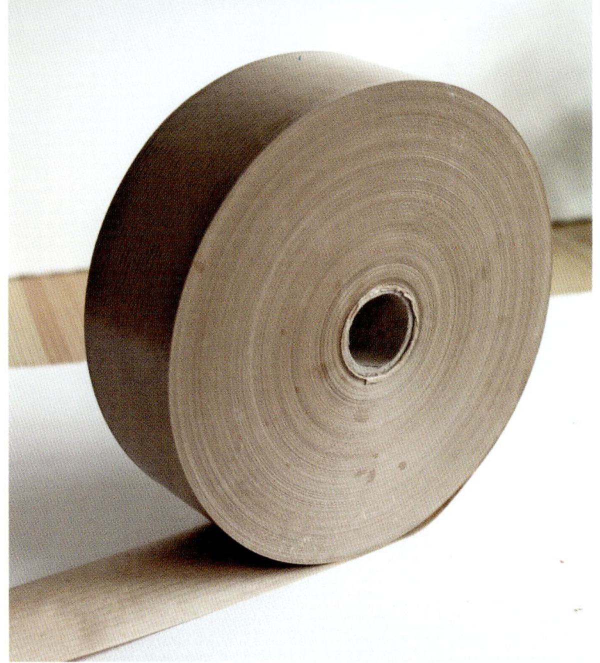

CINTA ADHESIVA

Si pinta sobre una hoja suelta, la cinta le ayudará a tensar y fijar el papel en el soporte que elija, ya sea una mesa, un tablero o un trozo de cartón.

También puede utilizarla para preservar valores de color claros o crear líneas rectas.

CINTA DE PAPEL DE ESTRAZA

La cinta de papel de estraza permite tensar el papel en un soporte. Así podrá pintar sin miedo a que se combe. La cinta debe humedecerse con agua para activar el adhesivo y que se pegue a los bordes del papel, y tiene que estar completamente seca antes de empezar a trabajar. Una vez que el papel está seco, recorte los bordes con un cúter.

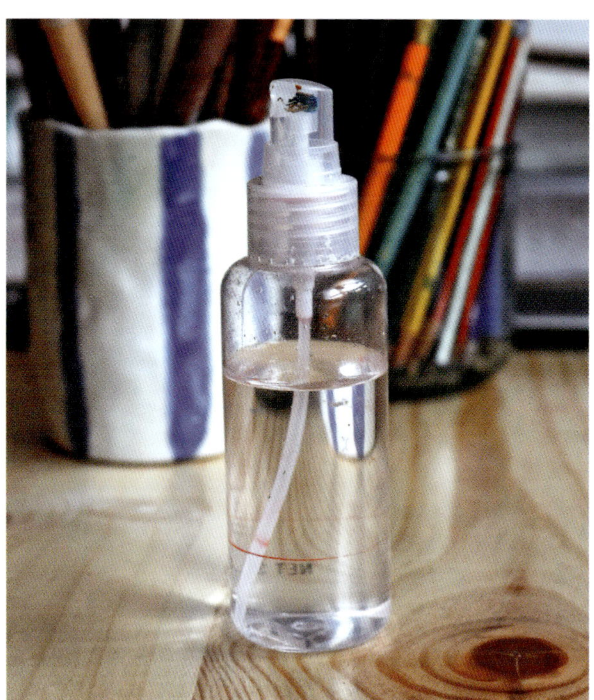

BOTE DE AEROSOL

Un pequeño bote de aerosol lleno de agua limpia puede ayudarle a hacer lo siguiente:

» Mantener su dibujo húmedo durante más tiempo (aplique el aerosol desde una distancia segura).

» Activar las pastillas de acuarela.

» Crear efectos especiales al pulverizar el agua sobre sus dibujos.

También puede llenar un bote de aerosol con acuarelas líquidas y rociarlas sobre el papel.

ESPONJA

Existen esponjas especiales para acuarela, pero también puede utilizar esponjas de baño normales, que se pueden encontrar en diferentes calidades. Las esponjas absorben y crean valores claros, se pueden usar como un pincel grande para crear aguadas con agua o pintura, y sirven para crear texturas.

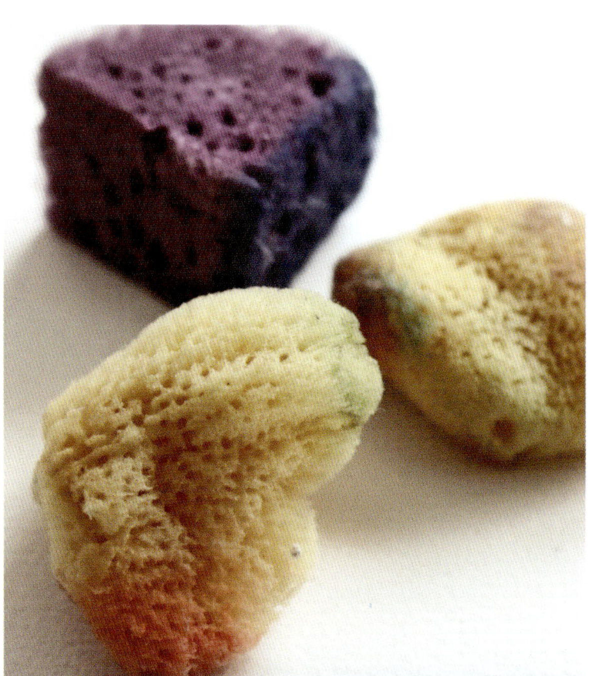

SECADOR DE PELO

Cuando necesite terminar un proyecto cuanto antes, siempre puede optar por utilizar un secador de pelo. Es una forma fantástica de acelerar el proceso de secado de la acuarela.

Los materiales que tenga y la forma de emplearlos son ilimitados. Láncese y dé rienda suelta a su imaginación. ¡No se ponga límites!

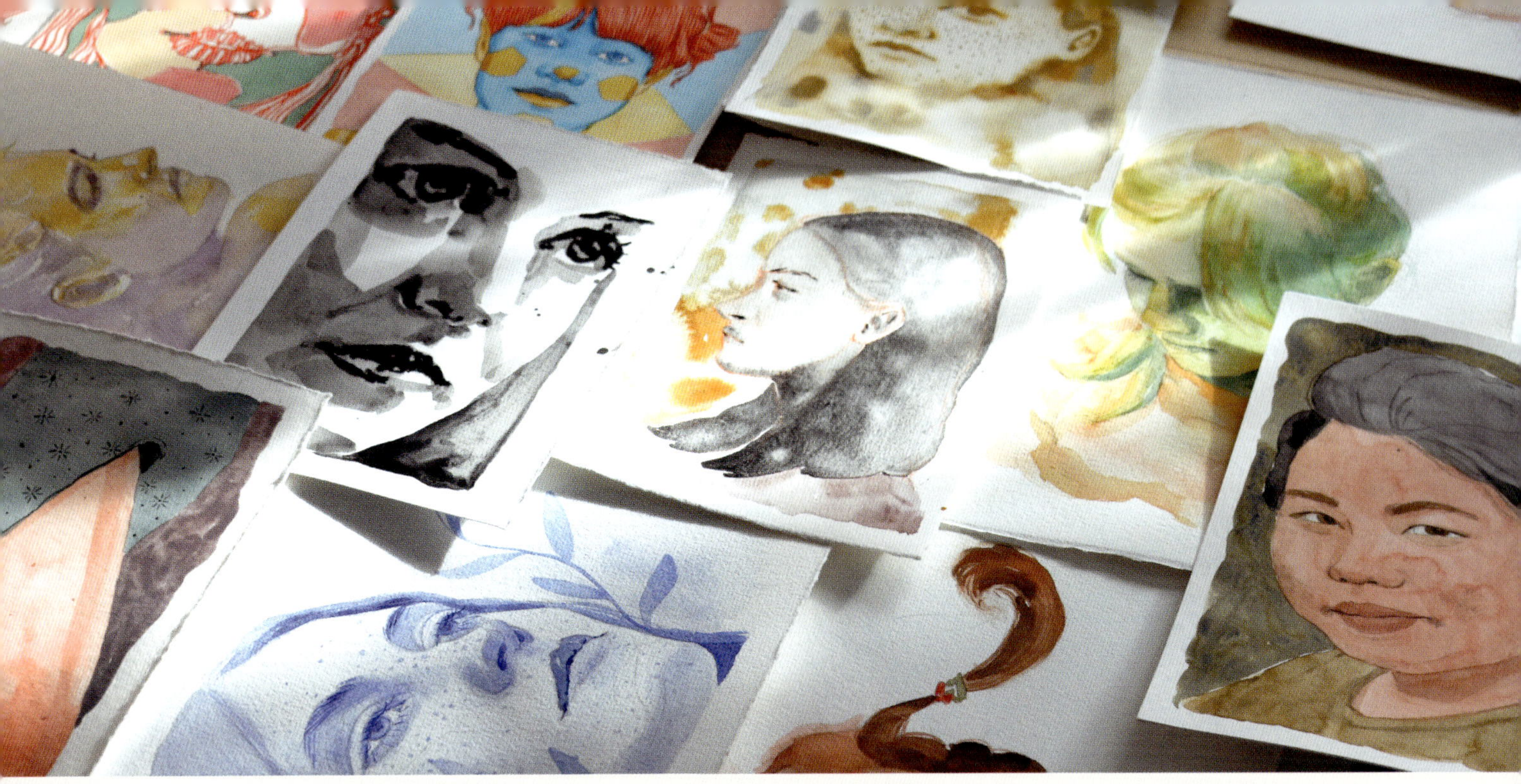

ANTES DE EMPEZAR

En las siguientes lecciones aprenderemos varias técnicas de acuarela. Pero, antes de continuar, hay ciertos «rituales» que siempre hago antes de empezar a pintar. Aunque parezcan obvios, es importante compartirlos:

- ***Organice su espacio de trabajo***. Hay que tener un espacio de trabajo que le inspire a crear. Todos entendemos nuestro propio orden y nuestro propio caos, pero mantener cierta armonía le permite ser más fluido en su trabajo.

- Si puede, elija un lugar bien ventilado con aire limpio y trabaje con ***luz natural***. La luz artificial cambia la forma en que percibimos el color, y puede que se equivoque al elegir los tonos adecuados.

- Debe lavarse las manos antes de empezar a pintar. Así evitará ensuciar el papel sobre el que está trabajando, ya que las manos acumulan aceites y suciedad.

- Utilice varios recipientes de agua. Necesita uno de agua limpia para crear aguadas, difuminar tonos y mucho más. Y otro para el agua sucia en el que limpiará los pinceles.

- Con las paletas de cerámica, si quiero crear nuevas mezclas, limpio las paletas. Otras las dejo tal cual, con mezclas de pintura anteriores, ya que a veces necesito uno de esos colores «sucios» y aprovecho los que ya había en la paleta.

- A la hora de seleccionar el papel, para ahorrar tiempo elija y prepare los papeles para su ilustración y téngalos a mano. Así evitará distracciones.

- Disponga sus materiales de modo que le resulte fácil encontrar lo que busca.

Con el tiempo descubrirá lo que le da paz en su lugar de trabajo y le ayuda a crear.
¡EMPECEMOS!

COLOR

Los colores nos hacen sentir, nos estimulan, nos impactan, nos atraen. El color es un lenguaje en sí mismo. Por este motivo, si aprende a hablar el lenguaje del color, podrá expresarse y comunicarse con los espectadores de sus obras, y sabrá cómo utilizar los colores deliberadamente y no de forma casual. A veces elegimos los colores al azar o nos decidimos por demasiados sin pensarlo mucho, pero esto puede hacer que una ilustración sea inmediatamente rechazada nada más verla o puede arruinar un trabajo que, por lo demás, es bueno.

Aunque a veces tire de intuición, a la hora de empezar un proyecto es imprescindible entender cómo se aplica el color. Conocer el círculo cromático, los contrastes, las armonías, las combinaciones de colores, etc., y saber cómo dialogan los colores entre sí dará a su trabajo un gran impulso de calidad y atractivo.

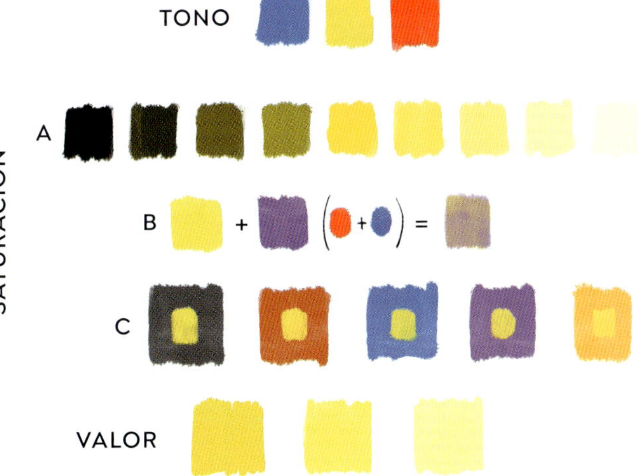

CARACTERÍSTICAS DEL COLOR

Los colores tienen tres atributos principales: tono, saturación y valor.

1. **Tono.** Se refiere al color en sí. Así es como identificamos los colores. Por ejemplo, todos los matices del color amarillo tienen una tonalidad amarilla.

2. **Saturación.** Es el grado de pureza de un color. Cuanta más saturación tenga, más puro será el color. Hay varias formas de desaturar, o bajar, la intensidad de un color:

   » **Aclarar u oscurecer,** por ejemplo, con blanco y negro o gris.

   » **Aplicar el color complementario de ese color.** Por ejemplo, para desaturar el verde (azul + amarillo), añada rojo. El resultado será un rojo menos vivo o terroso.

   » Utilizar el **contraste simultáneo.** Un color parece más o menos intenso en función del color que tiene al lado. Por ejemplo, el blanco parece más blanco si está junto al negro, y viceversa. El rojo parece más rojo cuando está junto a su color de contraste: el verde.

3. **Valor.** Se trata del grado de claridad u oscuridad de un color. Es lo que hace que percibamos un color como claro u oscuro. El valor percibido de los colores varía en función del color que tengan al lado.

Cada color puede tener una tonalidad variada, según el grado de saturación y el grado de claridad u oscuridad.

EL CÍRCULO CROMÁTICO

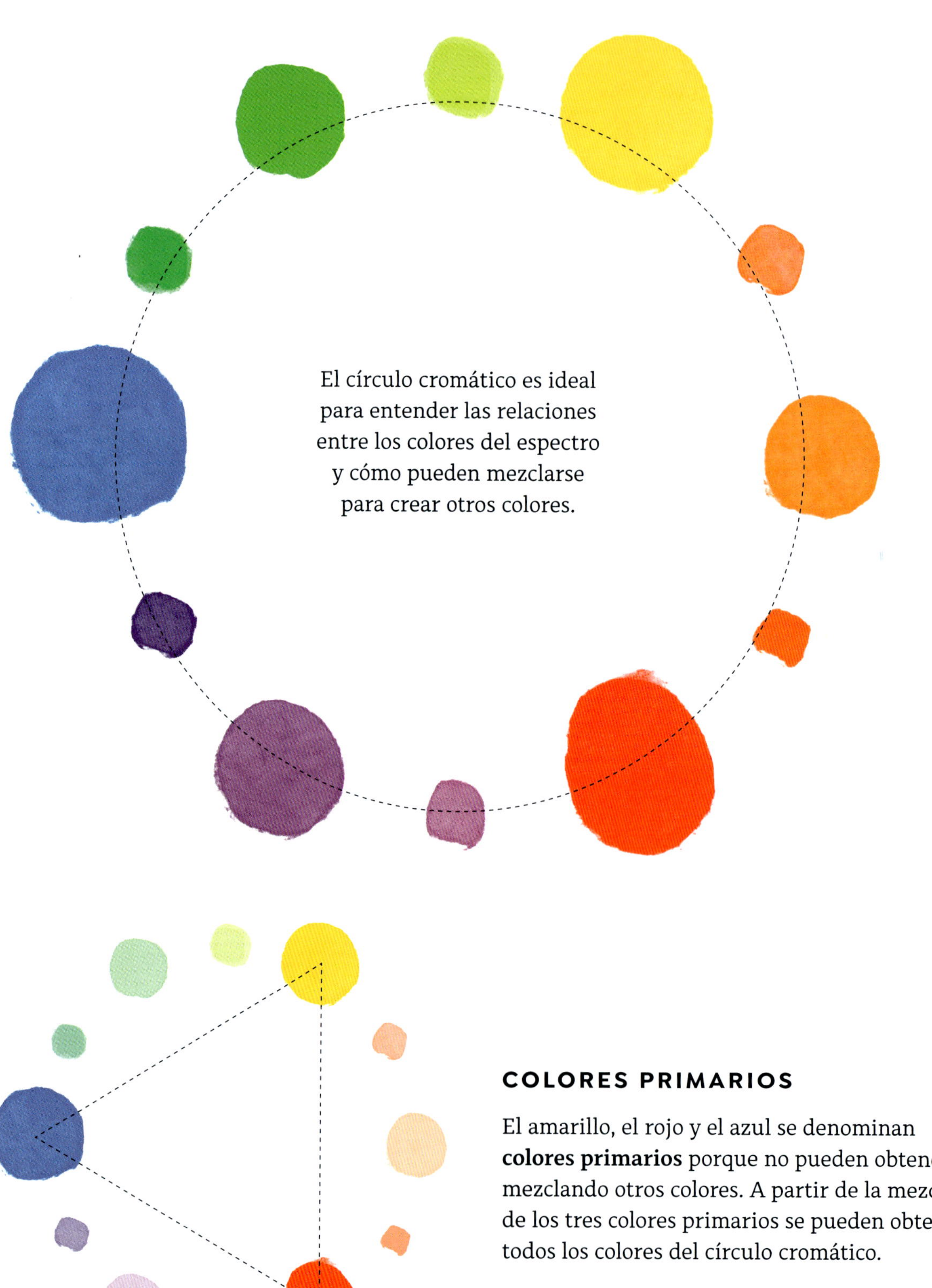

El círculo cromático es ideal para entender las relaciones entre los colores del espectro y cómo pueden mezclarse para crear otros colores.

COLORES PRIMARIOS

El amarillo, el rojo y el azul se denominan **colores primarios** porque no pueden obtenerse mezclando otros colores. A partir de la mezcla de los tres colores primarios se pueden obtener todos los colores del círculo cromático.

COLORES SECUNDARIOS

Los tres colores secundarios (naranja,
púrpura y verde) se crean mezclando
dos colores primarios.

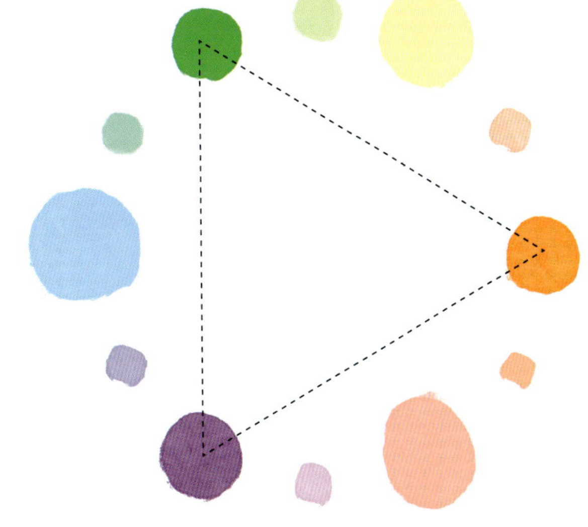

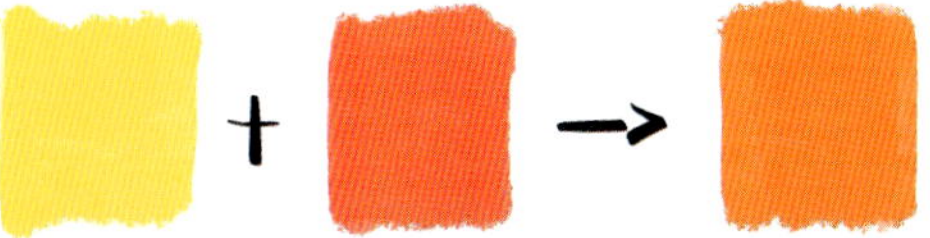

AMARILLO + ROJO = NARANJA

ROJO + AZUL = PÚRPURA

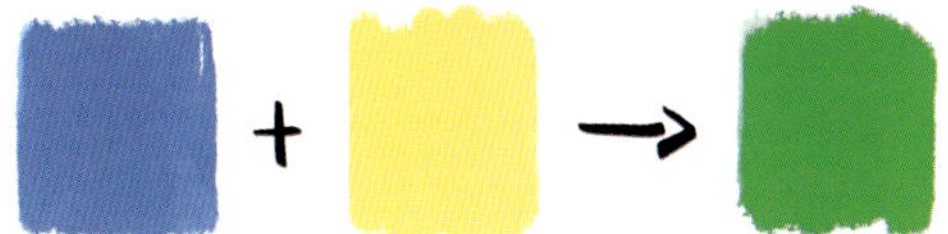

AZUL + AMARILLO = VERDE

Simplemente variando la proporción de azul o amarillo, se puede obtener una inmensa gama de verdes.

Para obtener tonos amarillos cálidos, neutros o turbios y desaturarlos, puede añadir púrpura
(azul + rojo), el color opuesto en el círculo cromático.

COLORES TERCIARIOS

Los colores terciarios pueden mezclarse combinando un color primario con un color secundario
adyacente en el círculo cromático. Por ejemplo:
azul + verde = verde azulado.

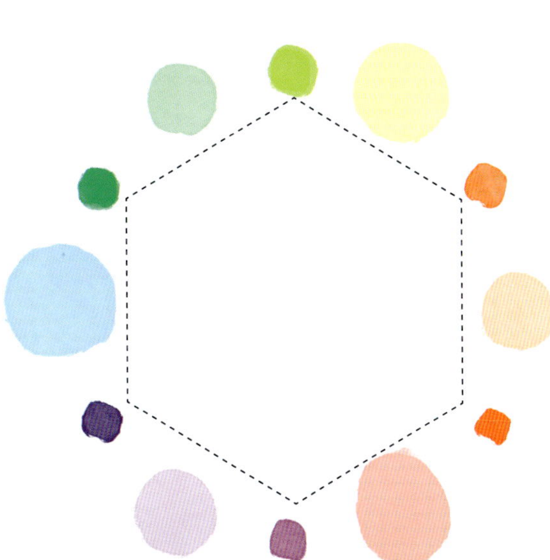

ARMONÍAS

Percibimos ciertas combinaciones de colores como ordenadas, atractivas y agradables a la vista. Esto hace que nos sintamos atraídos por determinadas obras de arte. Al mismo tiempo, cuando no somos capaces de percibir esta coherencia, tendemos a rechazar una ilustración y a pensar que algo falla o no funciona.

Conocer las tensiones visuales, el equilibrio o el desequilibrio, en el color nos ayuda a crear diferentes sensaciones armónicas en un espectador, así como a evitar las negativas o las que pueden llevarle a que no le guste la obra.

Veamos algunas de las principales armonías o combinaciones de colores.

MONOCROMÁTICA

Consiste en utilizar un solo color, variando su valor. Con la acuarela, puede modificar el valor mezclando la pintura con más o menos agua.

ANÁLOGA

Son los colores que están próximos entre sí en el círculo cromático. Juntos crean combinaciones de colores muy armoniosas, sin contrastes ni tensiones visuales.

» Los análogos del azul son el verde
   y los tonos púrpuras.

» Los análogos del amarillo son el verde
   y los tonos anaranjados.

» Los análogos del rojo son el naranja
   y los tonos púrpuras.

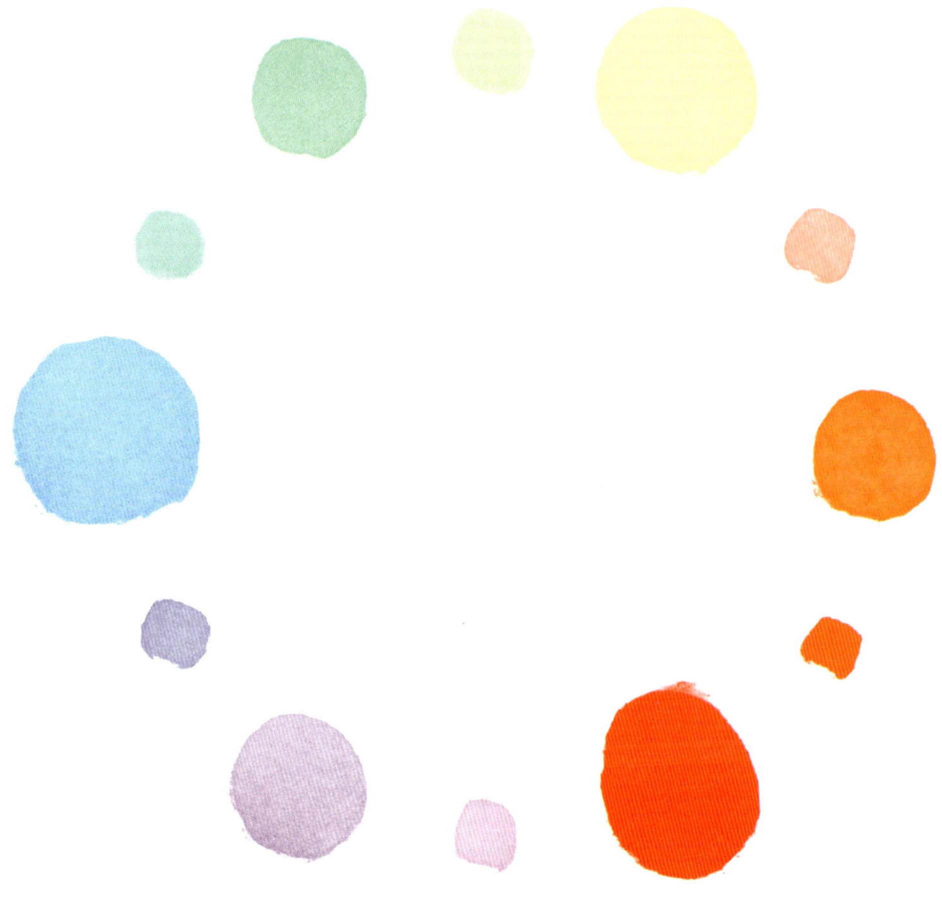

EN TRÍADAS

Se trata de una composición de tres colores situados equidistantes entre sí en el círculo cromático, en el vértice de un triángulo equilátero.

Aquí puede ver algunos ejemplos de estas composiciones.

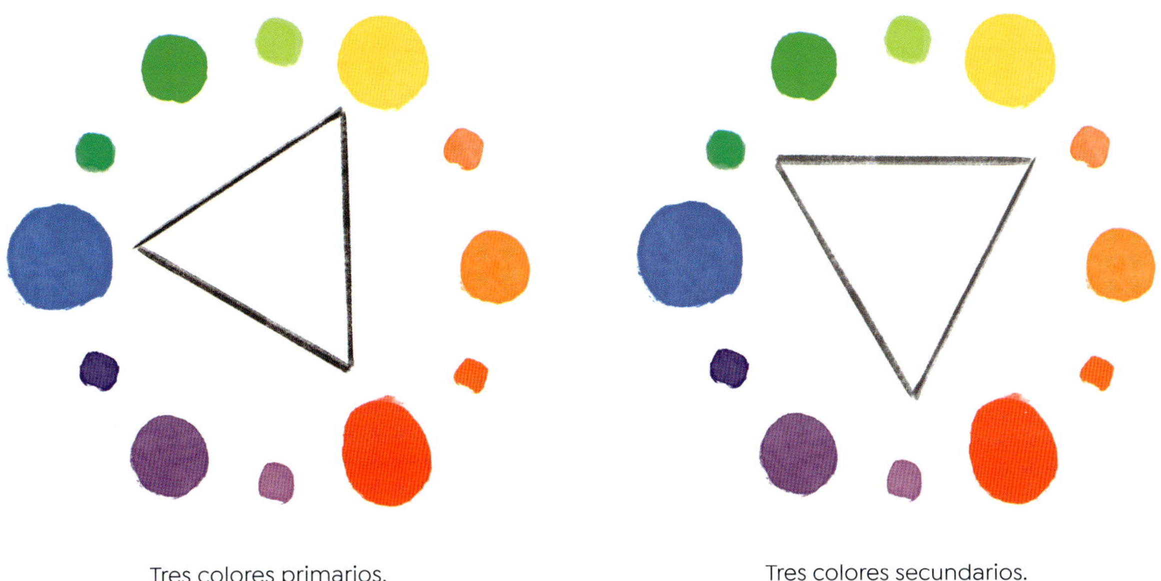

Tres colores primarios.

Tres colores secundarios.

DE COMPLEMENTARIOS ADYACENTES

Es el conjunto de colores formado por los análogos de los colores complementarios de un color. Por ejemplo, azul con un amarillo anaranjado y un rojo anaranjado.

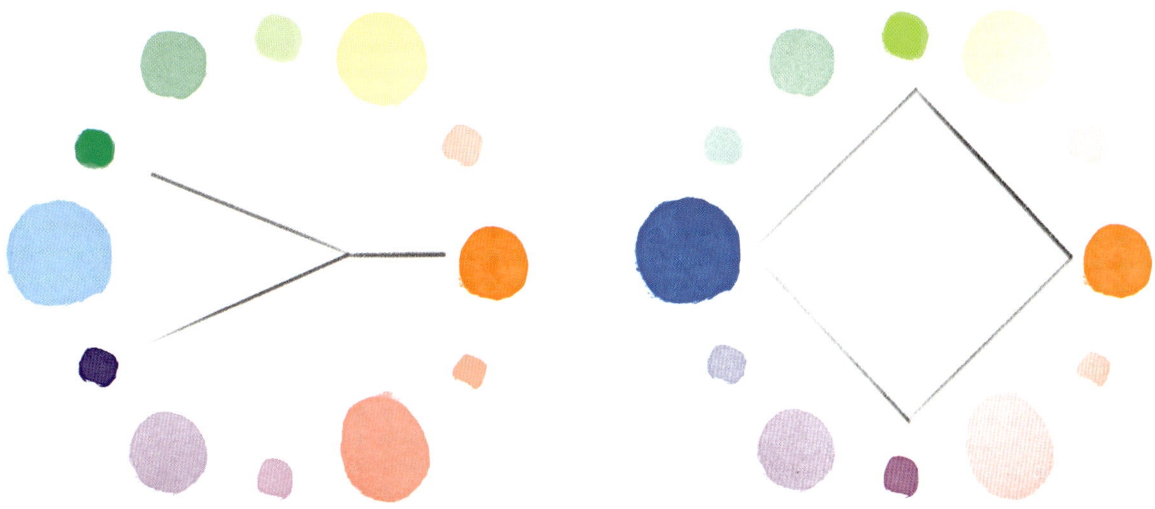

He aquí ejemplos de otros tipos de combinaciones.

CONTRASTES

Gracias a la investigación y el análisis del pintor suizo Johannes Itten, sabemos que existen siete contrastes de color principales:

» Contraste de tono

» Contraste claro-oscuro

» Contraste frío-cálido

» Contraste complementario

» Contraste simultáneo

» Contraste de calidad

» Contraste de cantidad

Nota: Si este tema le interesa, le recomiendo encarecidamente el libro *El arte del color*, de Johannes Itten, en el que da una explicación más amplia y rigurosa de la teoría del color.

CONTRASTE DE TONO

Es el contraste entre tonos puros y vivos. Los tres colores primarios producen el mayor contraste: amarillo, rojo y azul. A medida que pierden su pureza, el contraste se diluye.

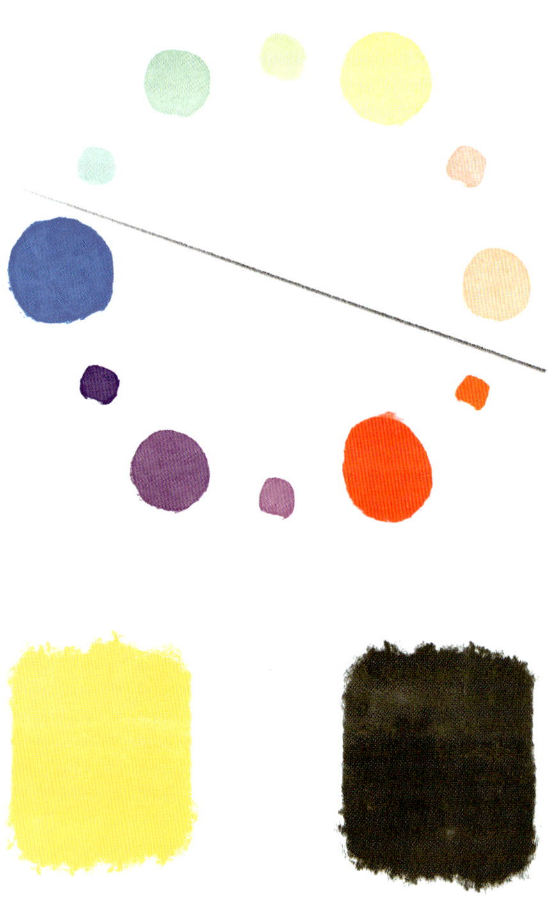

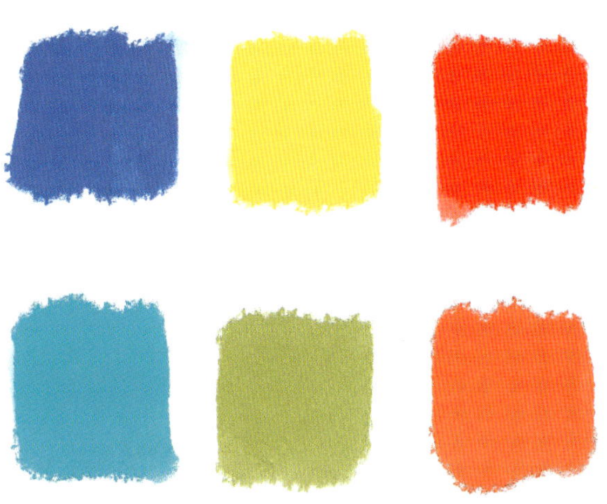

CONTRASTE CLARO-OSCURO

Es el contraste entre colores claros y oscuros. Cuanto más se acerque un color al negro, más oscuro será. Cuanto más se acerque al blanco, más claro será.

En un lado del círculo cromático están los colores claros o vivos, que son todos aquellos que contienen amarillo (del verde al naranja), siendo el amarillo el color más vivo. En el otro lado del círculo cromático están los colores oscuros (del azul al violeta, pasando por el rojo), siendo el púrpura el más oscuro.

CONTRASTE FRÍO-CÁLIDO

Los colores también tienen temperatura. El círculo cromático se divide en dos partes: los colores fríos están en un lado y los cálidos en el otro. Este contraste es el resultado del encuentro entre estos colores. También podemos crear combinaciones armoniosas de colores utilizando solo colores fríos o solo colores cálidos.

Tenga en cuenta que la temperatura de un color cambia en función del color que tiene al lado. Por ejemplo, un amarillo puede ser más frío al lado de un azul y más cálido al lado de un rojo.

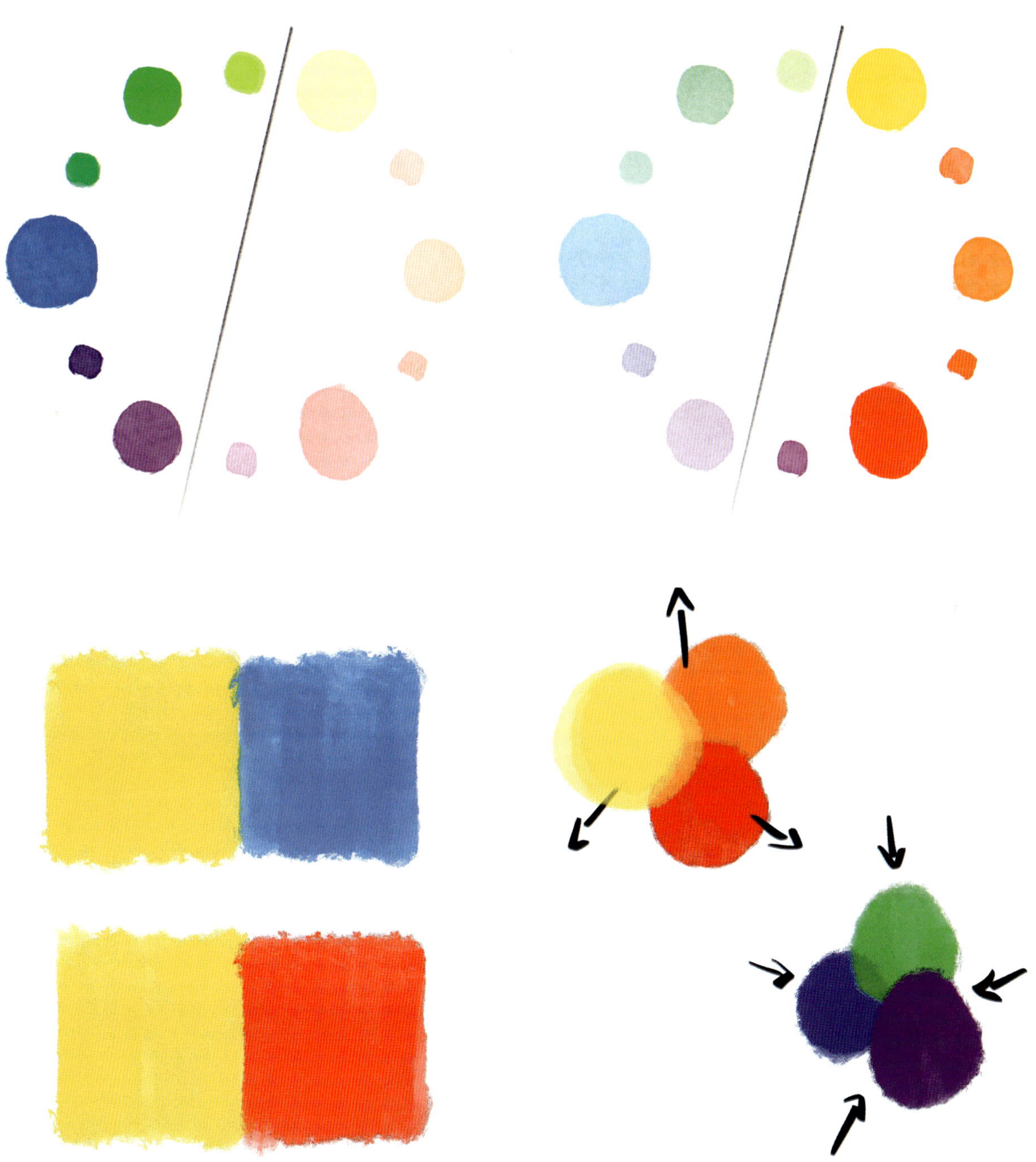

Los colores vivos y cálidos se acercan y avanzan hacia el espectador. Como su nombre indica, también transmiten calor.

Los colores oscuros y fríos, sin embargo, se alejan del espectador y transmiten distancia y sensación de frío y oscuridad. Por ello suelen utilizarse para las sombras.

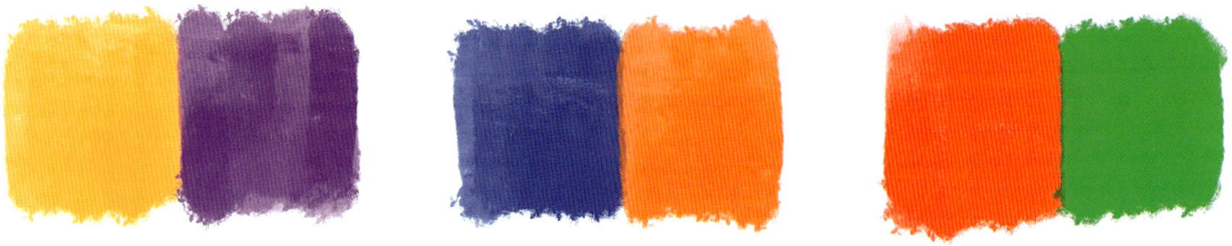

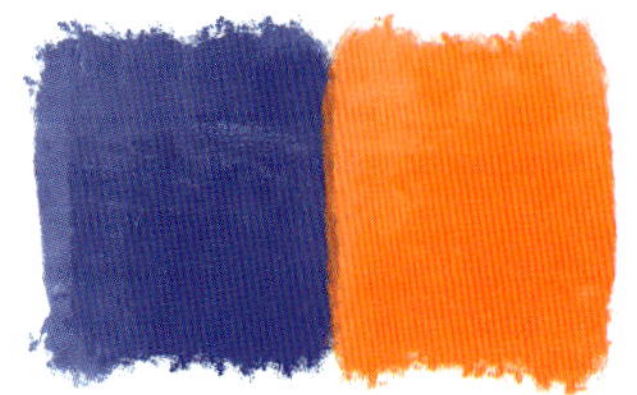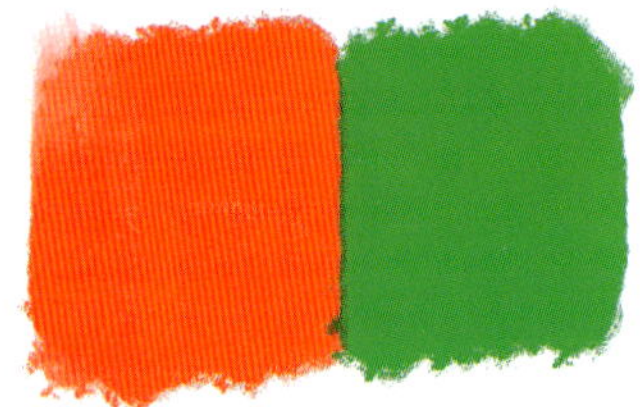

CONTRASTE COMPLEMENTARIO

Los colores complementarios son los opuestos en el círculo cromático. Así se crean parejas de colores que tienen un fuerte contraste cromático. Cada una de ellas hace destacar a la otra, ya que no tienen ningún color en común. Estas combinaciones son muy llamativas y visualmente atractivas.

Por ejemplo, en un retrato, si se pinta todo en tonos rojos y se aplica el verde a los ojos, hará que nuestro ojo se desplace inevitablemente hacia el detalle verde de los ojos. Es una forma muy sencilla de resaltar un detalle concreto.

Al mezclar un color con su opuesto se obtienen colores neutros porque los colores pierden su esencia. Si añade un poco de verde (azul y amarillo) al rojo, obtendrá un rojo terracota o terroso. Personalmente me encanta hacer este tipo de mezclas y desaturar los colores para conseguir una sensación de calma visual.

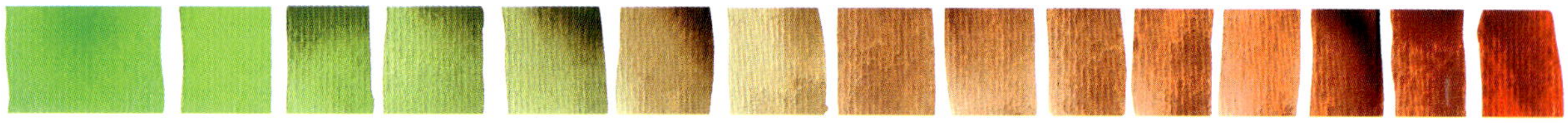

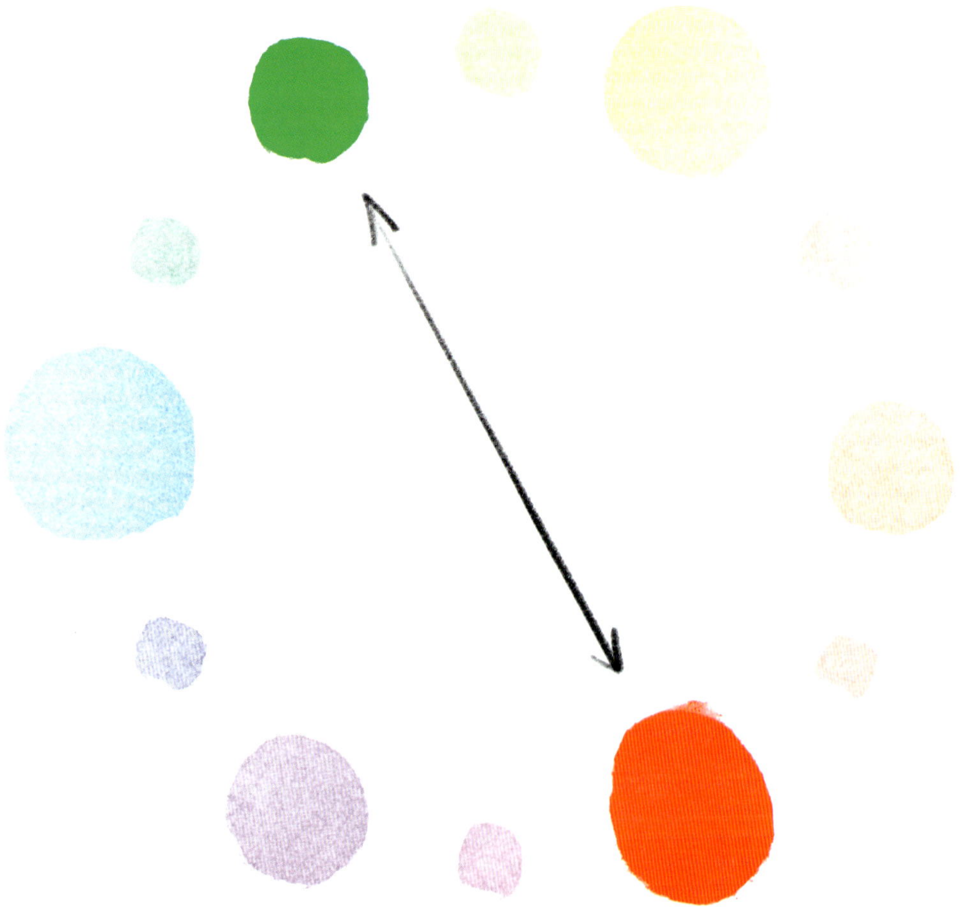

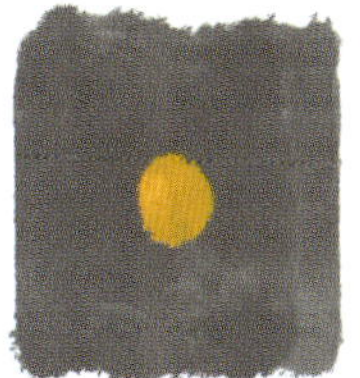 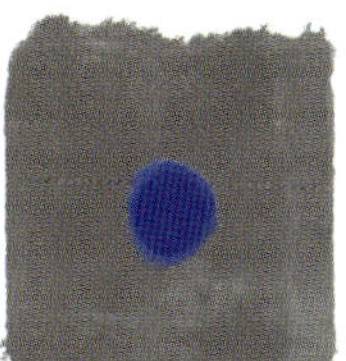 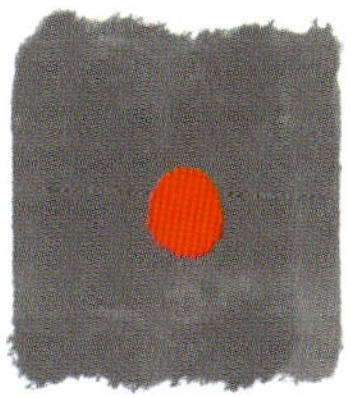  

CONTRASTE SIMULTÁNEO

Este contraste es uno de los más complicados, ya que entra en juego nuestra propia fisiología.

Cuando el ojo observa un color, necesita encontrar el color complementario. Si el ojo no puede localizar el color complementario, esto afectará a cómo ve el color inicial. Por este motivo, percibimos un gris junto a un rojo como un verde grisáceo. Si ese mismo gris se coloca junto al azul, lo percibimos como un gris anaranjado. Por lo tanto, los colores varían de intensidad o tonalidad en función del color que hemos colocado junto a ellos.

CONTRASTE DE CANTIDAD

Se refiere a la relación cuantitativa entre dos o más colores. Es el contraste de mucho con poco, de grande y pequeño. Hay colores que percibimos como más intensos que otros por su viveza o tonalidad. Así, para lograr un equilibrio entre

CONTRASTE DE CALIDAD

Esto ocurre cuando los colores saturados y los apagados o «sucios» contrastan entre sí. La cantidad de contraste depende del grado de diferencia de la pureza entre los colores.

amarillo y púrpura, el púrpura debe ocupar más superficie que el amarillo, ya que este último se considera más «fuerte» y tiene más peso visual por su brillo.

 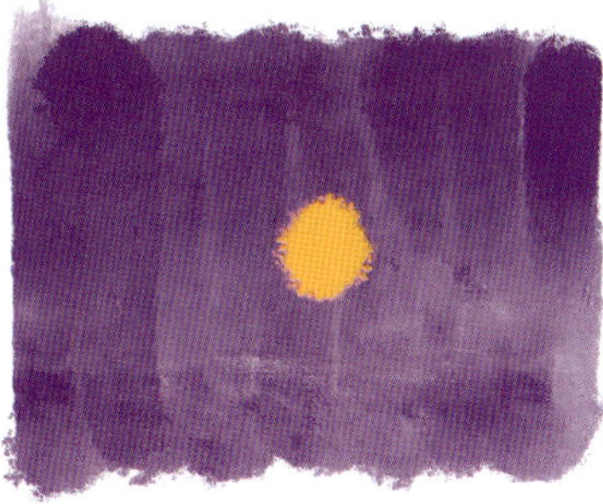

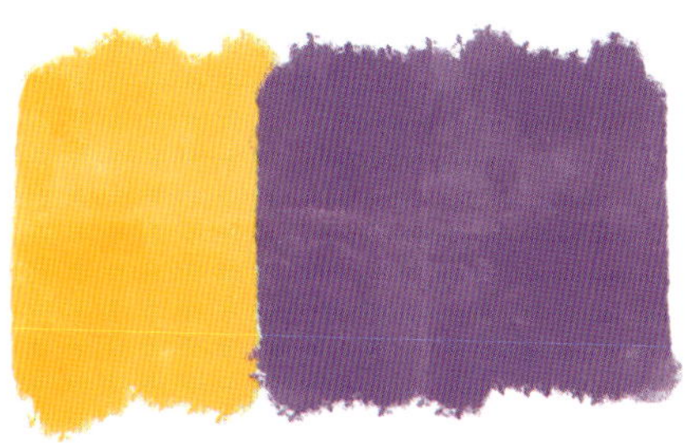

CREACIÓN DE PALETAS DE COLORES

Elegir una paleta de colores es muy personal. Con el tiempo, se sentirá más cómodo utilizando determinados colores, o los usará de forma intuitiva. Estos colores pueden expresar una sensación o una emoción, o realzar una idea o un detalle concreto. Recuerde que el color también tiene significados diferentes en distintas culturas. Si tiene curiosidad sobre este tema, no dude en investigar sobre la historia y la psicología del color.

Algunas personas utilizan una paleta determinada para todas sus ilustraciones que se convierte en parte de su identidad. Otras apenas utilizan color y prefieren tonos oscuros o color tierra para sus dibujos. Asimismo, hay quien usa el color libremente y su obra se identifica por otras características visuales, como la forma. En cualquier caso, no dude en experimentar. Para mí, el color es una emoción, una forma de expresarse, y tanto si se utiliza como si no, cualquier elección es válida. Particularmente no me gusta poner límites al uso del color. Prefiero jugar, experimentar, sorprenderme y, sobre todo, ¡divertirme!

Además de conocer el círculo cromático y todas las combinaciones posibles de colores, paletas armoniosas y paletas que funcionan y son atractivas, vamos a seguir intentando sorprendernos con nuevas combinaciones de colores.

EJEMPLOS DE INSPIRACIÓN PARA CREAR PALETAS DE COLORES

He aquí algunas ideas para combinar colores.

1. **Utilice un muestrario de colores** para hacer diferentes combinaciones. Puede dejarse guiar por su intuición o elegir en función de lo que le atraiga, o elegir varios colores al azar como en un juego de cartas.

2. **Cree su propio muestrario de colores** sobre papel. En cada hoja, pinte un color que esté usando y de los colores que ya haya mezclado. Anote los nombres de los colores para que le resulte fácil encontrarlos o comprarlos si se le acaban. Así identificará los colores que usa con frecuencia y sus combinaciones.

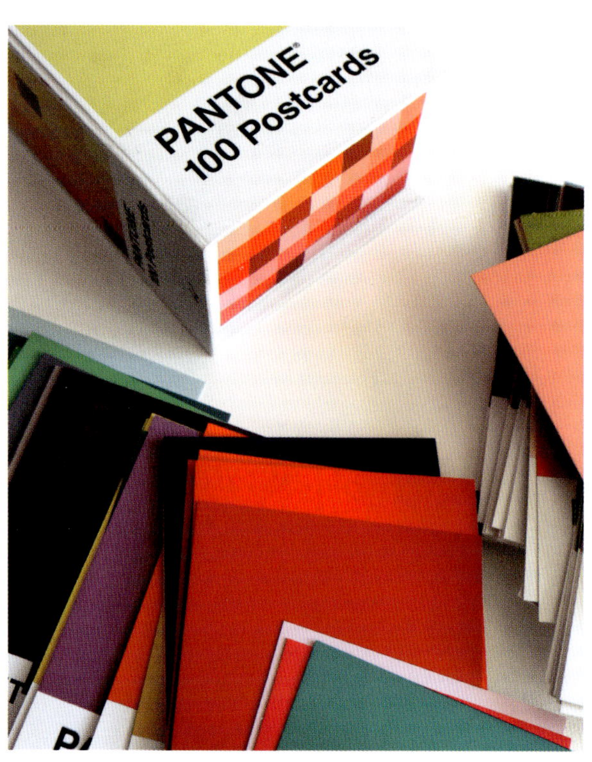

¿Y si el resultado es una sorpresa porque nunca se le habría ocurrido elegir esos colores?

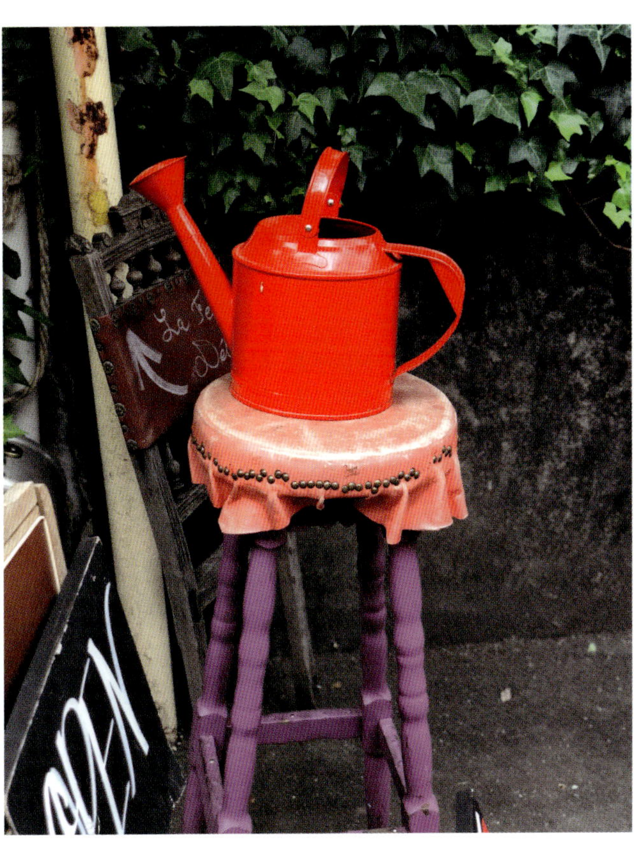

Por ejemplo, hice esta foto en Japón y me atrajeron mucho los colores.

3. **Inspírese en sus propias fotografías.** Cuando vuelva de un viaje, examine las fotos que ha hecho. Sin duda, los colores de al menos una de esas fotos le llamarán poderosamente la atención. Intente recrear esos colores y aplíquelos a uno de sus proyectos.

4. **Inspírese en la naturaleza.** Creo que no hay nada más inspirador que la propia naturaleza: sus formas, sus colores, sus patrones. Algunos animales, como los peces, tienen un sinfín de combinaciones de colores únicas, al igual que los insectos, las mariposas y los escarabajos. El paisaje, el cielo, las flores, las plantas, los árboles... La naturaleza es una fuente inagotable de inspiración. Incluso puede combinar colores de flores diferentes: *margarita + dalia + lirio amarillo*.

5. **Inspírese en las películas.** El cine ofrece inspiración a raudales a través de sus fotogramas. Si anda escaso de ideas, eche un vistazo a sus películas favoritas y analice los colores que utilizan.

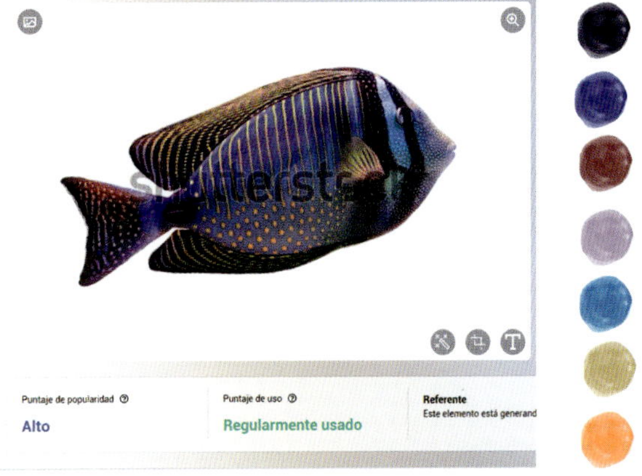

6. **Inspírese en las obras de otros artistas.** Inspirarse o hacer referencia a la obra de otros artistas (que no es lo mismo que copiar) puede ayudarle a superar un bloqueo o darle ideas para nuevas paletas de colores. Mire también al pasado: quizá le fascine el uso que hacían del color los impresionistas.

¿Se le ocurren otras formas de crear paletas de colores?

CÓMO TRABAJAR CON ACUARELAS

Al iniciarse en cualquier técnica, conviene saber cómo se comporta esta en diferentes superficies. La singularidad de la acuarela es que, mezclada con agua, se convierte en una técnica muy espontánea, aleatoria y sorprendente. Eso es lo que la hace tan especial.

Es cierto que, al principio, la acuarela puede parecer muy rebelde, y puede ser difícil conseguir lo que uno tiene en mente. Pero, como todo, con mucha práctica y conocimiento se pueden conseguir resultados excelentes con esta técnica. *Practicar una y otra vez... Ese es el verdadero secreto.*

Es como aprender a tocar un instrumento. El primer día que toque el piano no se convertirá en un experto, eso sería imposible. Todo requiere su tiempo, y hay que disfrutar del proceso de aprendizaje. No tiene que darse prisa para ver los resultados. Es mejor disfrutar del acto de pintar y de los errores que se vaya encontrando por el camino. *Además, tiene que equivocarse para aprender, así que no es nada malo cometer errores. Todo lo contrario, considérelo una oportunidad para crear algo nuevo o para descubrir un resultado inesperado y sorprendente.*

La principal característica de la acuarela es su traslucidez. Al mezclar la pintura con agua se crean capas traslúcidas en las que el blanco del papel crea brillo.

La aleatoriedad de la acuarela se debe al agua que se añade a la pintura. La forma de mezclar las pinturas es fundamental e influye en la forma en que la acuarela se fija en el papel. La acuarela está «viva» y se distribuye libremente sobre la superficie de trabajo.

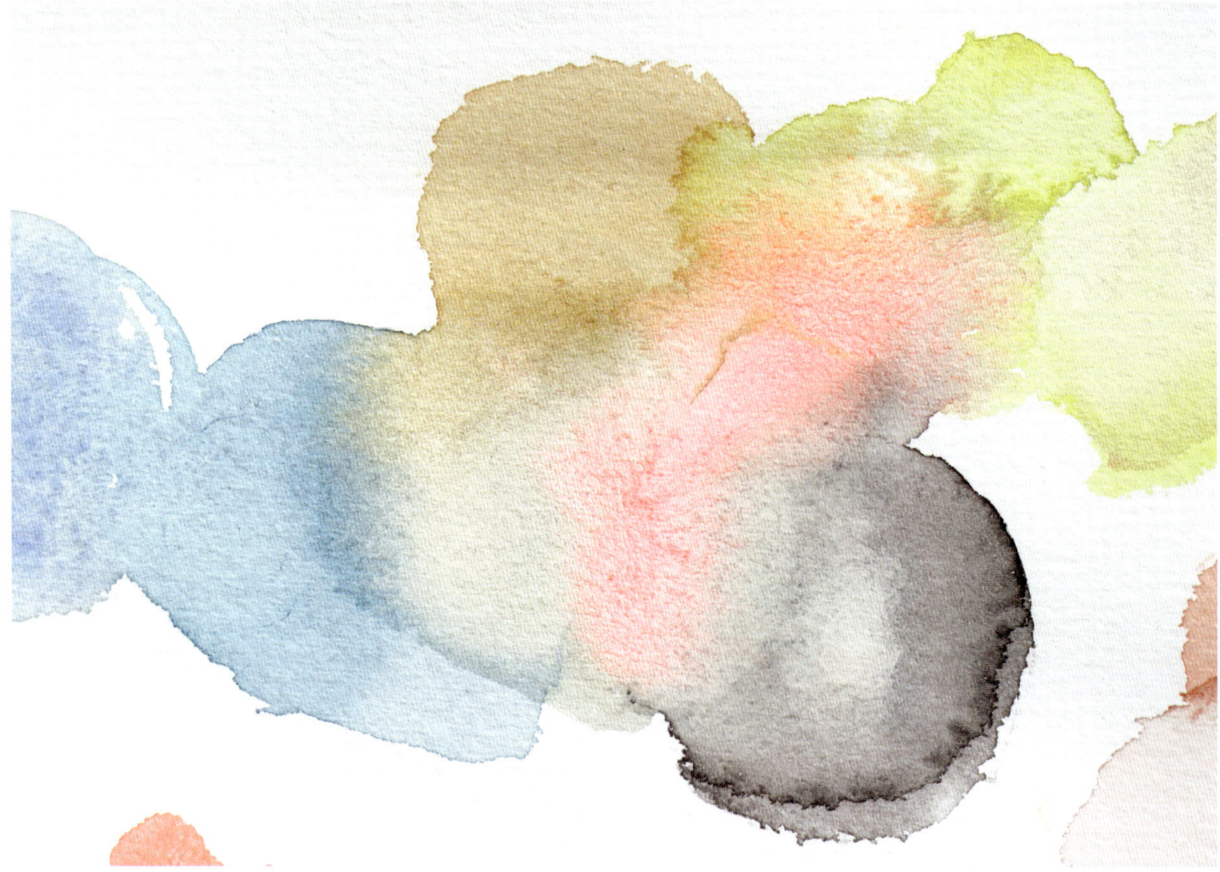

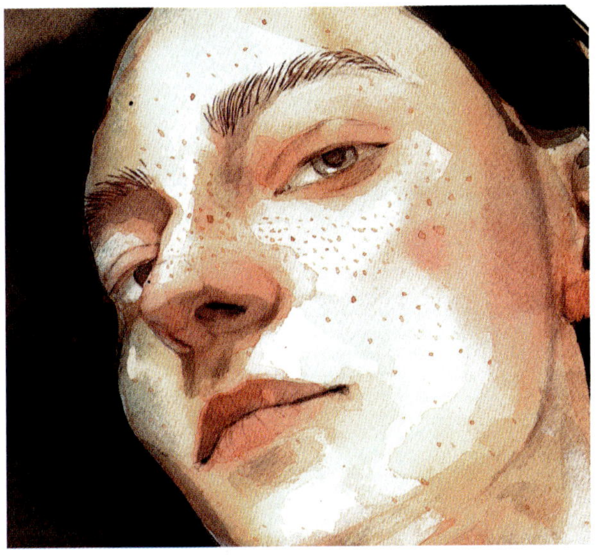

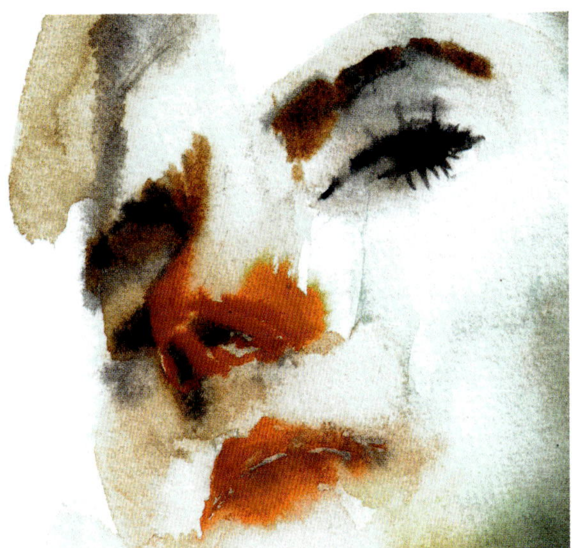

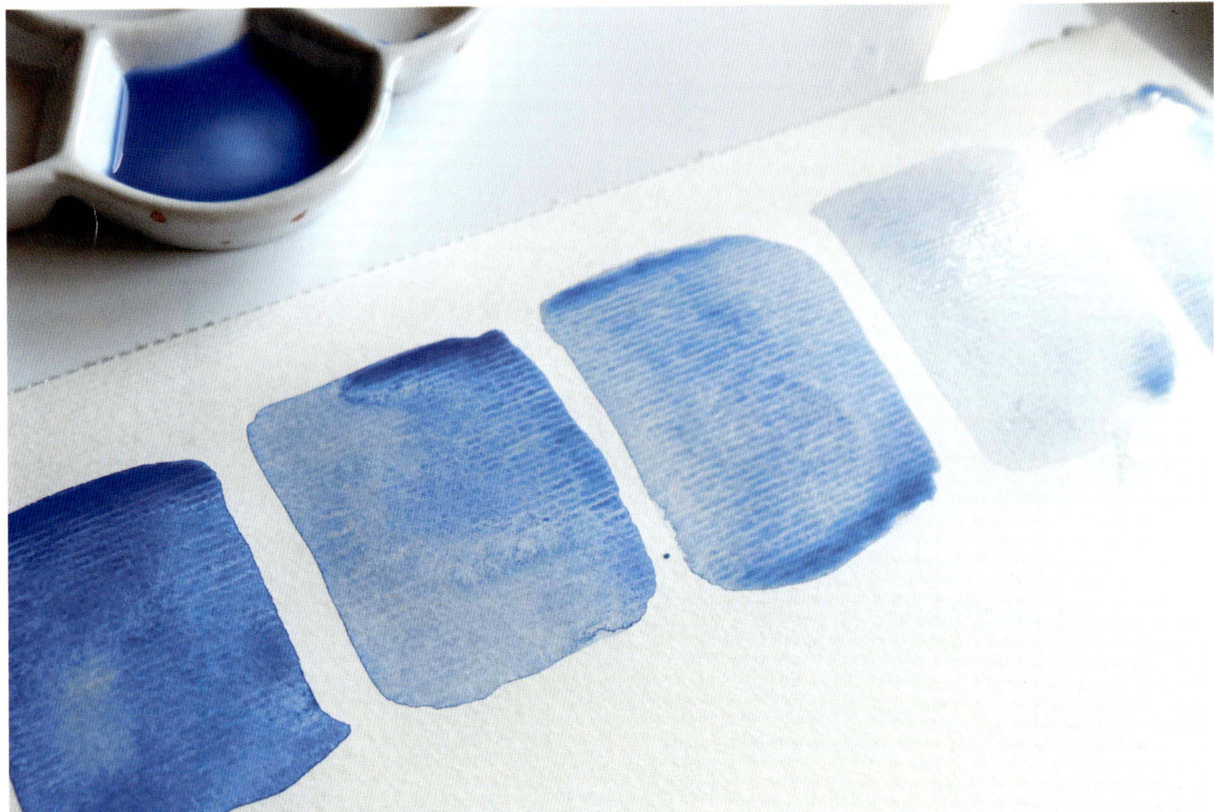

Puede trabajar la técnica de la acuarela con un planteamiento minucioso y detallista, controlando las pinceladas y el agua, o puede sorprenderse usted mismo y dejarlo al azar, permitiendo que las acuarelas decidan.

La cantidad de agua que utilice proporciona la transparencia tan característica de las acuarelas.

Antes de seguir leyendo, intente dejarse llevar por la técnica. Encuentre su lado más personal e intuitivo. Suele ser un ejercicio interesante antes de aprender otros métodos.

La pintura a la acuarela ofrece múltiples técnicas y combinaciones de pinceladas. Es increíble cómo una técnica tan aparentemente sencilla puede abarcar estilos tan diferentes en función de quien maneje el pincel. Así que recuerde buscar su lado más íntimo, instintivo y creativo y plasmarlo en sus creaciones.

MÉTODOS BÁSICOS

En esta lección le mostraré técnicas básicas para que entienda mejor cómo funciona la acuarela.

PINCELADAS

En la acuarela se aplican dos tipos principales de pinceladas: con **pincel seco** y con **pincel húmedo**.

Estos dos trazos pueden combinarse para cambiar su carácter en función de la textura y la humedad del papel.

Pincel seco

En la **técnica del pincel seco** se suele utilizar menos agua, por lo que la pincelada queda más gruesa (sobre todo en papel rugoso) y definida.

Basta con humedecer el pincel y tomar la pintura directamente de la paleta. Esta pincelada suele ser más fácil de controlar, ya que contiene menos agua.

Obtendrá distintos resultados con este trazo según la humedad del papel. Sobre papel seco, el trazo quedará controlado. Sobre papel húmedo, el trazo se volverá más aleatorio, con bordes suaves o difuminados.

A la derecha (los dos trazos de arriba) puede ver algunos ejemplos de la técnica del pincel seco.

Pincel húmedo

En la **técnica del pincel húmedo** se carga el pincel con mucha más agua, por lo que la pincelada resultante es más transparente.

Al igual que con la técnica del pincel seco, para obtener una mayor definición y control, aplique las pinceladas húmedas sobre papel seco.

El resultado de una pincelada húmeda sobre papel húmedo será aleatorio y más libre. Deje que los resultados le sorprendan e intente no controlar la pincelada. El azar es una de las cualidades más interesantes y únicas de esta técnica.

A la derecha (los dos trazos de abajo) puede ver algunos ejemplos de la técnica del pincel húmedo.

Pincelada seca sobre húmedo

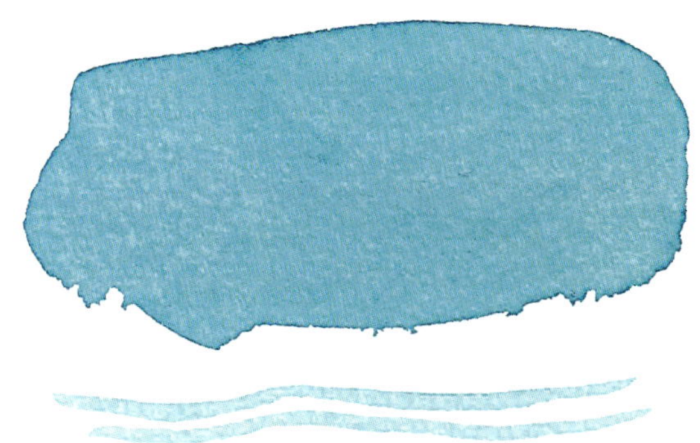

Pincelada húmeda sobre seco

Pincelada húmeda sobre húmedo

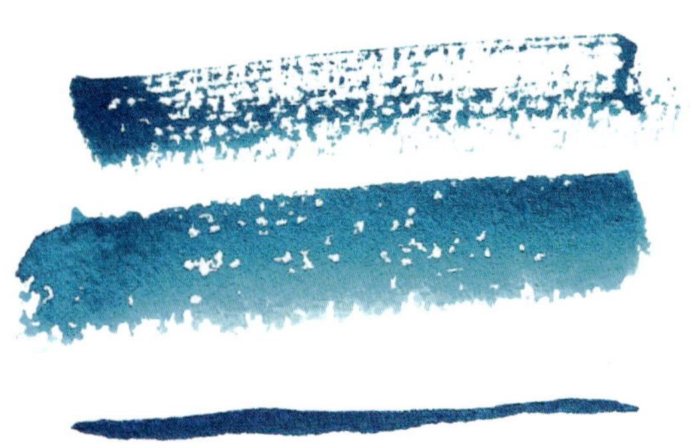

Pincelada seca sobre seco

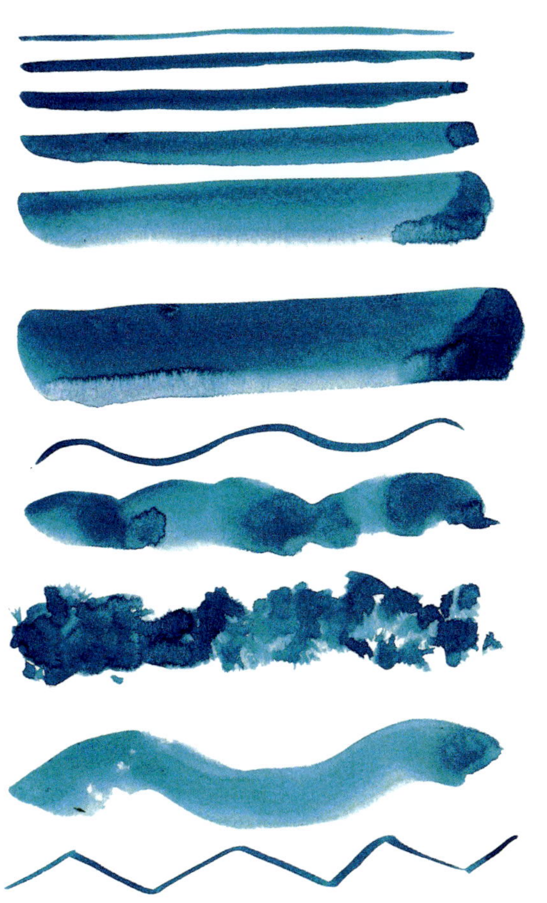

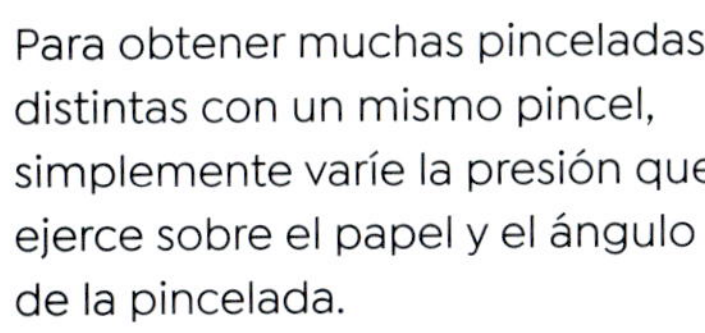

Para obtener muchas pinceladas distintas con un mismo pincel, simplemente varíe la presión que ejerce sobre el papel y el ángulo de la pincelada.

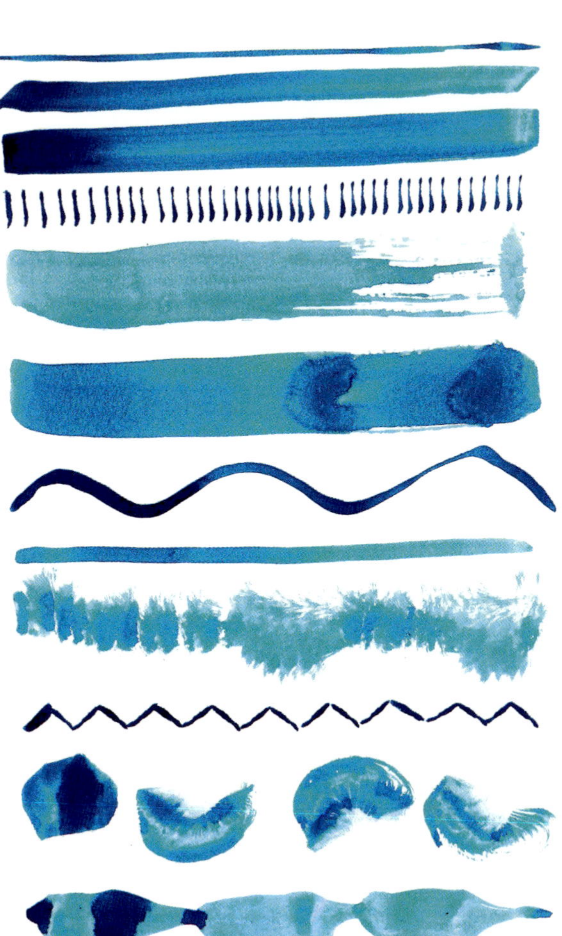

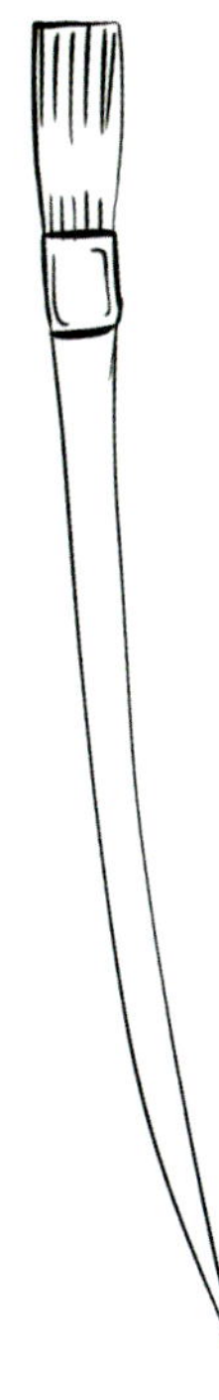

BORDE MARCADO/BORDE SUAVE

Cuando se utiliza un pincel húmedo sobre papel seco, el borde queda definido. Se denomina un **borde «marcado»**.

Cuando se utiliza un pincel húmedo sobre papel húmedo, los bordes se difuminan y se pierden en el papel. Se denomina un **borde «suave»**.

Puede ver cómo se transforma el trazo por su aspecto sobre el papel.

(abajo) Ejemplos de un borde marcado y un borde suave.

TÉCNICAS BÁSICAS CON DOS COLORES

Las mismas técnicas de las páginas anteriores pueden aplicarse utilizando dos colores, lo que revelará la forma en que los colores fluyen juntos e interactúan.

En estos ejemplos utilizaremos dos colores primarios: azul y amarillo. Así podremos apreciar mejor el resultado. En función de la transparencia de los colores, podemos ver que juntando amarillo y azul se obtiene verde.

De ello se deduce que las acuarelas pueden mezclarse de tres formas distintas:

1. Mezclando en la propia paleta (amarillo + azul = verde).

2. A través de transparencias.

3. Mezclando dos colores húmedos sobre la superficie del papel y dejando que se muevan libremente.

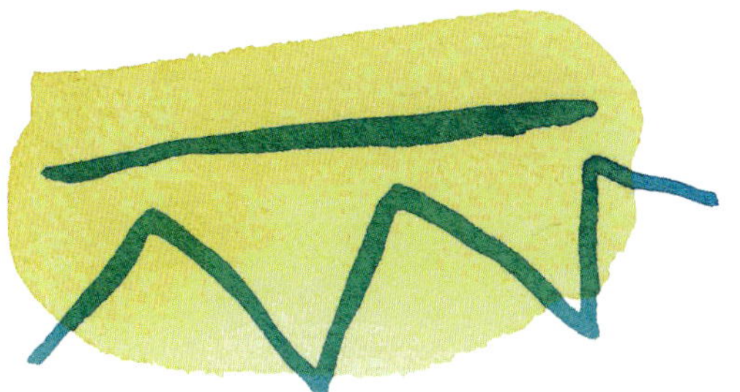

Pincelada seca sobre seco.

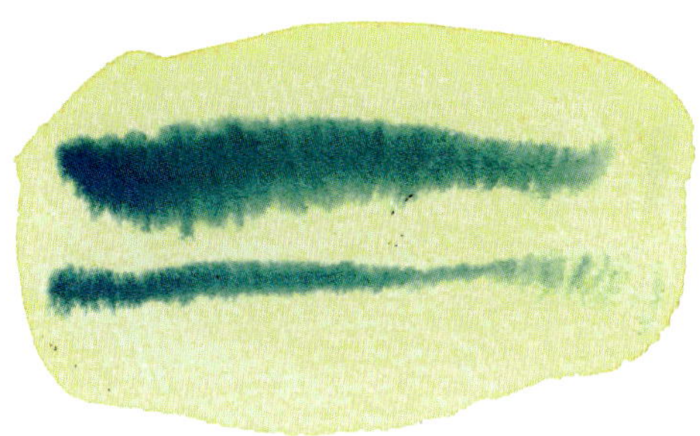

Pincelada seca sobre húmedo.

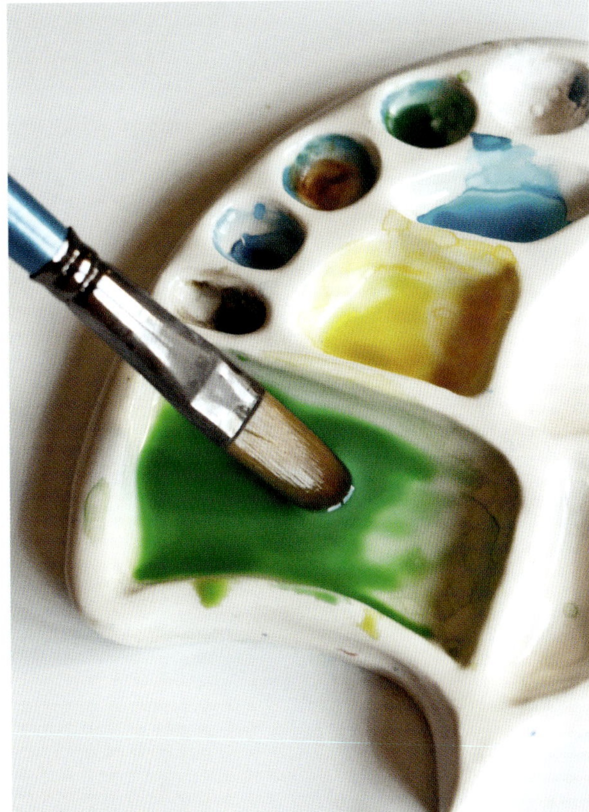

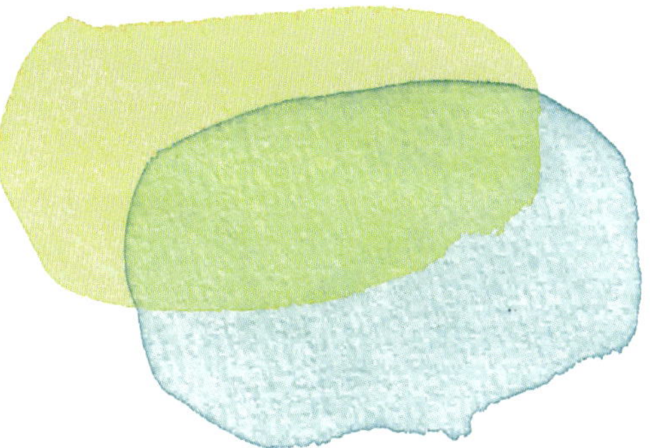

Pincelada húmeda sobre seco.

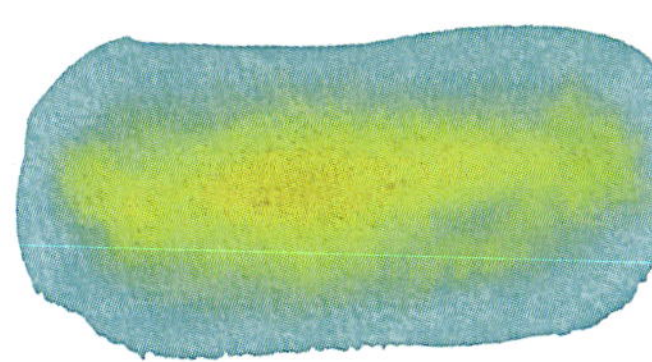

Pincelada húmeda sobre húmedo.

TRANSPARENCIAS

Como ya hemos dicho, la transparencia de las acuarelas depende de la cantidad de agua que se añada a la pintura. Esta es una de las lecciones más importantes de la técnica de la acuarela, porque si algo identifica a esta técnica es la traslucidez.

El **papel blanco** es lo que proporciona **luz** a nuestro trabajo.

Cuanta **más agua** añadamos a la pintura, **más transparente** quedará el color.

Con **menos agua**, el color será **más opaco**. Por ejemplo, si pinta directamente a partir de una acuarela en pastilla humedecida, el color quedará más opaco que si mezcla pintura y agua en una paleta.

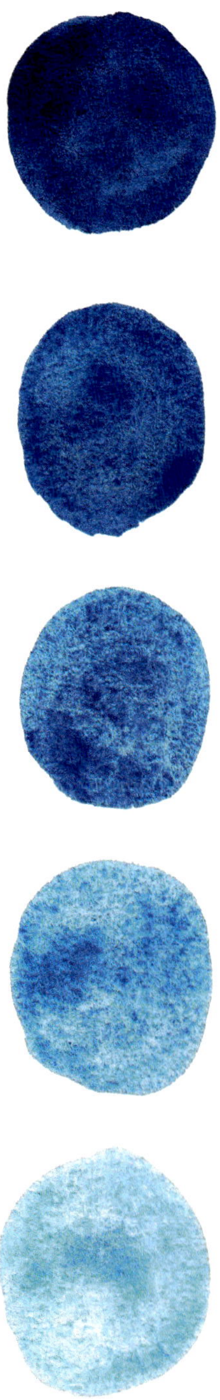

DEGRADADOS

La transparencia de la acuarela hace que resulte perfecta para realizar **veladuras**, que no es más que aplicar una capa traslúcida sobre otra. La transparencia permite ver las capas inferiores de pintura.

La transparencia también ofrece la oportunidad de mezclar dos o más colores. La suma de los dos tonos da como resultado un tercer tono, que será ligeramente distinto en función de si se aplica primero un color vivo o un color oscuro.

En obras muy elaboradas con muchas capas, los tonos finales son el resultado de numerosas capas de color traslúcido.

Muchos artistas aplican primero sombras con colores fríos u oscuros (por ejemplo, azul, verde, violeta, rojo y marrón). En cambio, otros aplican primero los colores más claros y vivos y luego añaden las sombras. Ambos métodos ofrecen resultados muy distintos, así que le animo a que pruebe ambos.

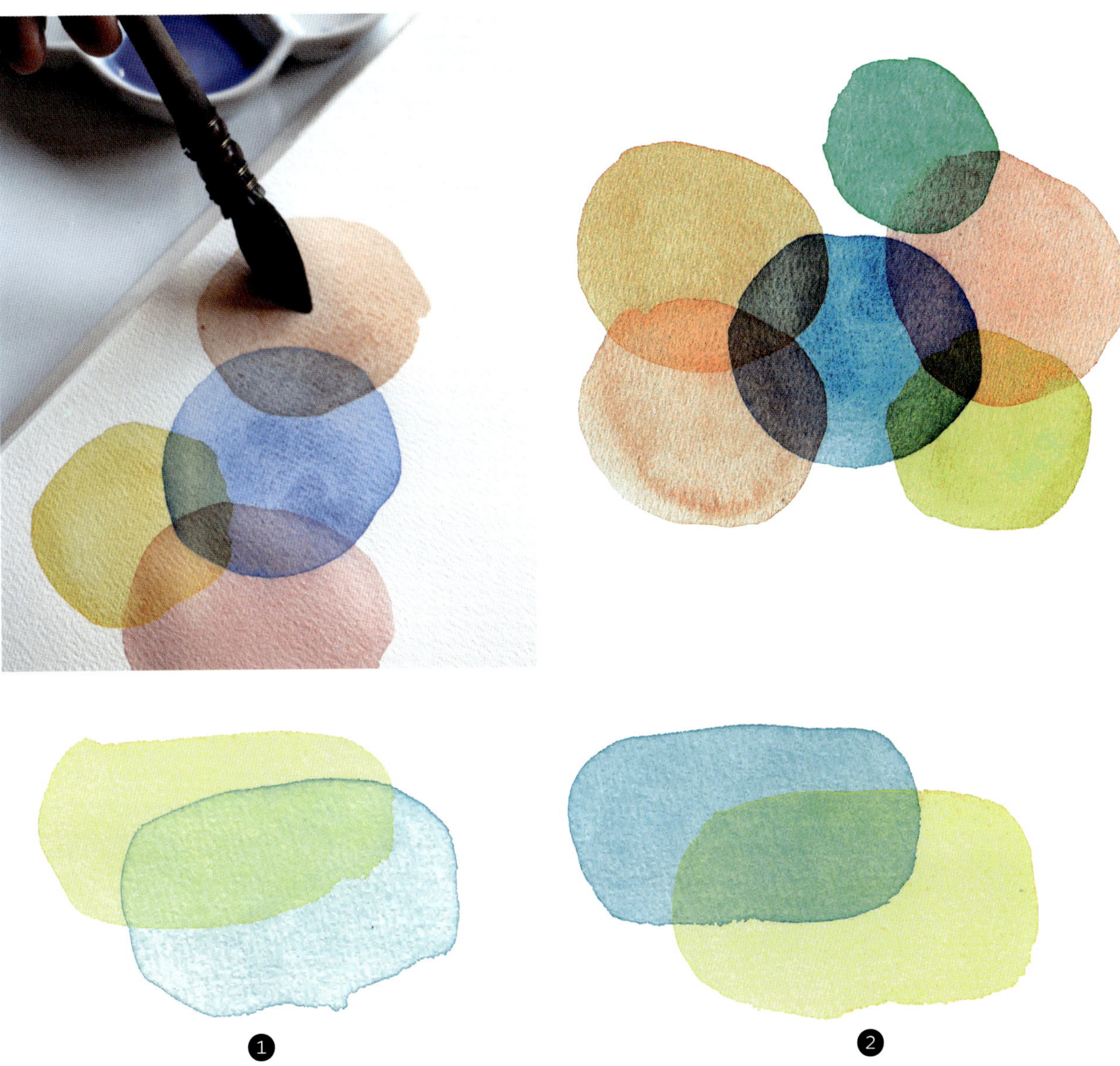

Ejemplo 1: Primero se aplicó un color vivo (amarillo) y luego otro más oscuro (azul). Ejemplo 2: Primero se aplicó un color oscuro (azul) y luego uno vivo (amarillo).

DEGRADADOS DE UN SOLO COLOR

Un **degradado** es una transición en el valor de un color: de opaco a transparente, y viceversa. Para ello, aplique una pincelada y añada agua poco a poco hasta que quede lo más transparente posible.

Esto es similar a hacer una escala de grises con un bolígrafo, de más oscuro a más claro.

DEGRADADOS DE VARIOS COLORES

Un degradado de color mezcla dos o más colores. Suele funcionar mejor con colores que estén cerca unos de otros en el círculo cromático.

Por ejemplo, de amarillo a azul, obtendremos verde.

Sin embargo, si utilizamos un degradado con dos colores complementarios, por ejemplo, rojo y amarillo, el degradado será marrón.

Puede crear degradados para obtener distintas paletas de colores.

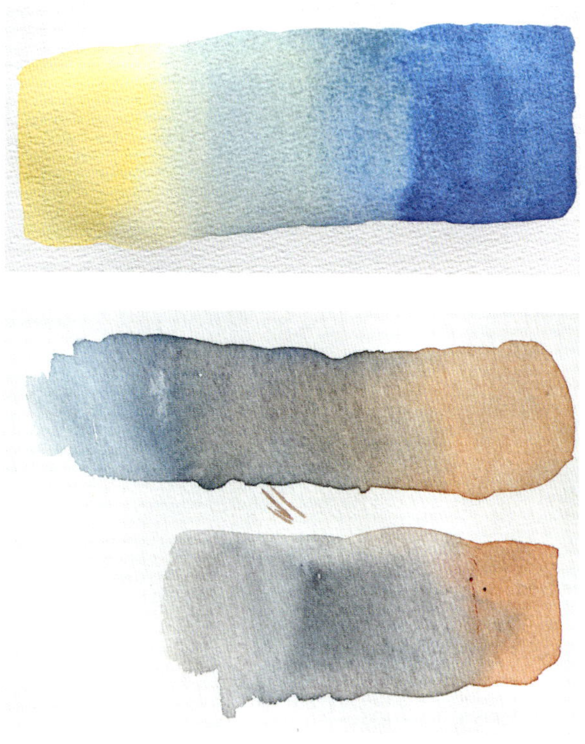

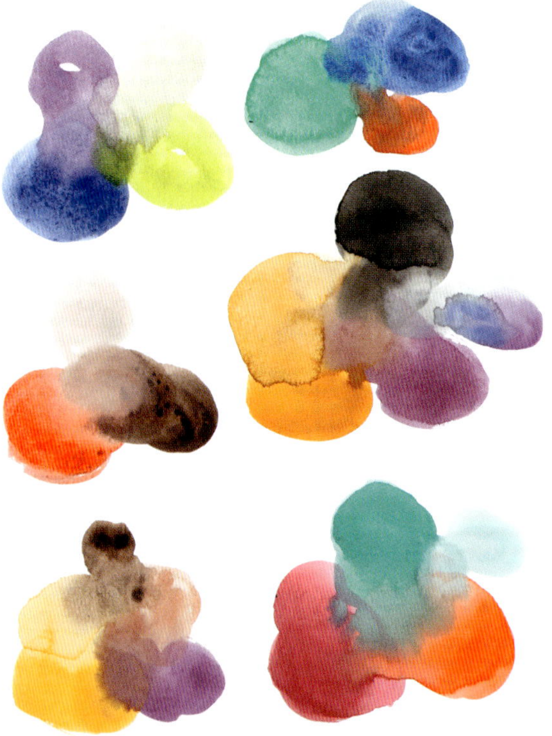

PINTURA CON GRANDES PINCELADAS

Es más fácil controlar las pinceladas pequeñas que las grandes, pero si quiere pintar una gran superficie de un color suave y uniforme sin que se desplace, el truco consiste en preparar primero suficiente cantidad del color en una paleta para que no se le acabe.

Con un pincel de numeración alta que pueda cargar mucha agua, pinte como si estuviera «restregando» el papel. Procure no retocar demasiado la zona que ya ha pintado. No tenga prisa en secar el pincel. Al pintar sobre una superficie, es mejor mantener el pincel húmedo con la mezcla de pintura y agua que haya preparado.

Si, por el contrario, quiere obtener un resultado más espontáneo o pintar con más libertad, puede utilizar más agua en algunas zonas y más pintura en otras. Experimente con la dirección de las pinceladas.

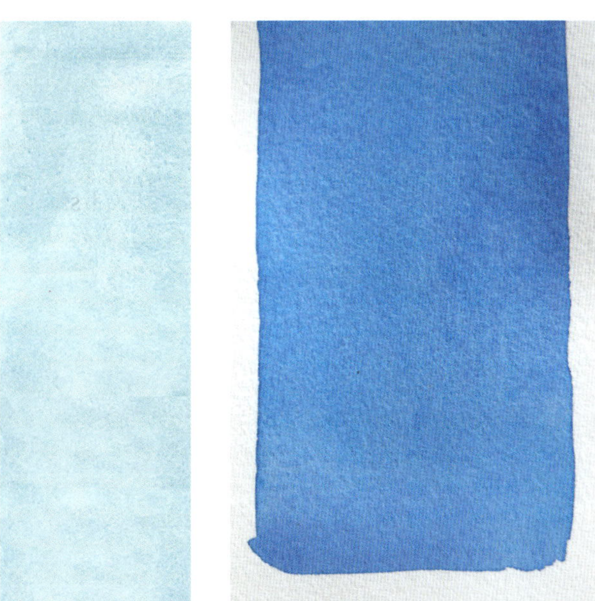

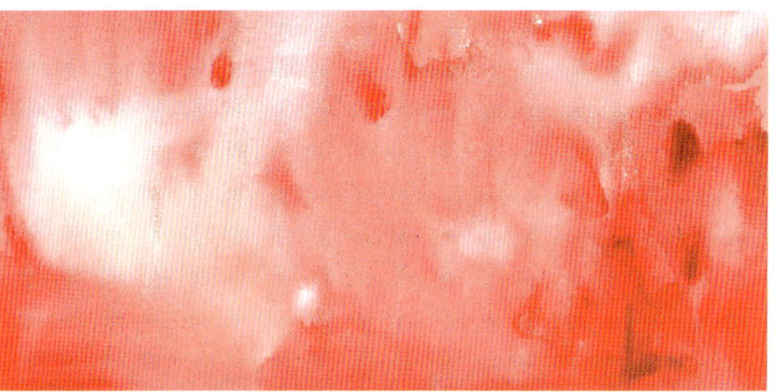

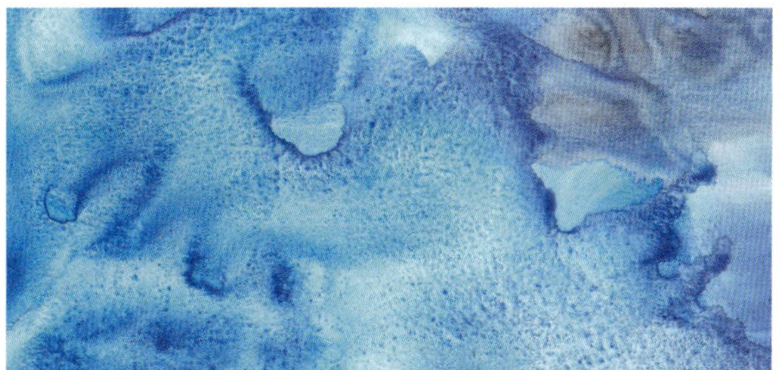

CÓMO CORREGIR

SALPICADURAS O MANCHAS EN EL PAPEL

Es cierto que la acuarela da poco margen para hacer correcciones, ya que se seca muy deprisa. Esto puede tener ventajas e inconvenientes a la hora de crear efectos.

Pero, si tiene una mancha indeseada en el borde del papel, humedézcala con agua limpia antes de que se seque por completo y séquela rápidamente con papel absorbente para quitarla (no arrastre el papel húmedo, ya que podría agrandar la mancha).

TÉCNICAS PARA CREAR ZONAS DE LUZ

Ya hemos hablado de la importancia de la luz en la acuarela. La luz procede del blanco del propio papel. Un color se verá vivo u opaco en función de la cantidad de agua que añadamos a la pintura.

La forma tradicional de crear luz y blanco es dejar el papel sin pintar, lo que se denomina **preservación del blanco**.

Además de esta forma tradicional de crear blanco en nuestra obra, he aquí otras maneras de aportar luminosidad y crear puntos de luz.

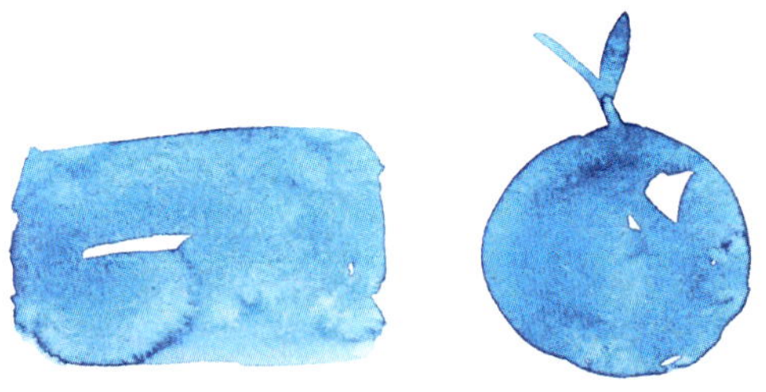

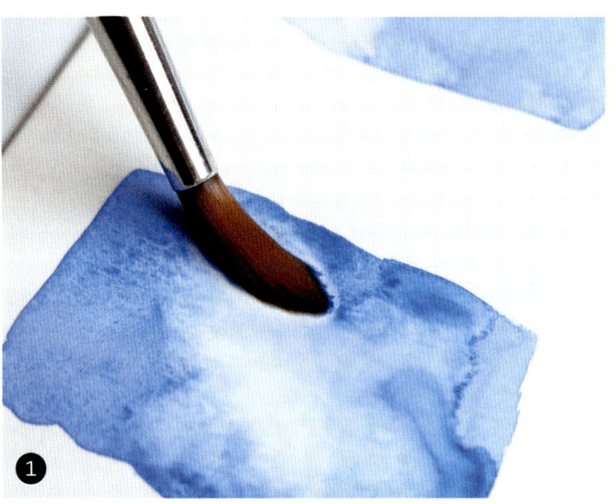

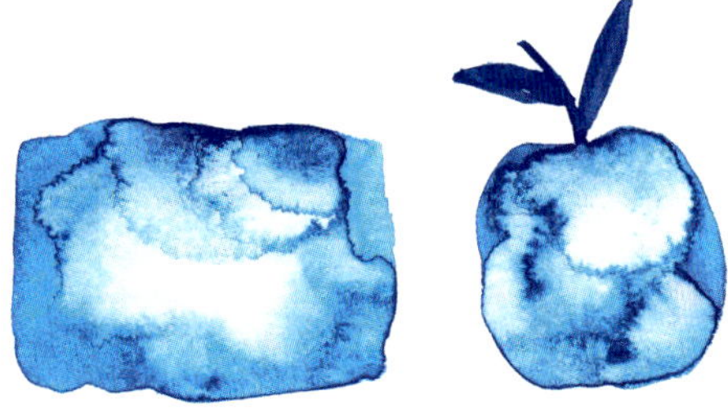

1. Sobre una capa de acuarela que esté todavía húmeda, **aplique agua limpia** y deje que se mueva y cree luminosidad a medida que avanza. Una vez seca, obtendrá sus propias y sorprendentes formas y texturas de acuarela.

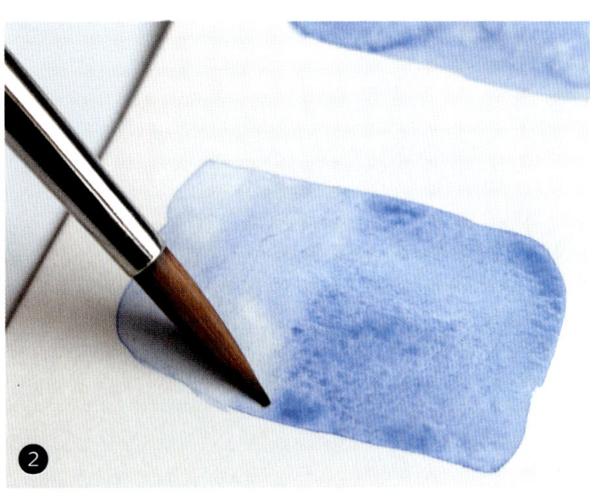

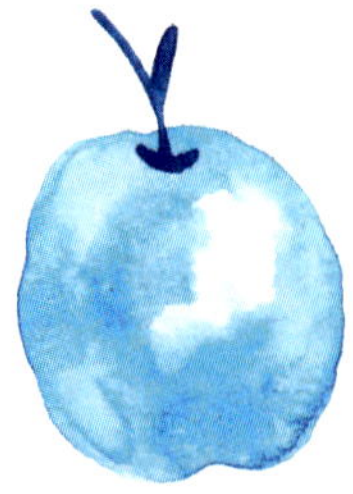

2. Con un **pincel limpio y algo seco, absorba** donde quiera recuperar la luz (antes de que se seque la acuarela).

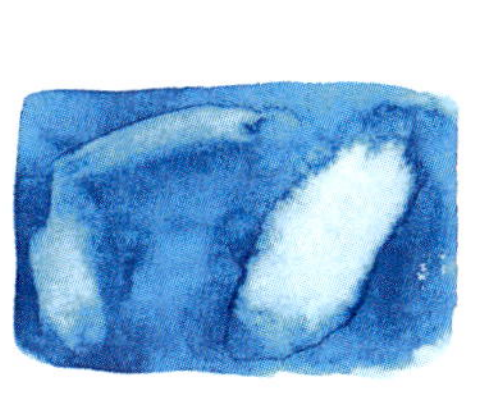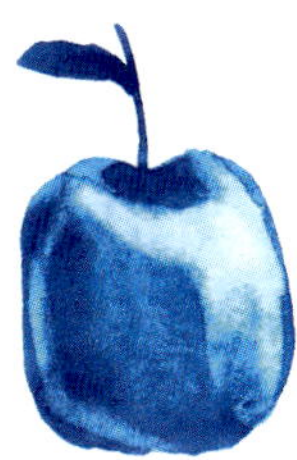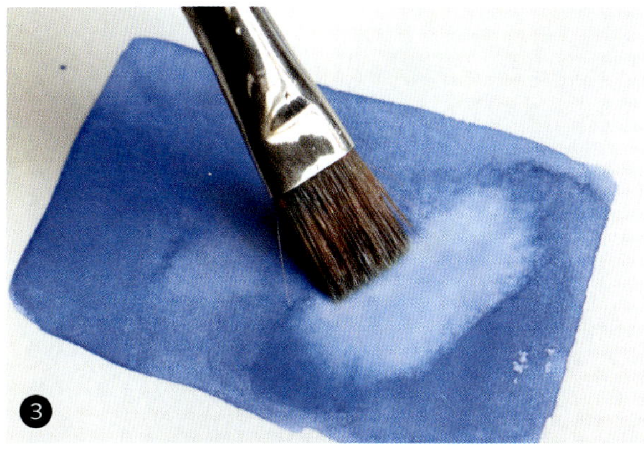

3. Utilice un **pincel duro y húmedo** para «rascar» una capa de color previamente seca.

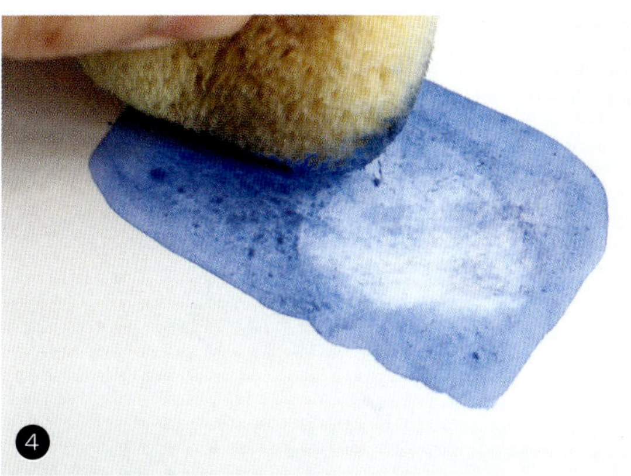

4. Utilice una **esponja** para absorber o arrastrar.

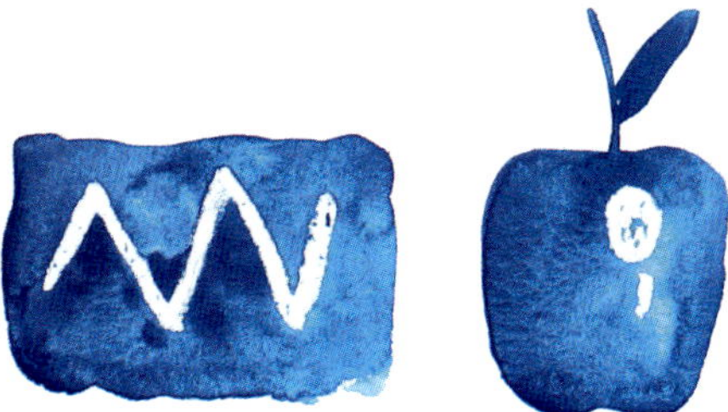

5. Utilice **papel de cocina** para absorber.

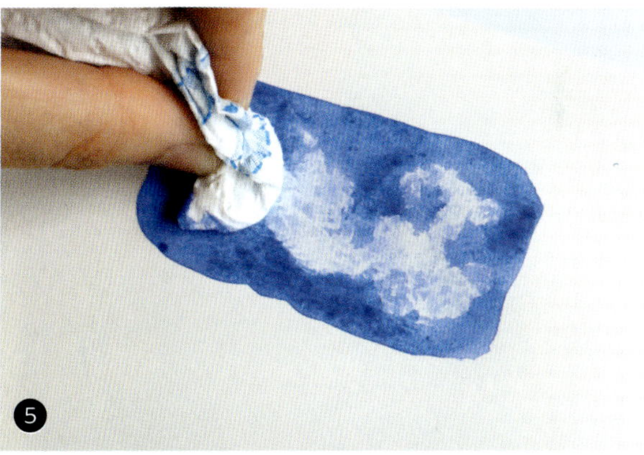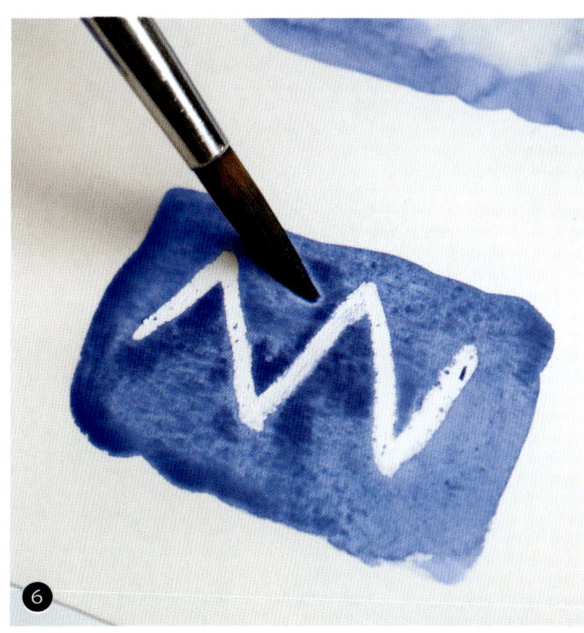

6. Utilice **lápices de cera**, como los de la marca Manley, donde quiera puntos de luz. La cera es aceitosa, lo que repele el agua, por lo que la pintura no se quedará en esa zona.

Una vez que haya trazado su dibujo a lápiz, utilice un lápiz de cera blanco en aquellos lugares donde quiera dejar luz o blanco. A continuación podrá aplicar el pincel sobre la cera sin miedo.

7. Hay muchas marcas de **líquido enmascarador** a la venta. Tienen diferentes aplicaciones, ya sea con pincel o con rotulador para hacer pequeñas reservas con precisión. Pinte o aplique el líquido donde quiera que se vea el papel.

Este material crea una fina película de color parecida a la goma. Una vez se ha secado, puede pintar encima. Cuando la acuarela esté seca, puede retirar el líquido enmascarador con la yema del dedo (procure tener las manos limpias para no manchar el papel con aceites o suciedad). A medida que se vaya secando, verá cómo aparece el papel blanco y las reservas de luz que había «protegido» previamente.

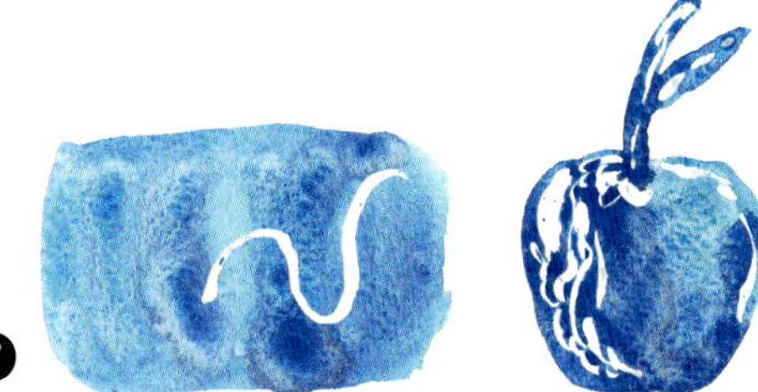

8. Puede crear colores claros con pinturas blancas. Si quiere blancos y puntos de luz potentes y muy limpios, lo mejor es usar pinturas blancas muy opacas, como la **témpera**.

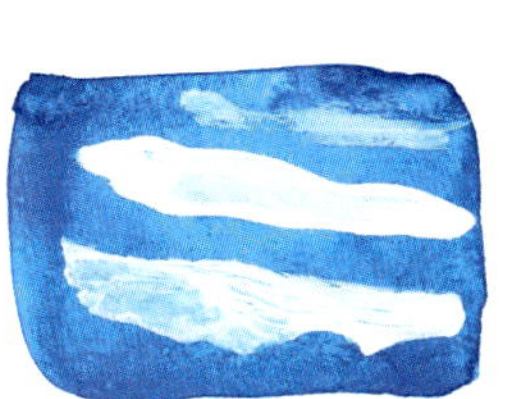
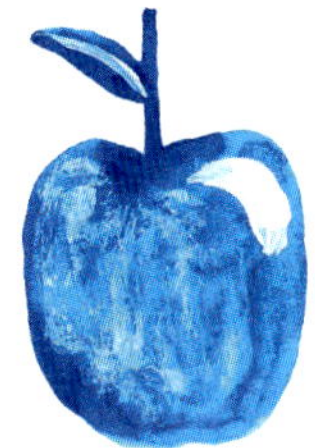

HÚMEDO SOBRE SECO

También puede añadir témpera a las acuarelas cuando aún están húmedas.

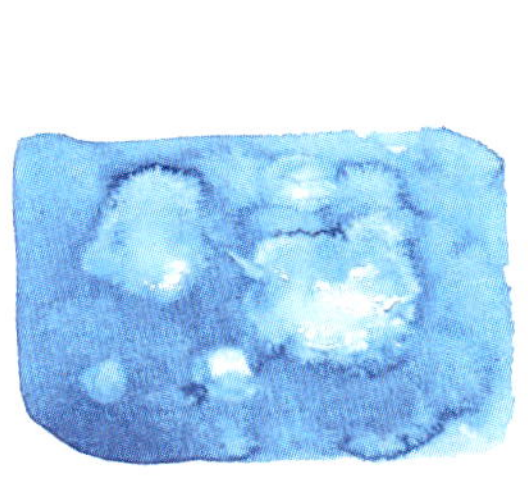
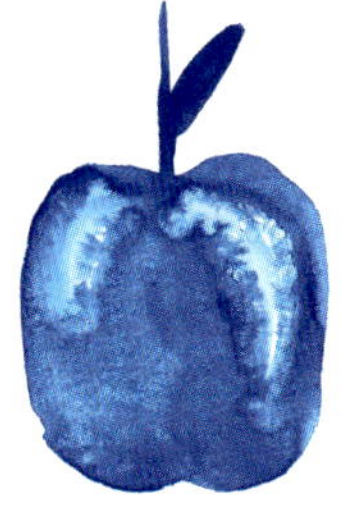

HÚMEDO SOBRE HÚMEDO

Si añade agua a la témpera, perderá su opacidad, y podrá crear atractivas veladuras blancas para añadir brillo y luz.

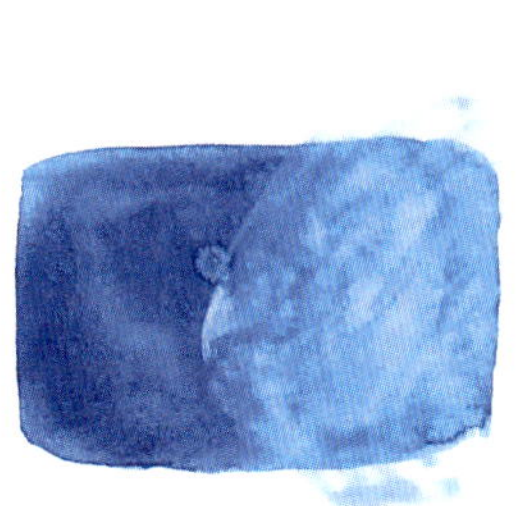
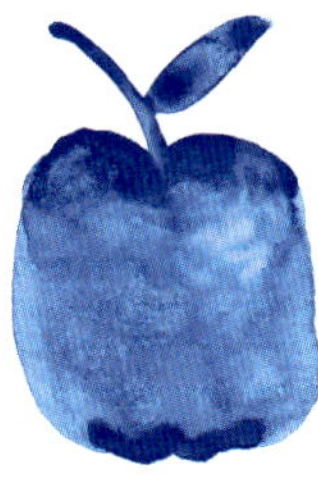

TÉMPERA

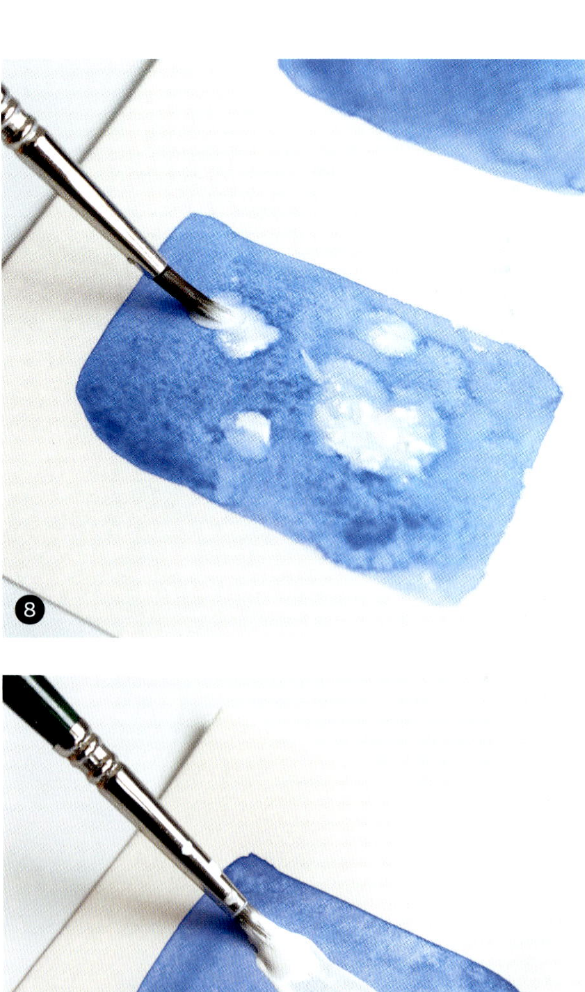

DE ACUARELA A PINTURA AL PASTEL

Si mezcla témperas o tinta blanca con acuarelas, obtendrá pintura al pastel. Pero, ¡cuidado! El blanco hace que los colores queden más opacos y elimina la transparencia de las acuarelas.

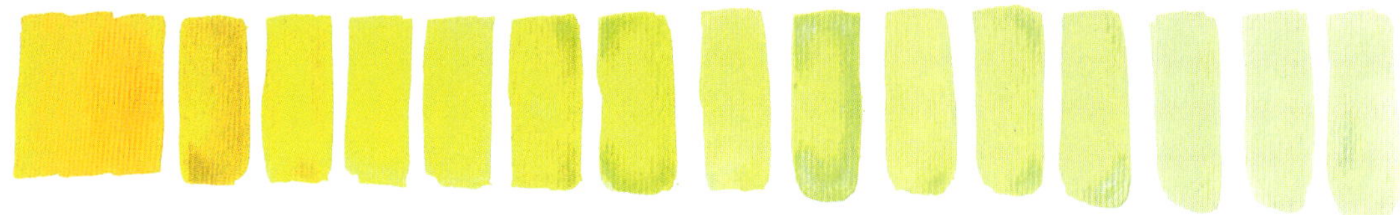

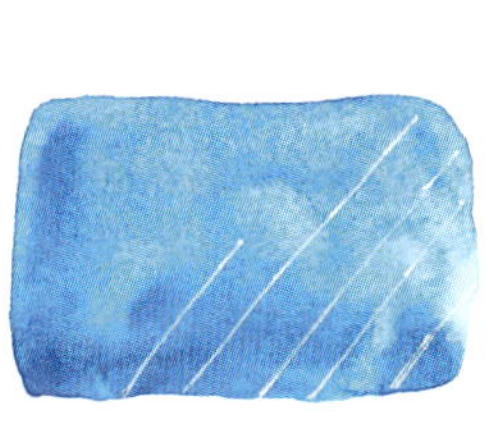 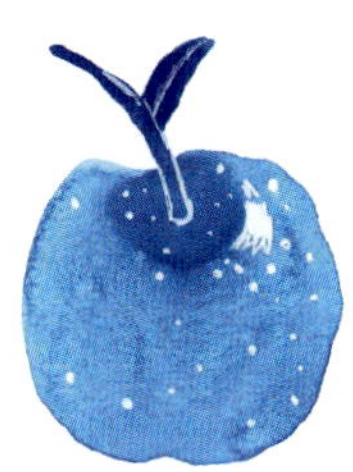

9. Un **bolígrafo blanco** (como los de la marca Pilot) es una buena elección para hacer detalles luminosos muy pequeños y precisos. Compruebe que la capa de acuarela esté seca

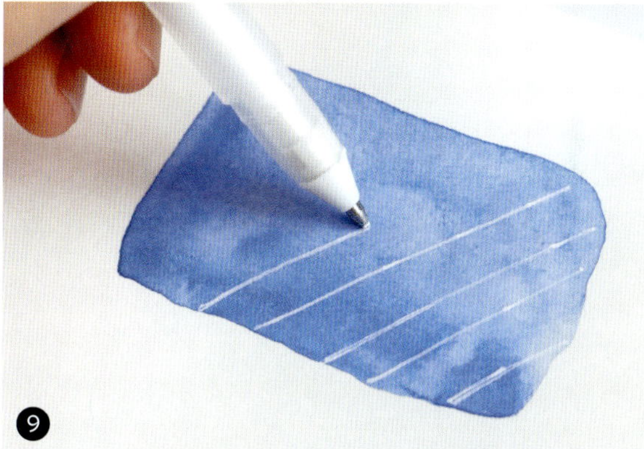

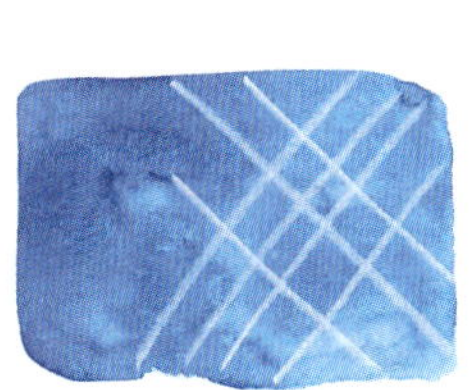 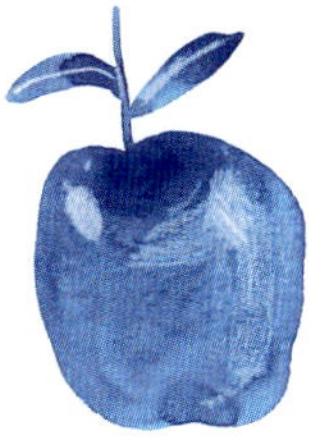

10. Un **lápiz blanco** funciona del mismo modo que el bolígrafo blanco. Puede utilizarlo cuando la acuarela esté completamente seca.

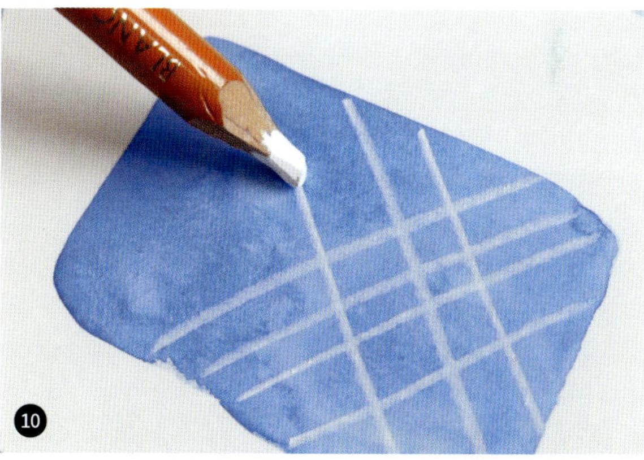

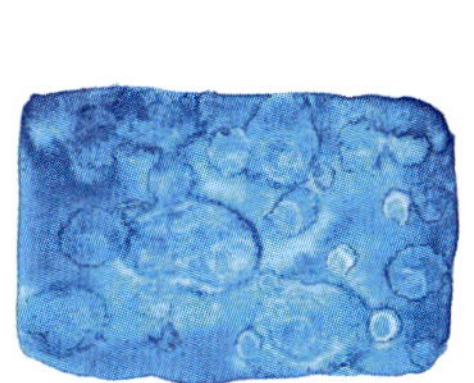 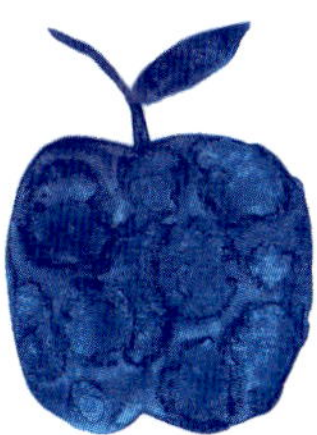

11. Cuando se aplica húmeda sobre el papel, la **acetona** crea luz en la acuarela, así como diferentes efectos y texturas. Procure utilizarla con cuidado porque «quema» el papel.

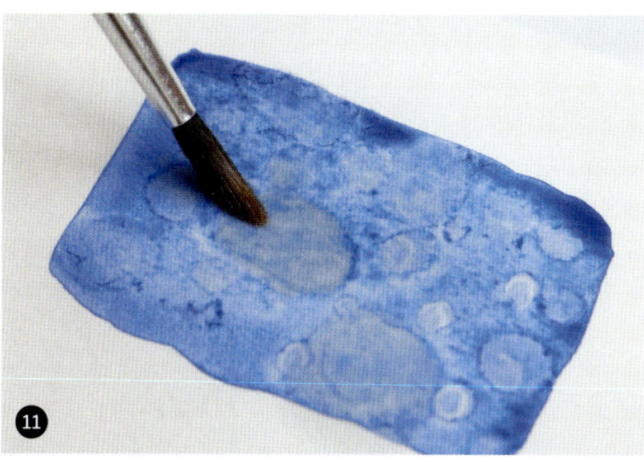

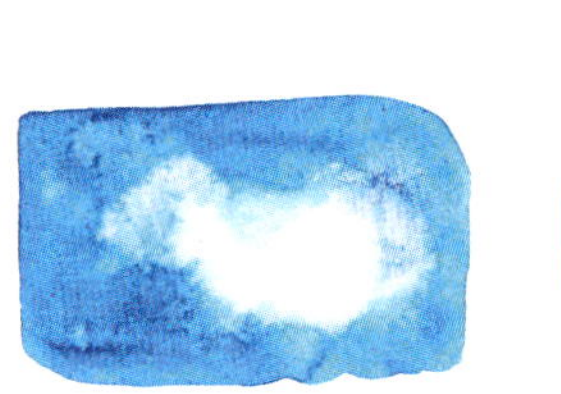
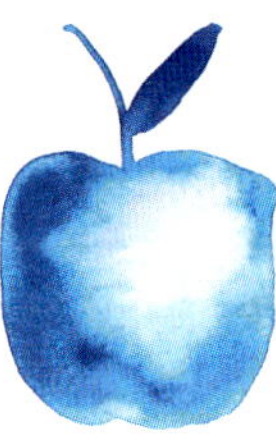

12. Debe utilizar la **lejía** con mucha precaución y en una habitación bien ventilada. La lejía destiñe el color y crea unas sorprendentes zonas claras en el papel. Debe utilizarse cuando las acuarelas aún están húmedas.

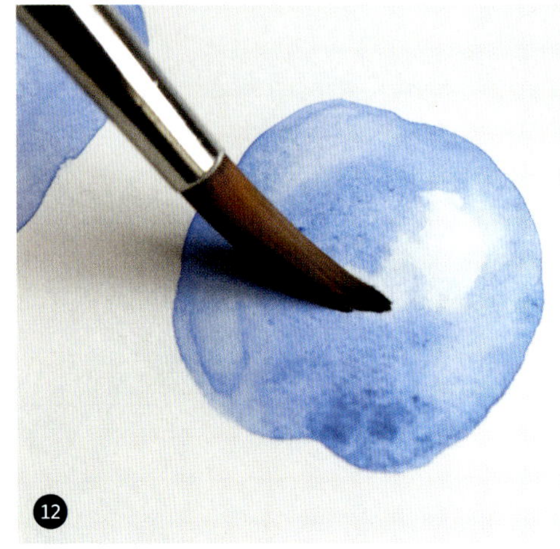

13. Coloque **cinta adhesiva** en el papel, donde quiera dejar una línea o una zona sin pintar. En cuanto se sequen las acuarelas, puede retirarla. La cinta adhesiva de baja calidad puede rasgar o levantar el papel, así que asegúrese de probarla primero.

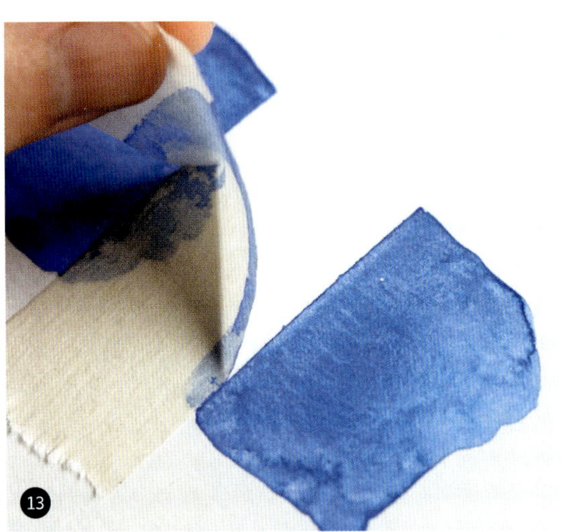

14. Aunque el método requiere mucha práctica visual, puede dar volumen a la cara utilizando luces y sombras. En una referencia con colores «reales», al principio puede resultarnos difícil traducir esos tonos a un **lenguaje de los colores**. Una forma fácil de identificar el valor tonal consiste en modificar la foto de referencia a blanco y negro. Cuando vemos la fotografía en tonos grises, es más fácil identificar las zonas claras y oscuras.

Para que la ubicación de los puntos más contrastados de luz y sombra quede aún más clara, puede ajustar aún más el contraste de la foto en blanco y negro. Una vez que haya identificado las zonas de luz y sombra, elija una paleta de colores y asígneles los tonos grises correspondientes.

Por ejemplo, si utiliza una paleta de colores vivos (amarillo-naranja-verde), puede hacer las siguientes selecciones:

» Amarillo para los blancos y grises más claros

» Naranja para los grises intermedios

» Verde para los grises y negros más oscuros

En la página siguiente hay un ejemplo de cómo elegir una foto y convertirla a blanco y negro para poder identificar muy fácilmente luces y sombras o valores tonales.

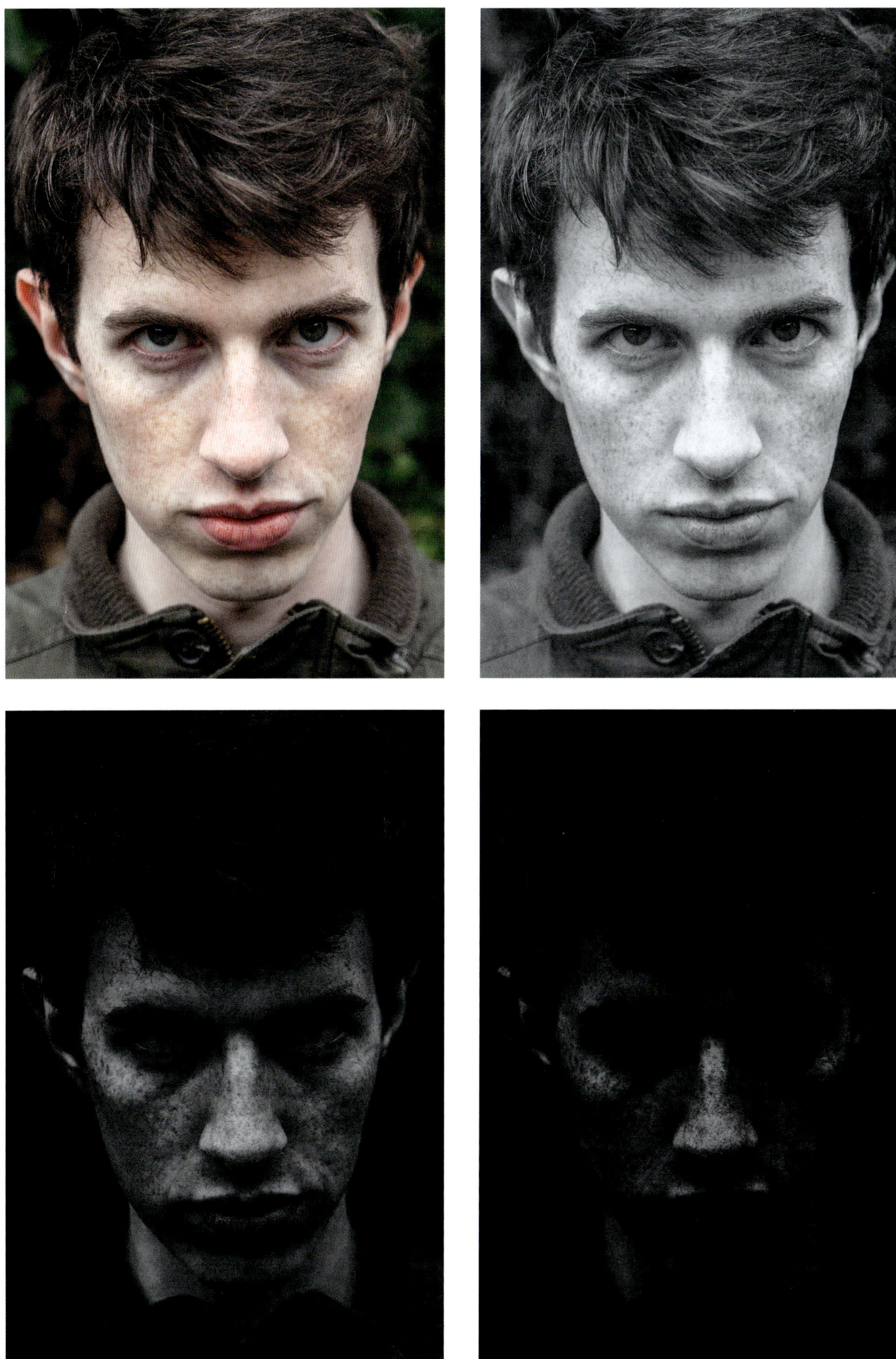

PROPORCIONES DE LA CARA

En esta parte del libro haré una breve introducción y una explicación sencilla de las proporciones de una cara. *Hay infinitas maneras de construir una cara. Cada método tiene su propio planteamiento, pero la mayoría de ellos tienen procesos similares. Primero explicaré algunos de los conceptos básicos, así podrá encontrar el método que mejor se adapte a usted. A continuación, indicaré lo que mejor me funciona a mí.*

Tenga en cuenta que, salvo raras excepciones, la cara de la mayoría de las personas no es totalmente simétrica. Así que no se preocupe demasiado por conseguir una simetría perfecta.

El retrato se considera uno de los temas o motivos más complejos de representar. Convertirse en un buen retratista requiere horas de práctica. Conseguir un retrato realista requiere mucha observación y conocimiento de los músculos y huesos que forman parte de la cabeza. Representar el «alma» de una persona también requiere práctica y casi siempre es el paso más interesante.

En este libro quiero que se divierta y aprenda un modo más sencillo de realizar retratos. Personalmente, me encantan los retratos hechos por niños por su espontaneidad e inocencia a la hora de dibujar. Los niños dibujan retratos muy originales y desproporcionados que tienen personalidad propia, lo que los hace muy especiales.

Dibujar es una actividad muy liberadora, y no hace falta ser un experto para expresarse dibujando. Los dibujos «toscos», o que no se basan en reglas o teorías básicas del dibujo, también tienen mucho encanto. No todo tiene que ser fiel a la realidad o a las normas específicas de belleza y armonía. Sobre todo, cuando dibuje experimente y diviértase. Plasme su personalidad en lo que está creando: todos tenemos nuestro propio lenguaje y eso es lo que nos hace únicos.

El mejor consejo es conocer todas las normas para poder romperlas.

Hacer un dibujo tosco o desproporcionado también requiere habilidad, y la mayoría de los artistas que dibujan así conocen las proporciones estándar de una cabeza.

Dicho esto, normalmente es posible determinar quién dibuja con un estilo tosco intencionadamente y quién lo hace por falta de conocimientos. Mi consejo es que aprenda los conceptos que rigen las proporciones para poder dibujar como más le guste.

Es cierto que, al seguir las normas, se puede perder cierta «frescura» o espontaneidad. Muchos artistas optan por pintar de un modo más infantil y dejan de lado sus conocimientos. Siempre podemos ignorar las normas y dibujar con más libertad y al margen de lo que aprendemos en la escuela. La forma de expresarse en el dibujo no tiene límites ni fronteras. Conocer las normas no tiene por qué limitar su imaginación. De hecho, puede ayudarle a ampliar un poco más sus horizontes.

*Antes de continuar con la siguiente lección,
coja una hoja de papel y un lápiz y dibuje una cara con todos los rasgos.
A continuación, compare esos resultados con los de la siguiente lección.*

VISTA FRONTAL

Comenzamos nuestra lección dibujando el retrato de una cara completa en una vista frontal.

1. Dibuje la forma de un huevo y divídala por la mitad con una línea horizontal. Esa línea divisoria, por increíble que parezca, es la altura de los ojos.

2. Divídala por la mitad con una línea vertical. Esto divide la cabeza en dos lados y es el eje de la nariz. (A)

3. Trace una segunda línea horizontal encima de los ojos. Aquí es donde van las cejas. Ahora tenemos la parte superior de la cabeza, las cejas, los ojos y la barbilla.

4. Desde la línea de las cejas hasta la barbilla, vuelva a dividirla por la mitad. Aquí es donde va la base de la nariz.

5. Desde la base de la nariz hasta la barbilla, divida la zona en tres partes iguales. El primer tercio es para la línea central de los labios.

6. La anchura de la nariz se calcula como el punto medio de la línea que va desde la base de la nariz hasta las cejas. El resultado es la anchura proporcional de la nariz basada en la altura de la cabeza. (B)

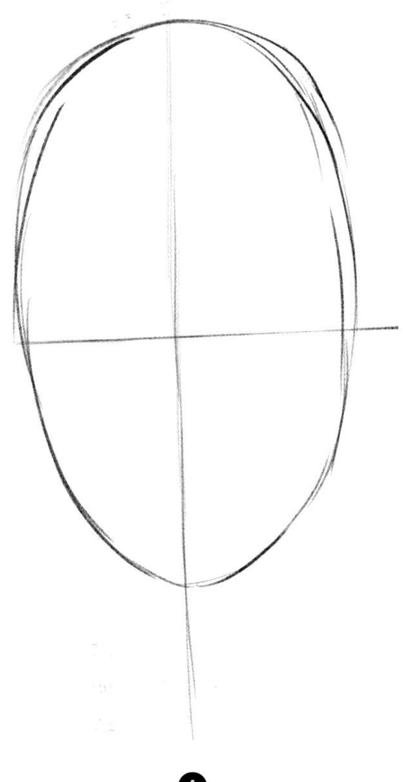

A

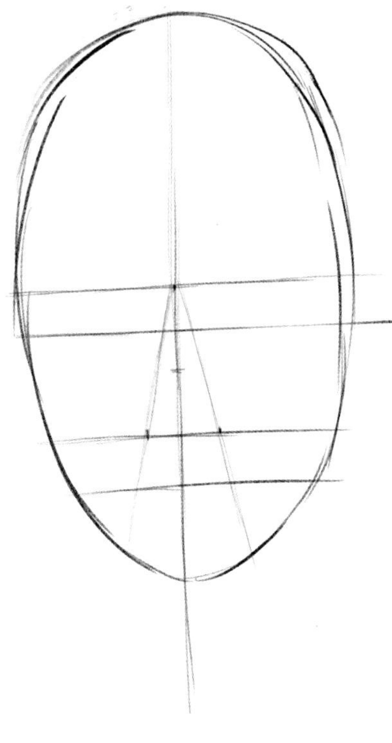

B

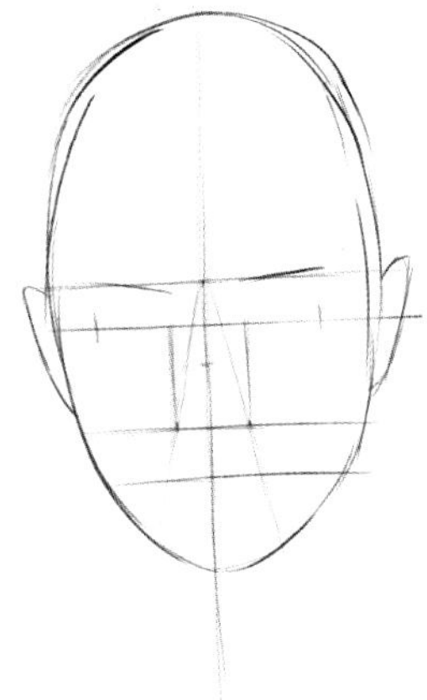

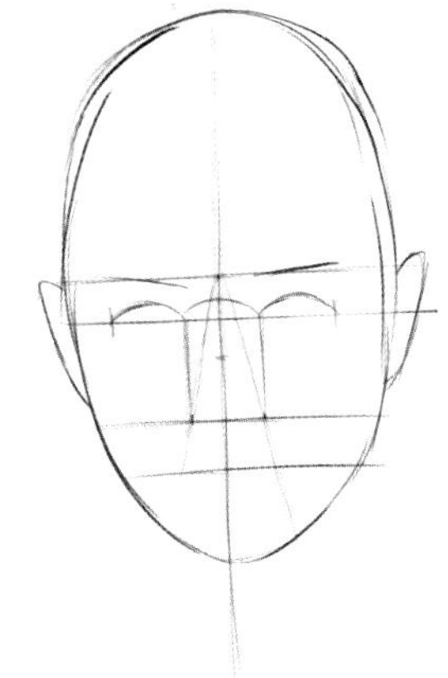

C

D

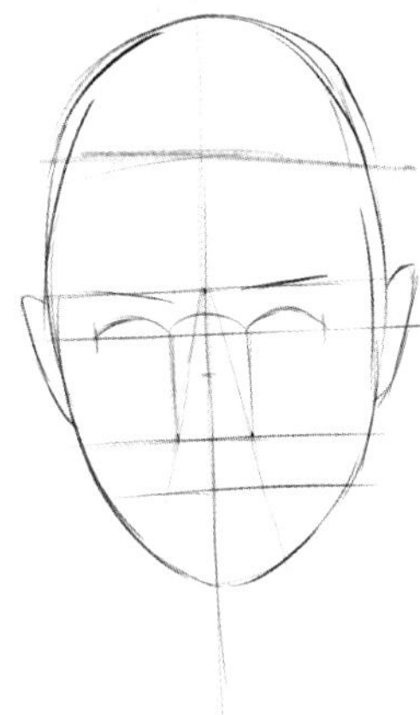

E

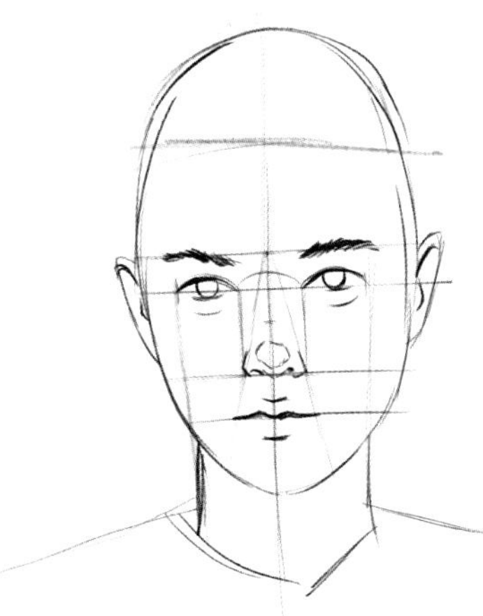

F

7. Una vez definida la anchura de la nariz, trace dos líneas verticales hacia la línea horizontal de los ojos. Ahí es donde va un contorno del ojo. El tamaño de los ojos suele corresponder con la anchura de la nariz. (C)

8. Para el tabique nasal, dibuje dos líneas verticales, una a cada lado de la nariz hasta la línea de las cejas. (D)

9. Los bordes de la boca suelen alinearse con el centro de las pupilas.

10. Una cara armoniosa se corresponde con la cara dividida en tres partes iguales, lo que constituye una guía muy básica para ayudarle a dibujar fácilmente un retrato proporcionado (E):

- Desde la barbilla hasta la base de la nariz.

- Desde la base de la nariz hasta las cejas.

- Desde las cejas hasta la frente.

11. Las orejas suelen ir desde la base de la nariz hasta los ojos o las cejas. (F)

12. La anchura y la altura del cuello dependen de la persona, pero puede aproximarse trazando una línea desde el borde exterior de los ojos.

Consulte en la página siguiente los pasos restantes de este proceso (G-K).

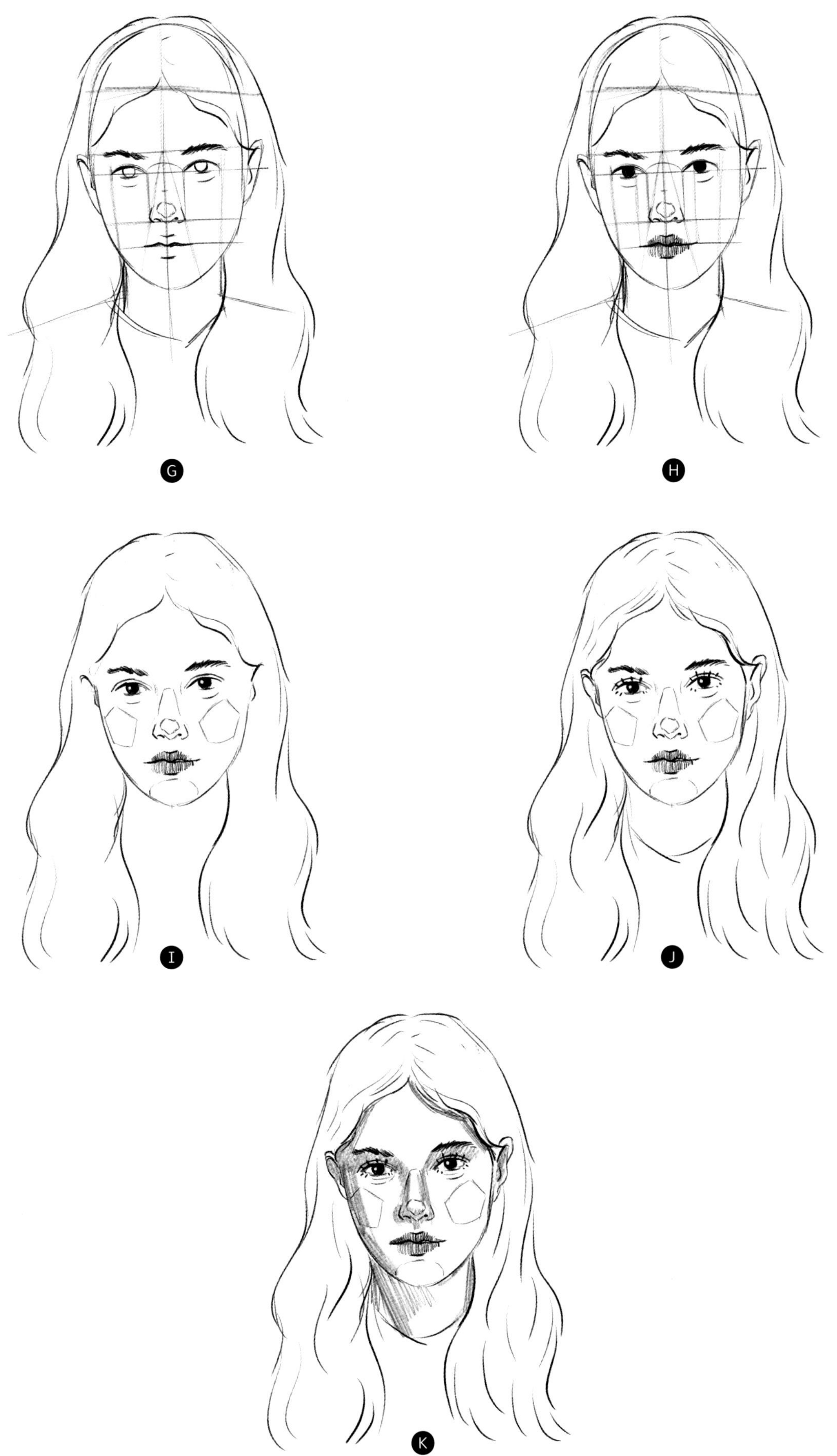

G
H
I
J
K

VISTA DE PERFIL

El proceso de dibujar una cara de perfil sigue las mismas proporciones, medidas y pasos que el de dibujar una cara de frente. Puede empezar con un óvalo o un círculo.

Si observamos una cara de perfil, nos daremos cuenta de que la oreja está situada aproximadamente en el centro de la cabeza, y que la barbilla, la oreja y los ojos forman un triángulo equilátero.

He aquí un sencillo boceto a modo de ejemplo.

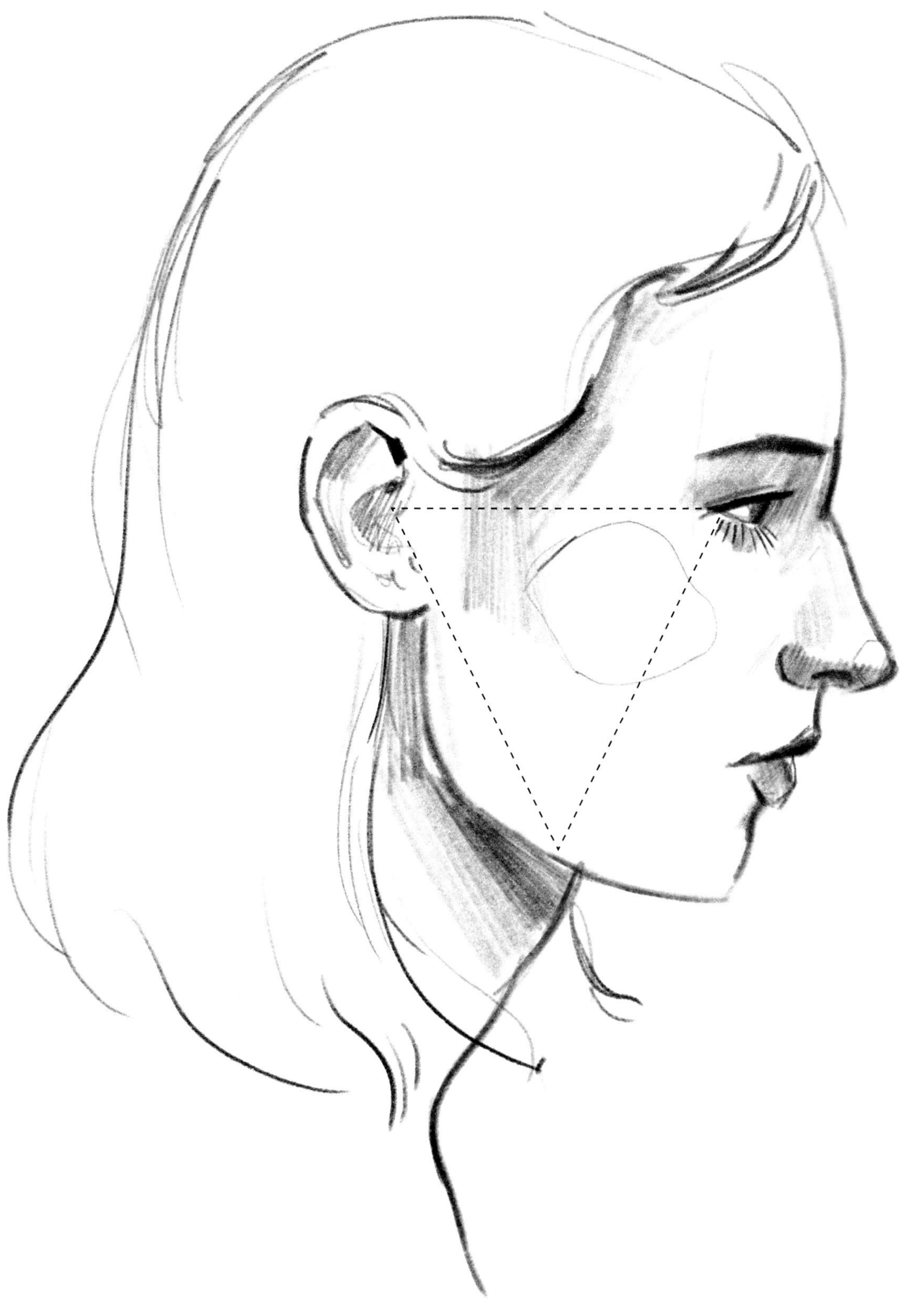

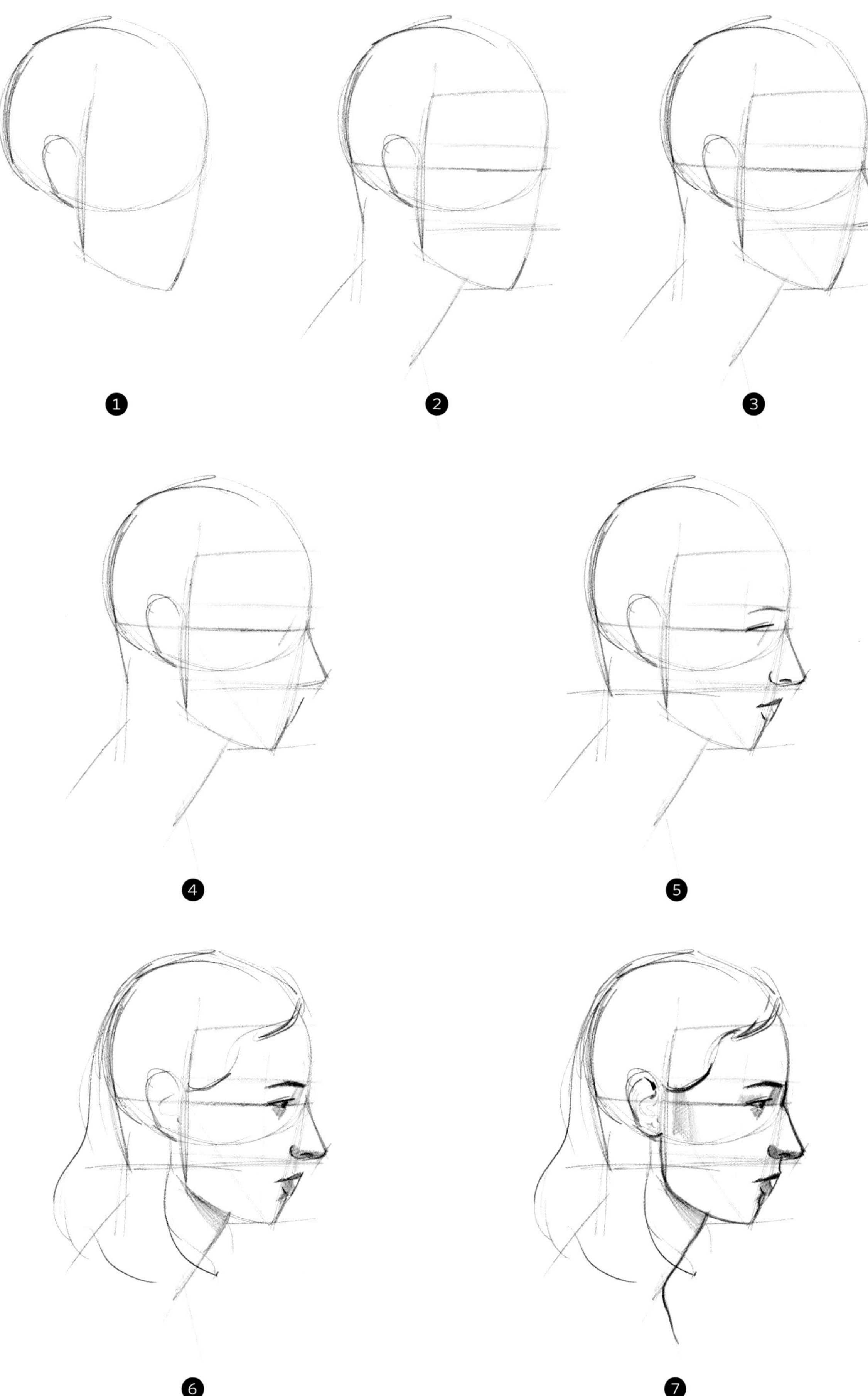

VISTA DE TRES CUARTOS

Para dibujar la cabeza en un retrato de tres cuartos, imagine la forma de un huevo como una esfera tridimensional. Dibuje los ejes principales en una ligera diagonal para ayudarle a colocar los ojos, la nariz, la boca y la oreja.

Sugerencia

Para ayudarle a planificar su retrato, observe una fotografía de referencia y dibuje las líneas de dirección principales.

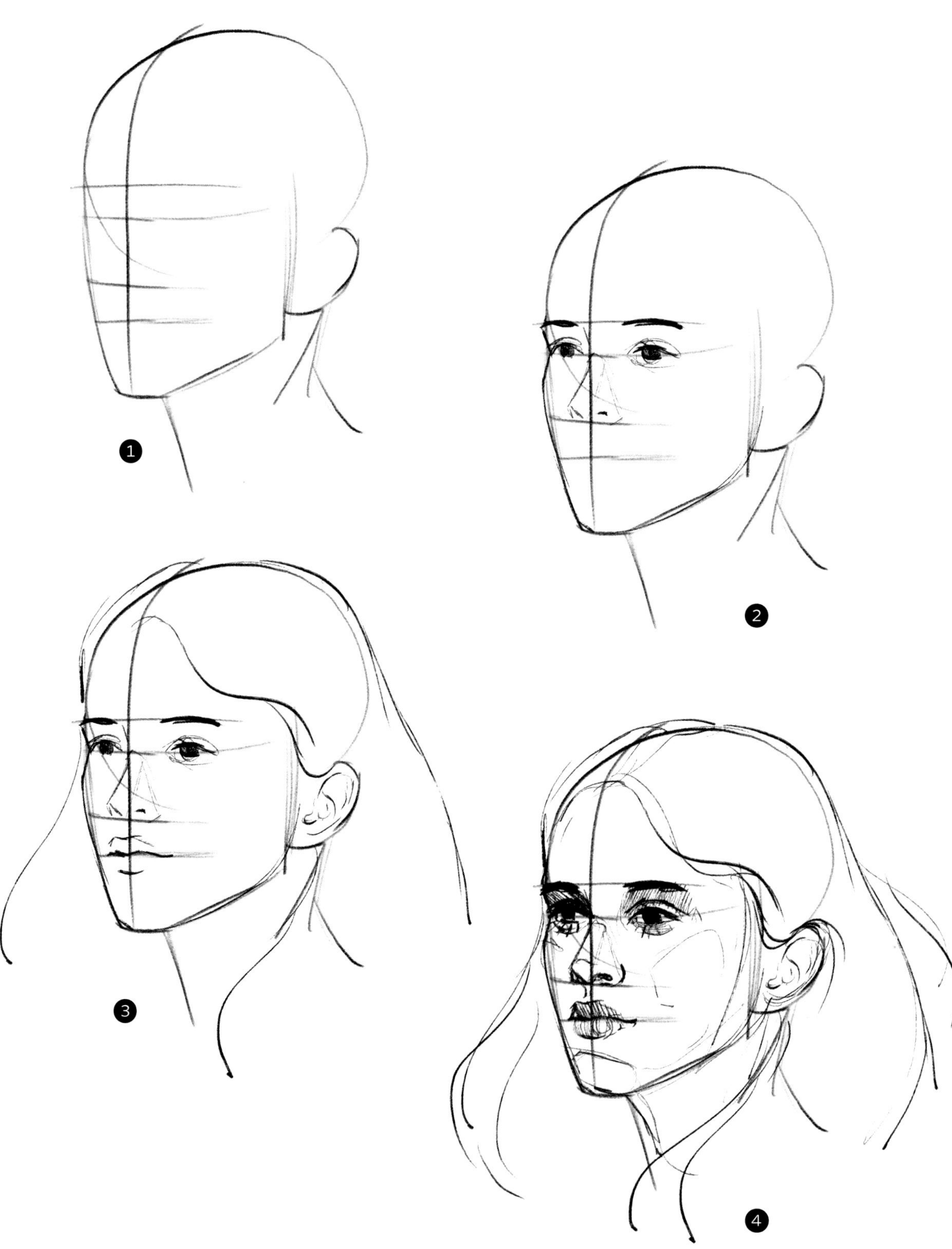

¡ROMPA LAS REGLAS!

Una vez haya aprendido las reglas, es hora de jugar y divertirse. Sea atrevido: modifique
la altura de las líneas para obtener retratos desproporcionados y originales y para crear
personajes diferentes. Intente utilizar formas geométricas en lugar de un óvalo.
Empiece con un cuadrado, un círculo, un triángulo, un rectángulo, etc.
¿Qué otras variaciones se le ocurren?

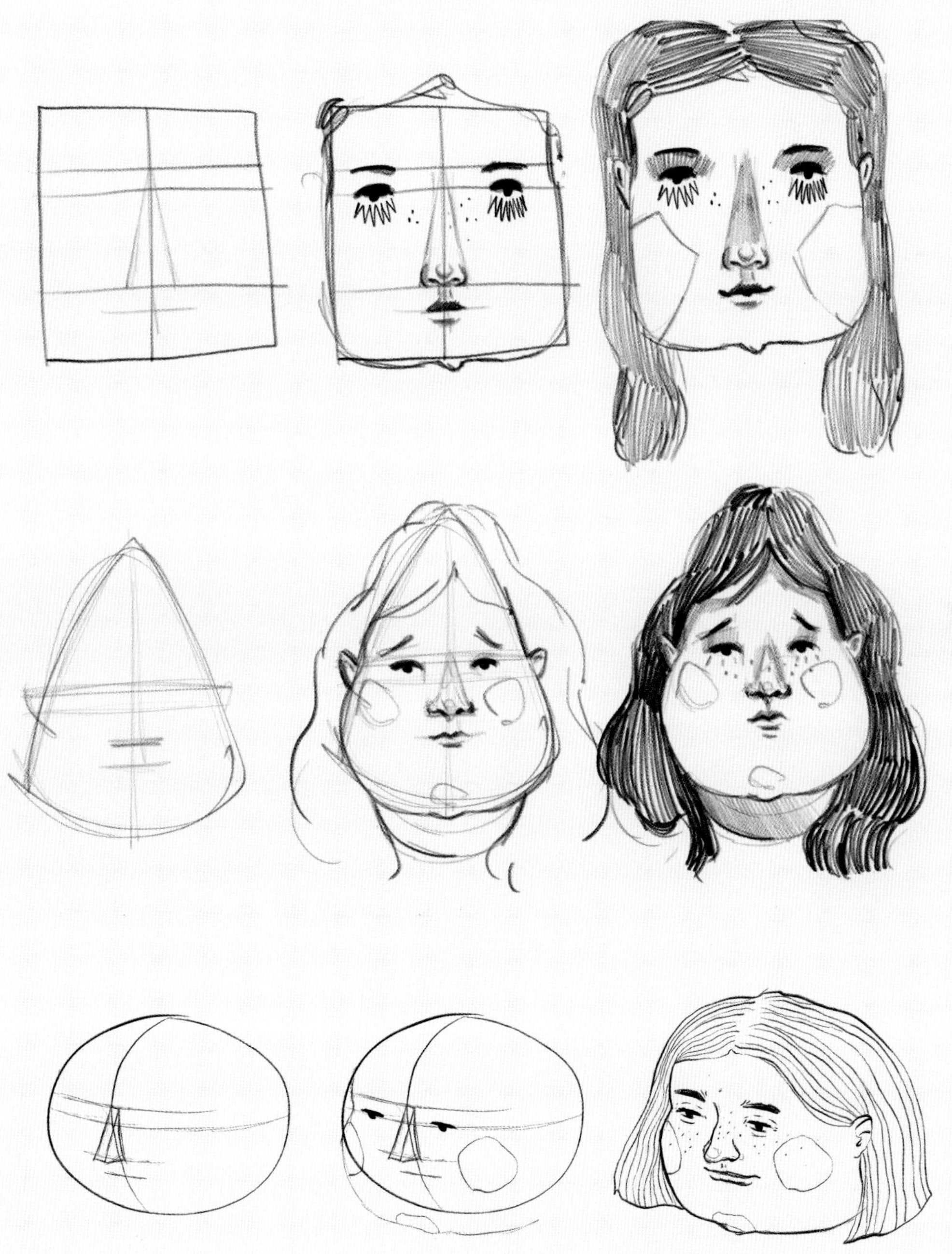

Ejemplos de caras desproporcionadas.

CALCO DE UNA IMAGEN DE REFERENCIA

Aprender a dibujar requiere mucho tiempo y práctica. Si aún no ha llegado a ese punto y le cuesta planificar un retrato, puede utilizar métodos más sencillos para calcar una imagen al papel:

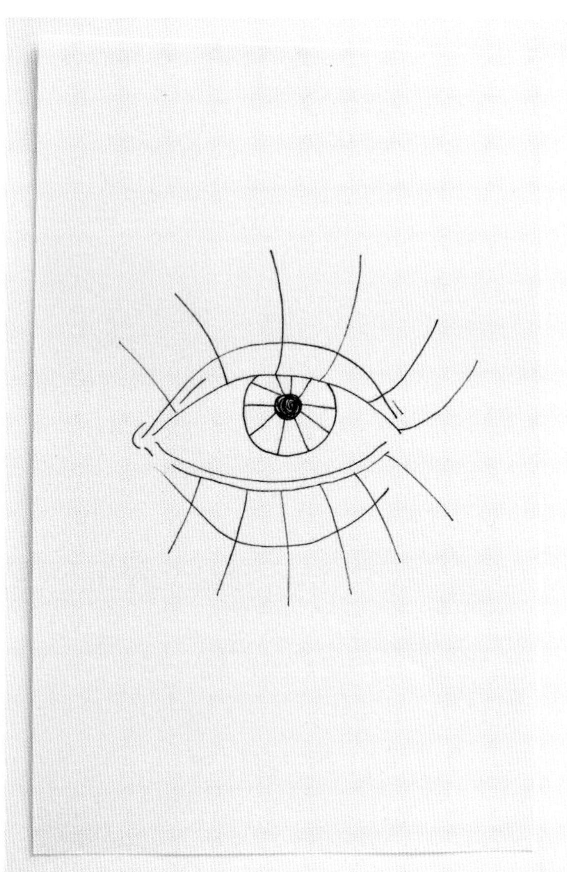

1. Utilice una ventana para calcar la imagen:

    - Coloque una hoja de papel de acuarela en blanco encima de la imagen que desea copiar.

    - Pegue con cinta adhesiva ambos papeles a una ventana en la que dé la luz del sol.

    - Calque la imagen.

2. Calque la imagen con carboncillo.

    - Dele la vuelta a la imagen y cubra la zona uniformemente con carboncillo. (A)

    - Tome su papel de acuarela y coloque la imagen encima, de modo que el carboncillo esté en contacto directo con el papel de acuarela. Pegue los papeles a una mesa con cinta adhesiva. (B)

    - Repase las formas básicas con un lápiz. (C) Si levanta el papel, verá que se ha creado un dibujo. (D, E)

    - Con un pincel, retire suavemente el exceso de carboncillo. También puede eliminar pequeñas zonas con una goma de borrar. (F)

    - Añada más detalles si lo desea.

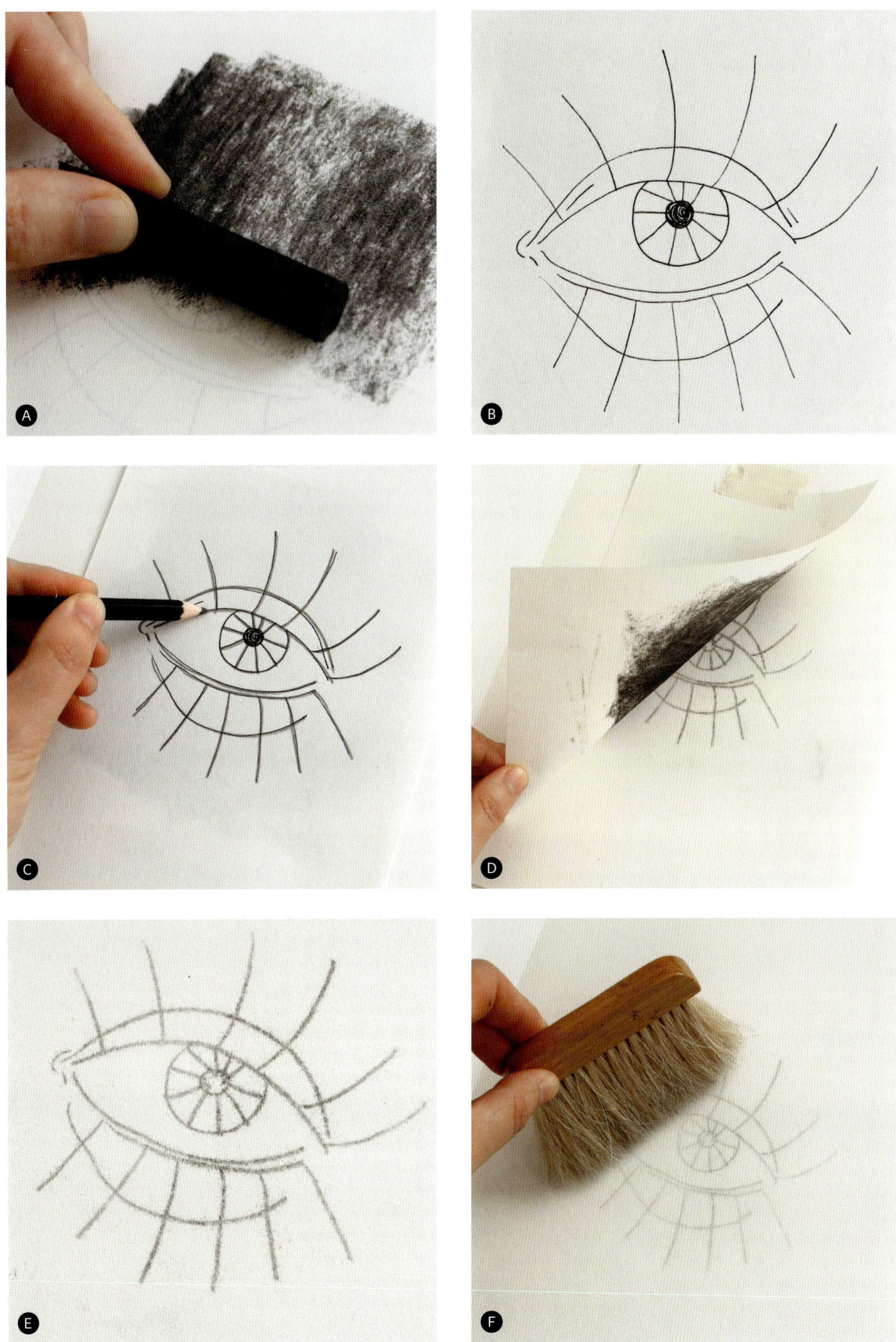

A
B
C
D
E
F

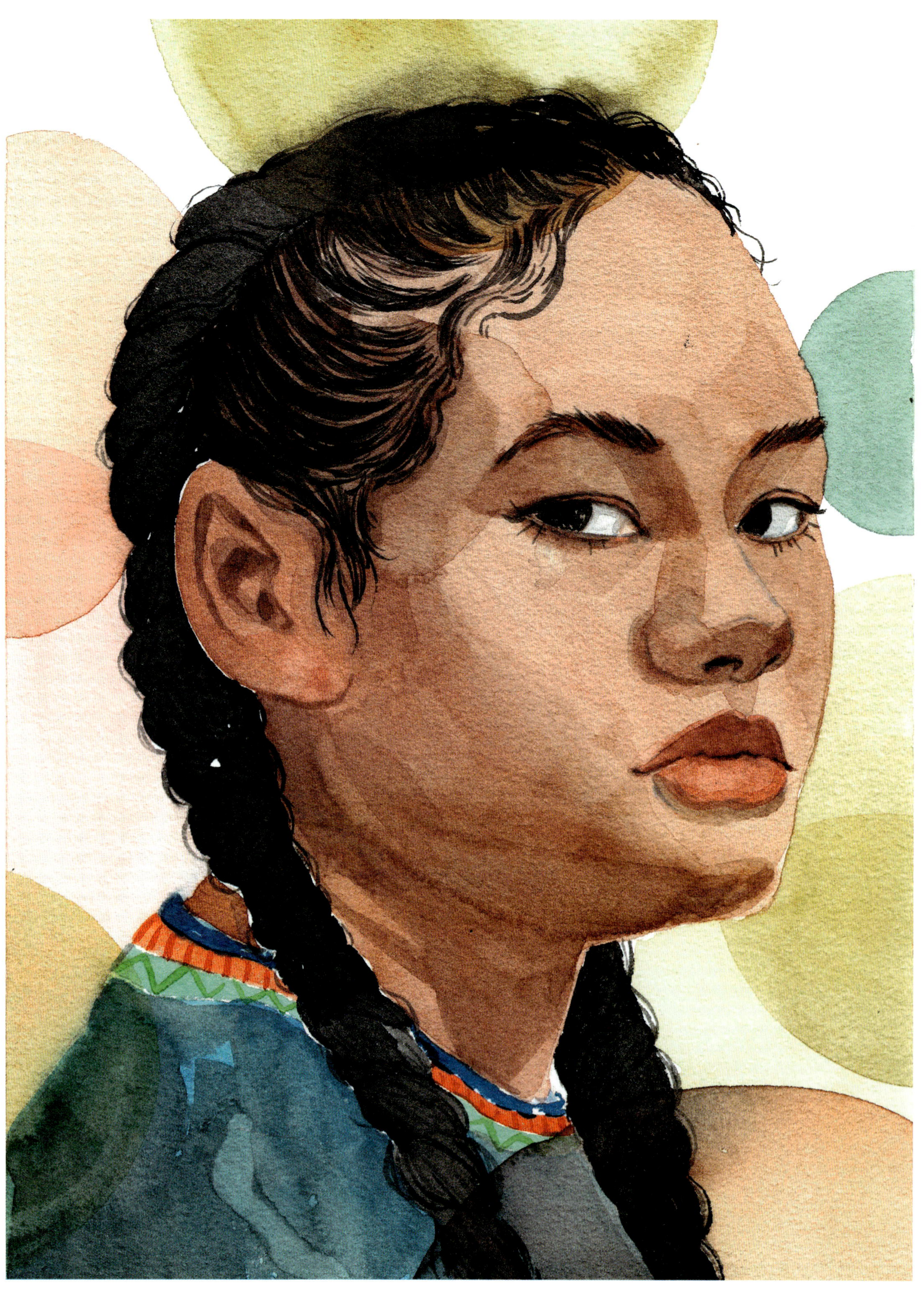

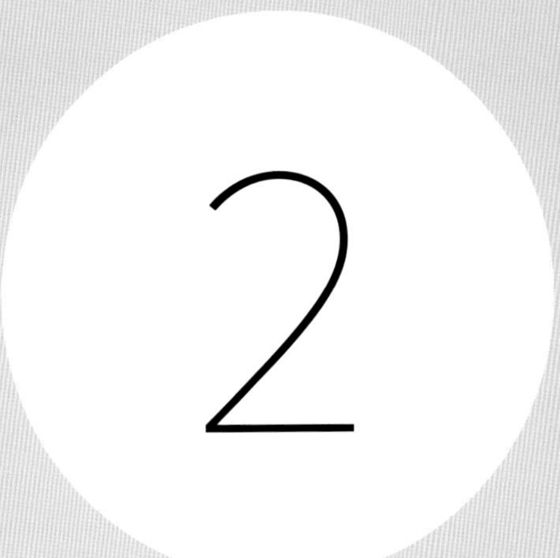

RETRATOS CREATIVOS
COLOR + TÉCNICAS BÁSICAS DE ACUARELA

Este capítulo presenta lecciones de retrato que introducen técnicas y consejos esenciales para trabajar con acuarela y que también utilizan diversas paletas y combinaciones de colores basadas en el círculo cromático. Además, he utilizado distintos tipos y gramajes de papel, desde el ligeramente texturizado hasta el de alto brillo, para mostrar cómo esa característica puede influir en el resultado final. Recomiendo extender el papel en un tablero o un trozo de cartón y pegarlo con cinta adhesiva o cinta de papel de estraza para que quede liso y no se combe.

Aunque he utilizado referencias fotográficas como punto de partida, las he utilizado solo como guías generales, evitando centrarme en reproducirlas exactamente para que el proceso de pintura fuera más fluido y pudiera concentrarme en la lección. Puede utilizar su propia fotografía de referencia o recurrir a su imaginación, ¡lo que mejor le parezca!

MONOCROMO

La mejor manera de empezar a experimentar con la acuarela es utilizando un solo color. ¡Es un ejercicio excelente! Como ya hemos mencionado, puede aplicar más o menos agua para variar la intensidad del tono. Utilizando un solo color y superponiendo capas, puede crear retratos con contrastes sencillos y practicar gradualmente la colocación de las luces y las sombras.

HÚMEDO SOBRE SECO

Para este retrato, utilizaremos un solo color, variando su intensidad y transparencia al añadir agua. Trabajaremos de menos a más detalles, de lo **general a lo específico**.

Empezaremos con pintura más diluida y capas traslúcidas. A medida que desarrollemos el retrato, utilizaremos pintura más opaca para que los detalles estén cada vez más definidos.

Guarde la foto que va a utilizar como blanco y negro. De ese modo, podrá ver el retrato en distintos tonos de gris, lo que le ayudará a localizar las zonas de luces y sombras y las áreas de mayor contraste.

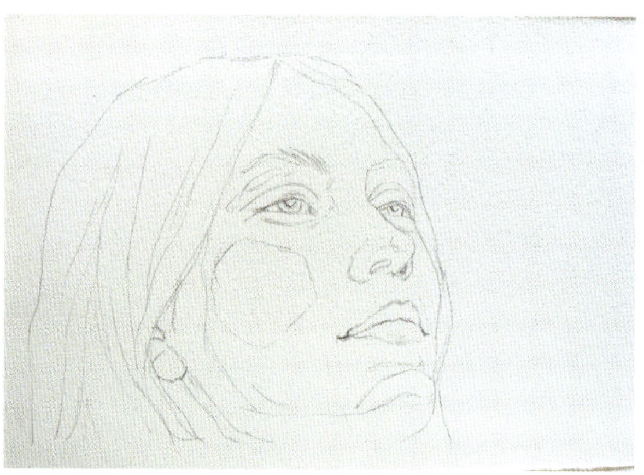

1. Primero, dibuje su retrato. El nivel de detalle del dibujo depende de usted. Puede hacerlo muy detallado para tener más seguridad al pintar. Tenga en cuenta que un lápiz duro no manchará tanto como uno blando.

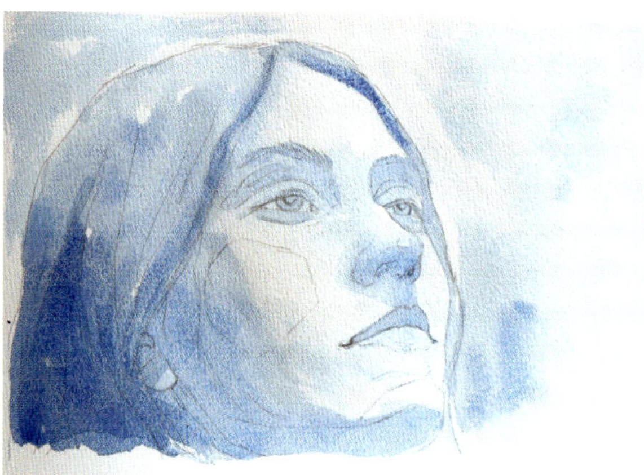

2. Elija un color que le guste. Yo he elegido el azul. Ponga el color en la paleta y añada mucha agua. Con esta mezcla, cree una primera capa y aplique las sombras principales. Deje secar cada capa para poder aplicar las siguientes pinceladas con precisión.

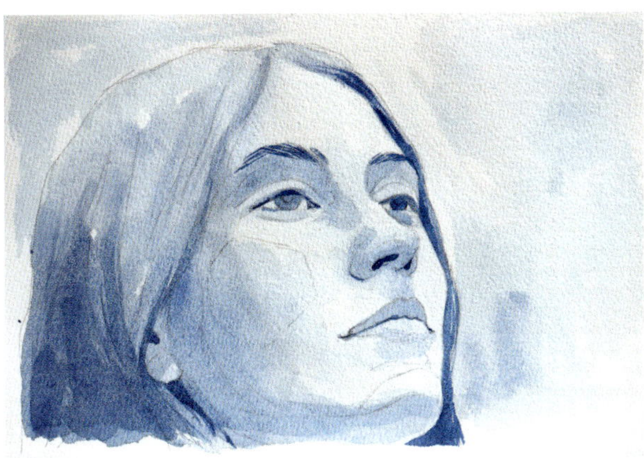 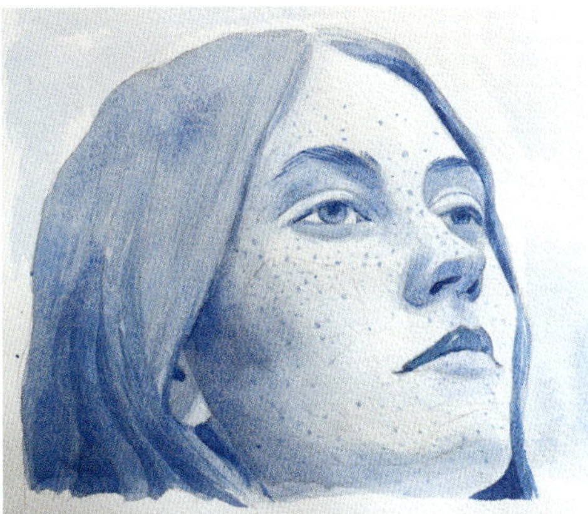

3. Añada más pintura a la mezcla original para que el azul que un poco más opaco. Utilice esta mezcla para pintar las zonas ligeramente más oscuras del retrato.

4. Siga añadiendo las capas que necesite para dar volumen y contraste a su retrato. Este tipo de retrato funciona con dos sencillas capas o tantas como desee. Procure siempre dejar secar cada capa para poder aplicar la siguiente con precisión.

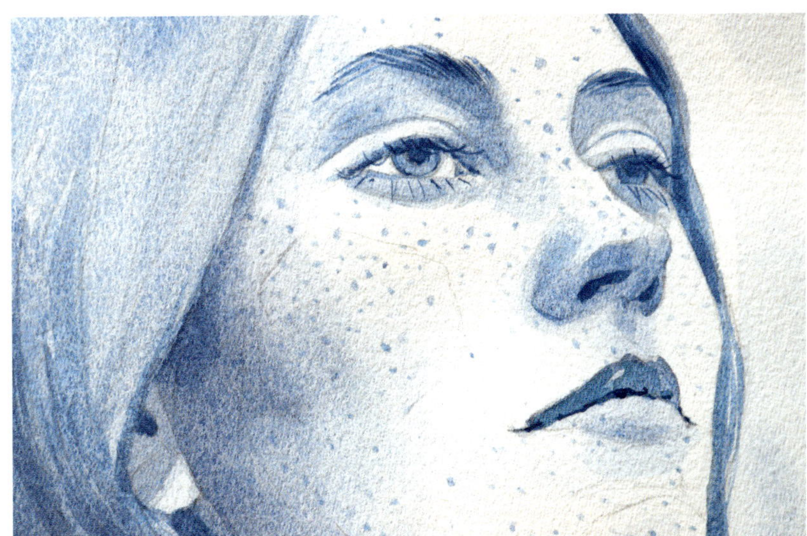

5. Con un pincel redondo para obtener una mayor precisión, añada detalles más oscuros, como las pestañas, los ojos, la línea de los labios, la nariz, las cejas y las pecas.

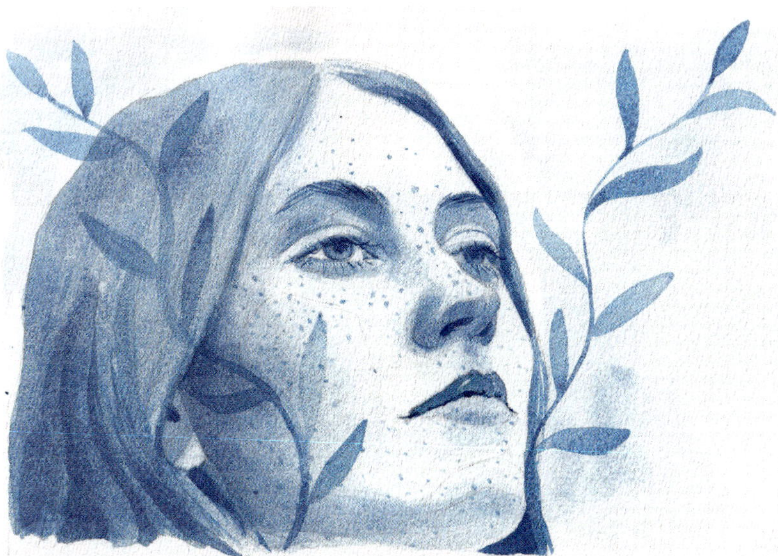

6. Una vez que el retrato esté terminado y seco, puede optar por añadir algunos detalles decorativos adicionales. En este ejemplo he adornado mi retrato con hojas muy traslúcidas del mismo color.

HÚMEDO SOBRE HÚMEDO

Aquí tenemos otro retrato en un solo tono que varía la transparencia y la opacidad de la pintura para crear una gama de valores.

Esta vez he humedecido todo el papel con agua limpia y luego he trabajado las capas posteriores en húmedo. Como puede ver, esto crea una atmósfera fluida. Las pinceladas se fusionan y los bordes de los trazos se difuminan. He aña-dido los detalles más definidos, el labio superior, los ojos y las cejas, después de que se secara la primera aplicación de acuarela.

Esta técnica es muy divertida y sorprendente porque no se tiene el control total. ¡La clave consiste en dejarse llevar!

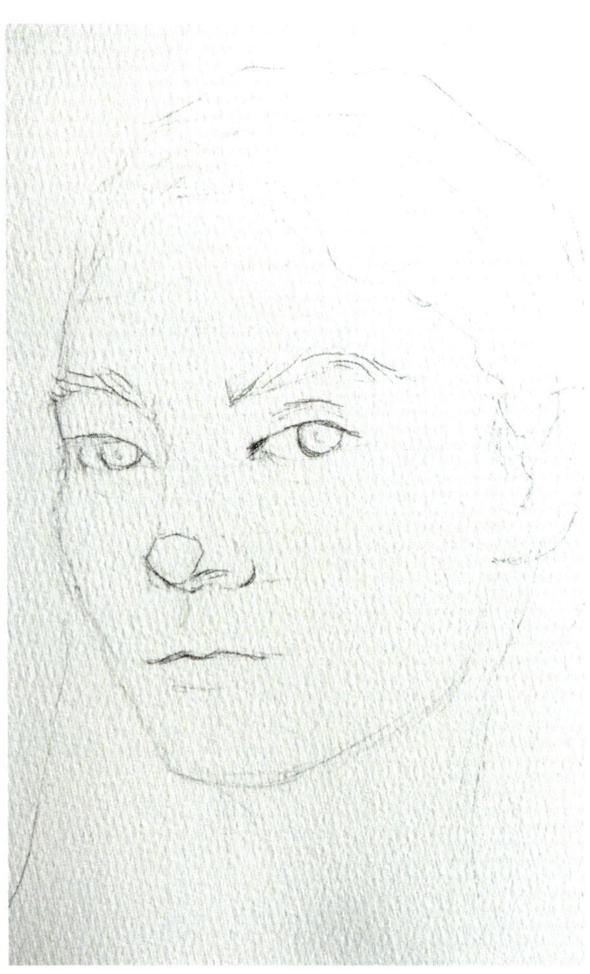

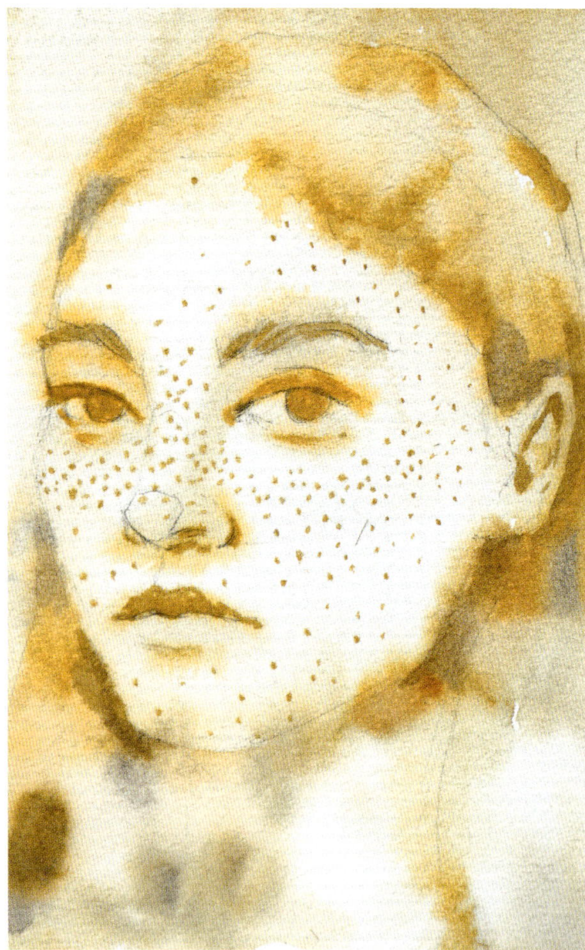

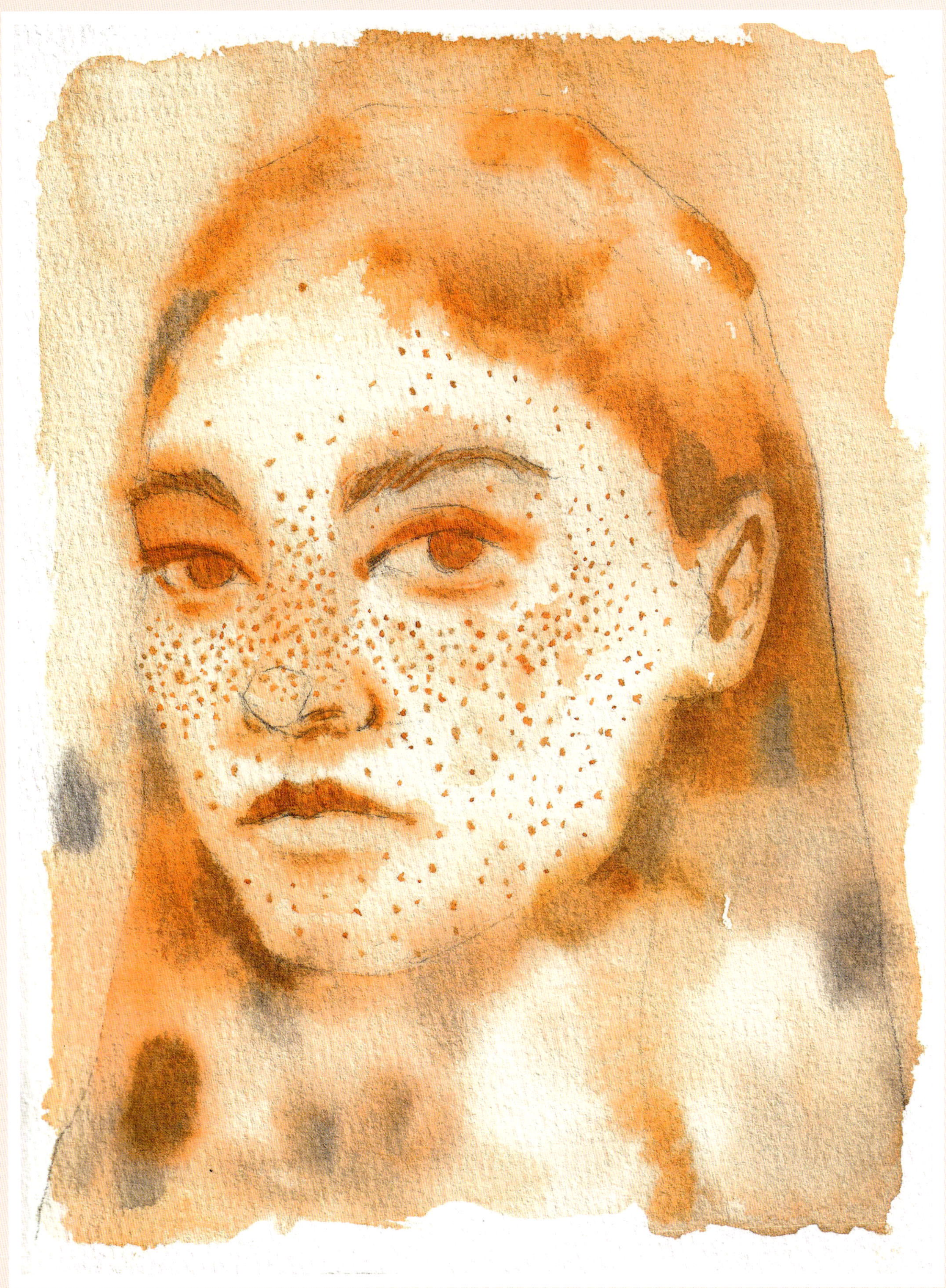

COLORES PRIMARIOS

Para el siguiente retrato, vamos a utilizar los tres colores primarios: amarillo, rojo y azul. Estos tres colores combinados crean un contraste muy fuerte y llamativo. Vamos a utilizar los colores puros sin mezclarlos. Si los mezcla, obtendrá colores terrosos y perderán su pureza.

Utilice su imaginación y dé rienda suelta a su creatividad.

COLORES PLANOS/HÚMEDO SOBRE SECO

En este sencillo retrato he jugado con bloques de los tres colores primarios.

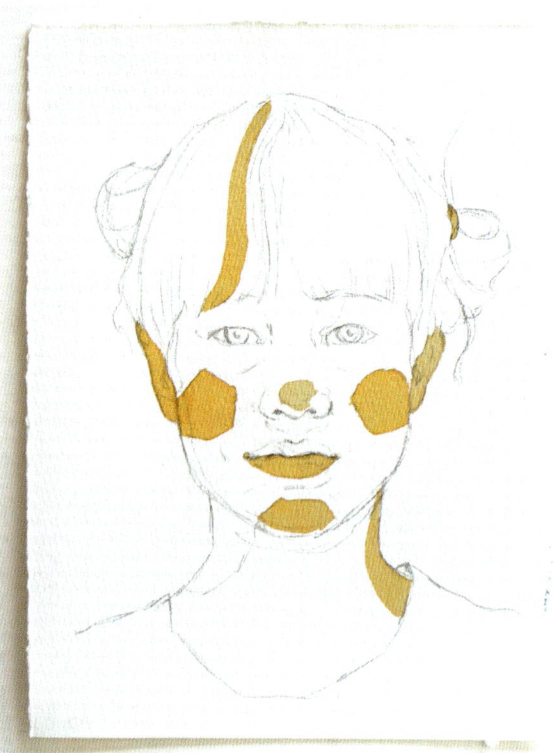

2. He hecho aguadas por capas en cada uno de los bloques y las he dejado secar para que no se mezclaran.

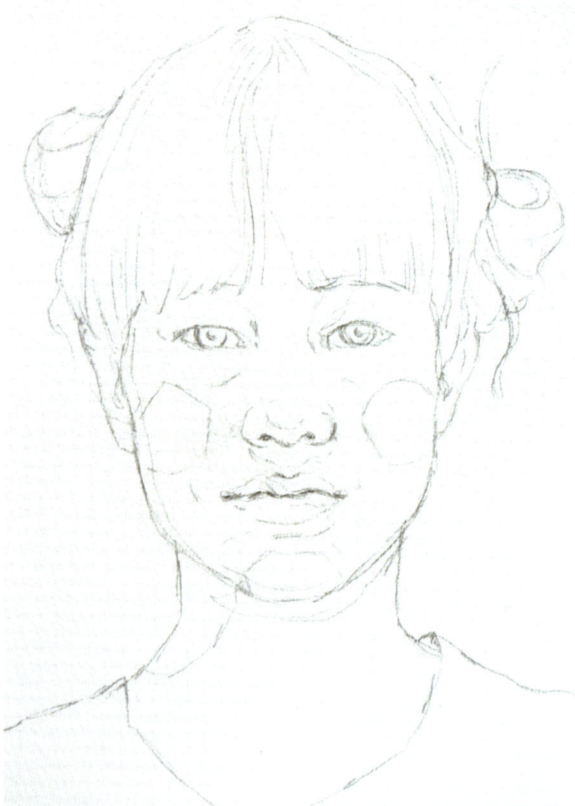

1. He asignado un color a cada elemento: azul para la cara, rojo para el pelo y amarillo para los detalles de la cara y la camiseta.

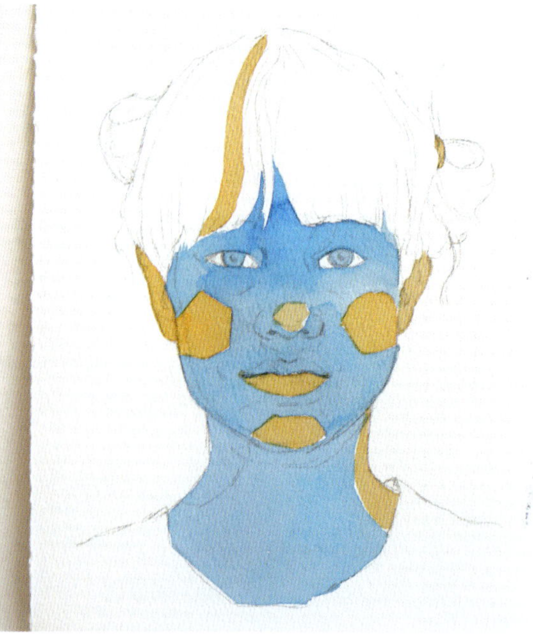

3. En capas posteriores he definido ligeras sombras en la cara con una pincelada húmeda y definida utilizando el mismo azul que he utilizado para la base.

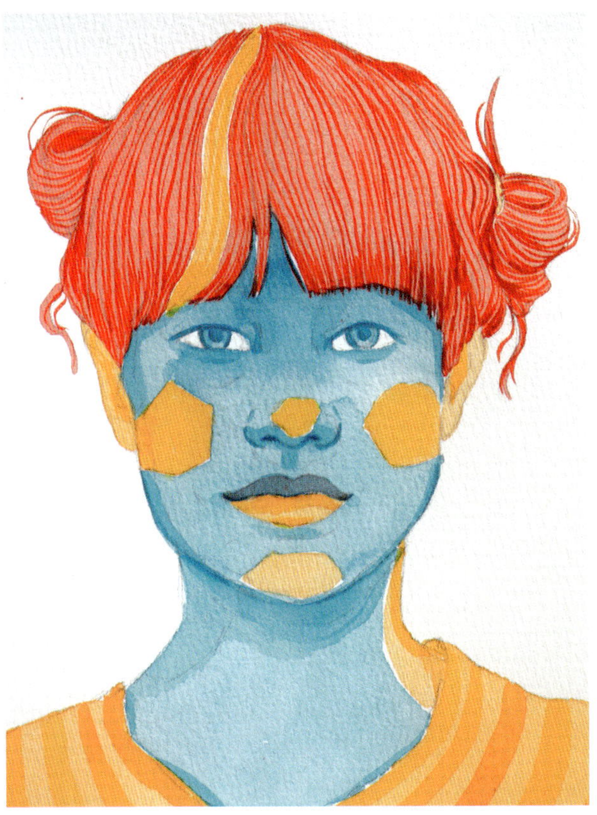

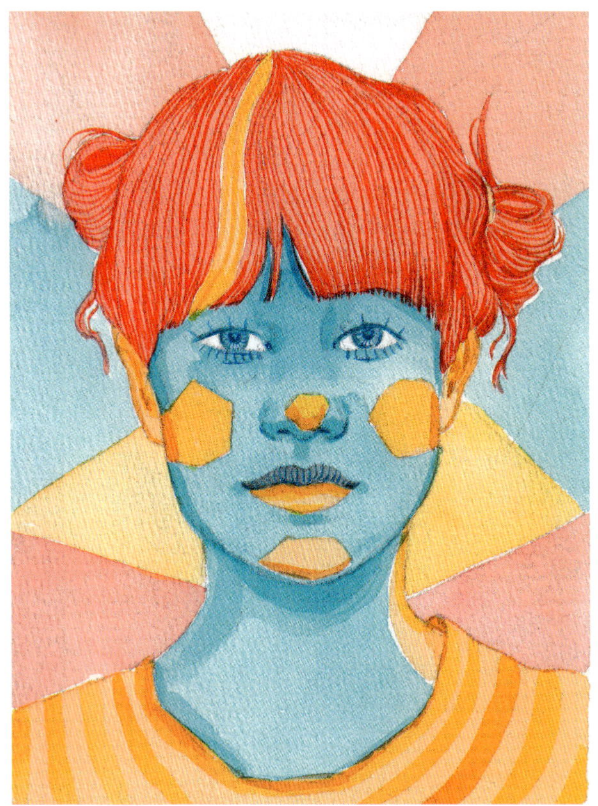

4. A continuación, he rellenado y añadido textura al pelo (con finas líneas onduladas) y he añadido un estampado a la ropa. Después, he añadido los últimos detalles en la cara, repasando las pequeñas zonas de las pestañas, la nariz, la boca, etc. para añadir más contraste y fuerza con el color.

5. Por último, he utilizado los mismos colores primarios para el fondo, creando unos sencillos motivos geométricos. Para dar sensación de distancia, he diluido los colores con mucha agua. He dejado secar cada bloque de color para que los bordes queden limpios y definidos.

HÚMEDO SOBRE HÚMEDO

En este ejemplo he utilizado los tres colores primarios, pero esta vez he trabajado con húmedo sobre húmedo, dejando que los colores se fusionaran, superponiendo varias capas. He ido creando el retrato poco a poco añadiendo más color.

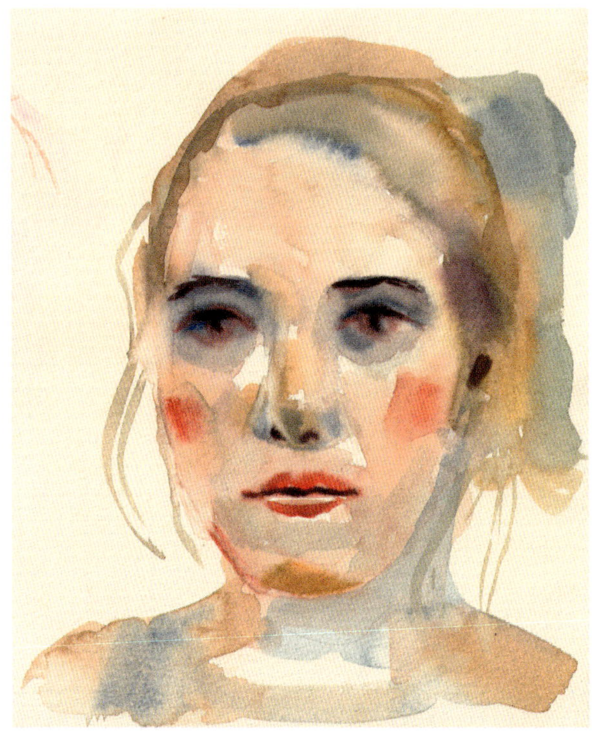

COLORES SECUNDARIOS

Los colores secundarios son la suma de dos colores primarios en la misma proporción. Por ejemplo, 50 % azul y 50 % amarillo = verde. La combinación de los tres colores secundarios crea colores muy armoniosos y agradables a la vista.

En el siguiente retrato utilizaremos naranja, púrpura y verde, superponiendo capas de color muy diluidas para crear atractivas veladuras. He utilizado una forma geométrica muy sencilla: el círculo.

Si quiere, puede aplicar trazos cortos y sueltos o cualquier otro estilo que se le ocurra. El objetivo es superponer capas traslúcidas con la técnica húmedo sobre seco y ¡tener paciencia!

Observe cómo las variaciones tonales surgen de la suma de los colores a medida que añade capas.

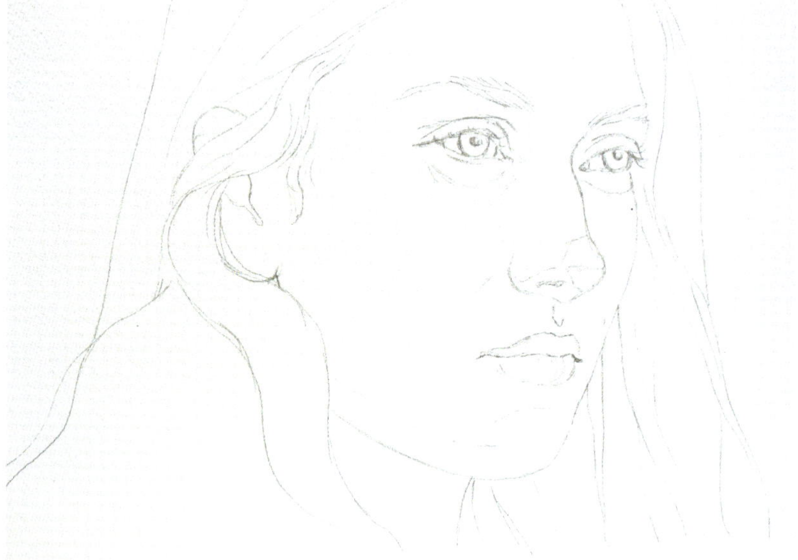

1. Primero he hecho un dibujo a lápiz.

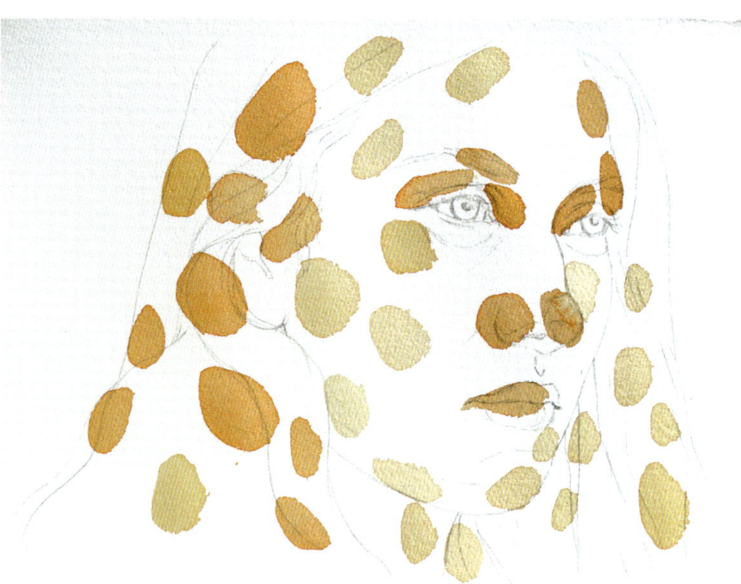

2. He empezado a pintar con naranja, aplicándolo generosamente por todo el retrato. Lo he aplicado con cuidado alrededor de las zonas de la nariz, los labios y los ojos para darles profundidad.

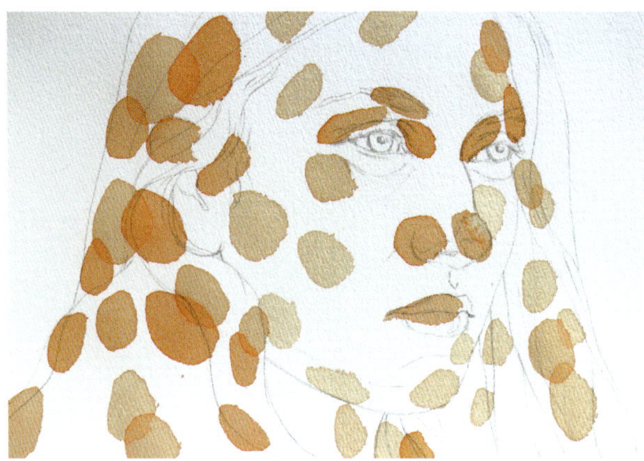 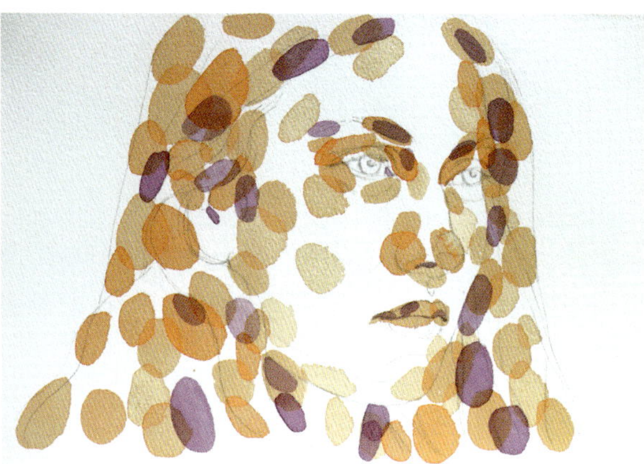

3. He dejado secar esta capa y he pintado más círculos. Las capas tienen que ser lo bastante traslúcidas para que las primeras sean visibles. Repita este proceso tantas veces como considere oportuno.

4. A continuación, he añadido púrpura al retrato con el mismo método, aplicándolo en zonas estratégicas para darle volumen. He acentuado las sombras añadiendo más color y contraste. Repita el proceso si es necesario con una nueva capa.

5. Por último, he añadido tonos medios de verde. En una escala de valores del negro al gris y del gris al blanco, el verde sería igual al gris. Una clave como ésta puede ayudarle a traducir los colores a una escala de grises y facilitarle la tarea de añadir color a sus retratos (consulte «preservación del blanco» en la página 42). Aplique el verde donde utilizaría tonos de gris para la luz y las sombras.

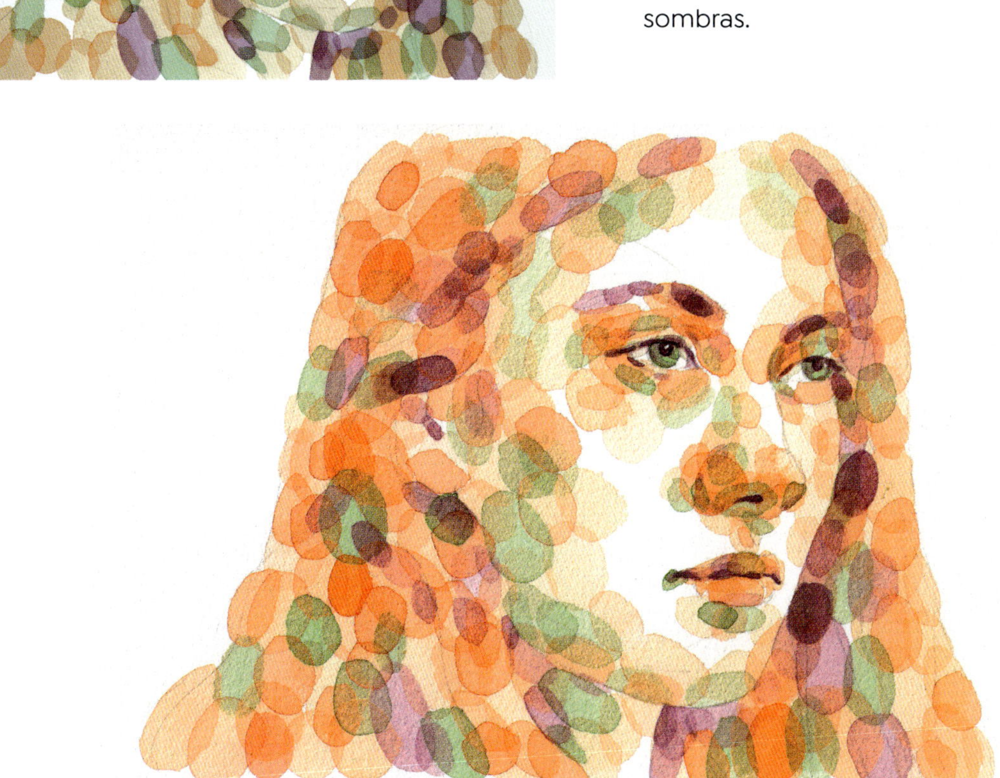

COLORES COMPLEMENTARIOS

Los colores complementarios son aquellos colores que están en lados opuestos del círculo cromático. Así se crean parejas de colores que tienen un marcado contraste, y cada color hace que el otro destaque.

Veamos algunos ejemplos utilizando colores primarios y sus respectivos complementarios.

COMPLEMENTARIO: AMARILLO-PÚRPURA

Para este retrato, he utilizado un **lápiz de cera blanco Manley** para reservar las zonas iluminadas. Le sugiero que para estos ejemplos utilice como referencia retratos con marcados contrastes de luces y sombras.

En este par de colores, el amarillo es el color de la luz, y el púrpura es la sombra.

1. Esboce su retrato a lápiz.

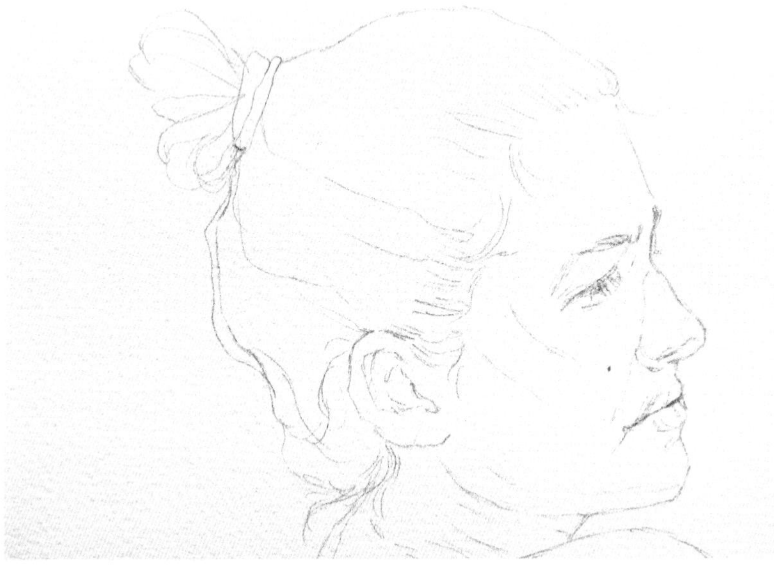

2. Con un lápiz de cera blanco, añada los puntos o zonas de luz que quiera que queden completamente blancos.

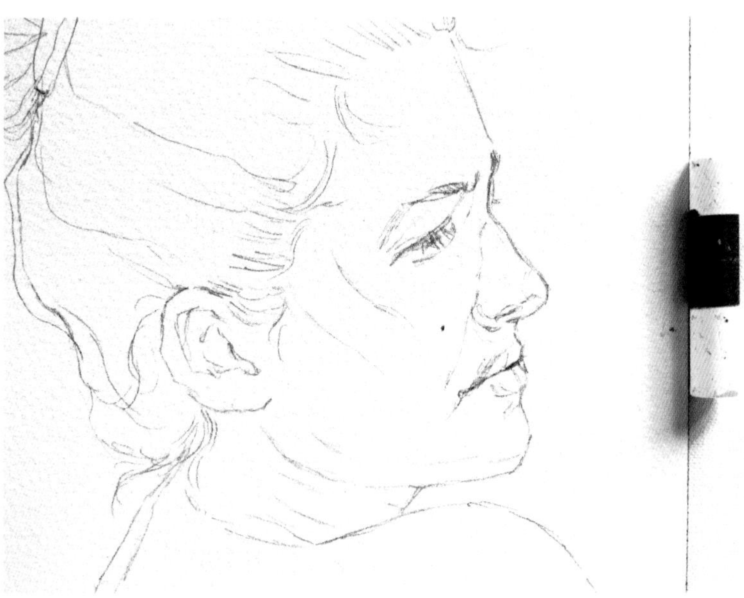

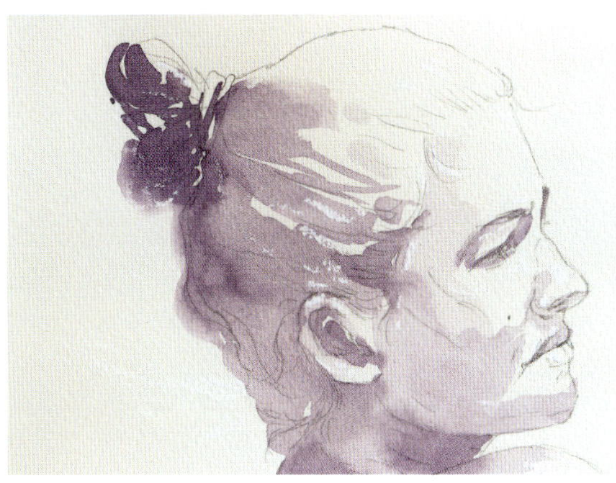

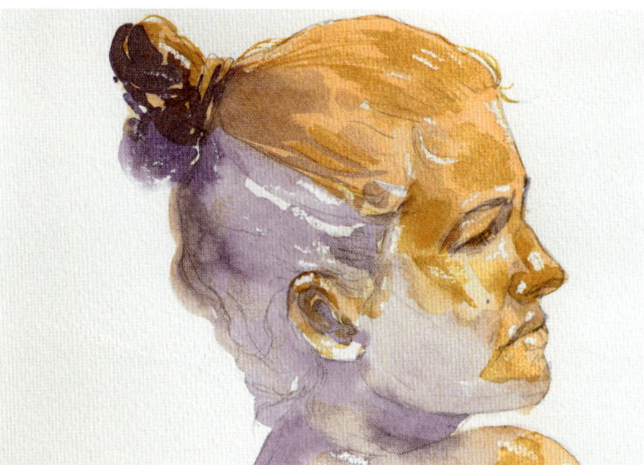

3. Prepare el púrpura en una paleta, diluyendo con agua la opacidad. Con una pincelada muy húmeda y suave, aplique las sombras con un pincel redondo. ¡Pinte sin miedo! El lápiz de cera repelerá el agua. Para difuminar una pincelada, humedezca el pincel con agua limpia.

4. Mientras se seca esta capa, prepare el amarillo en la paleta de la misma manera. Con un pincel húmedo, pinte la zona de luz de manera uniforme y sin preocupaciones. Una vez más, la pintura no se adherirá a las zonas de luz donde ha aplicado el lápiz de cera.

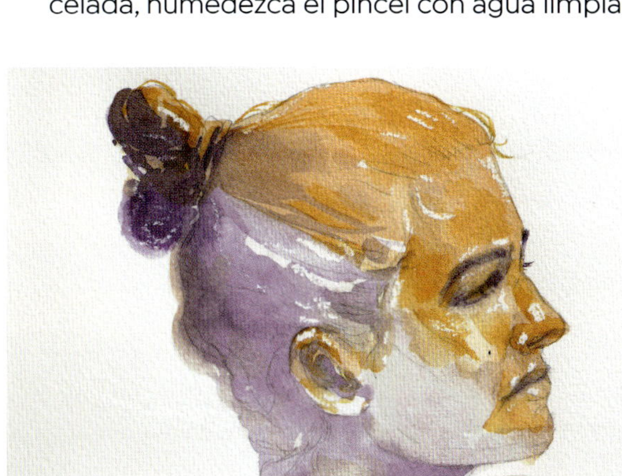

5. Una vez se haya secado la capa amarilla, puede añadir un color más intenso a algunas zonas. Puede optar por un pincel más fino para los pequeños detalles. En este ejemplo he hecho más vibrantes algunas zonas amarillas. Pero no he añadido más capas de púrpura porque si la sombra fuera más oscura, se volvería más opaca y unidimensional. Quería que esa parte de la sombra se difuminara con el fondo para sugerir distancia.

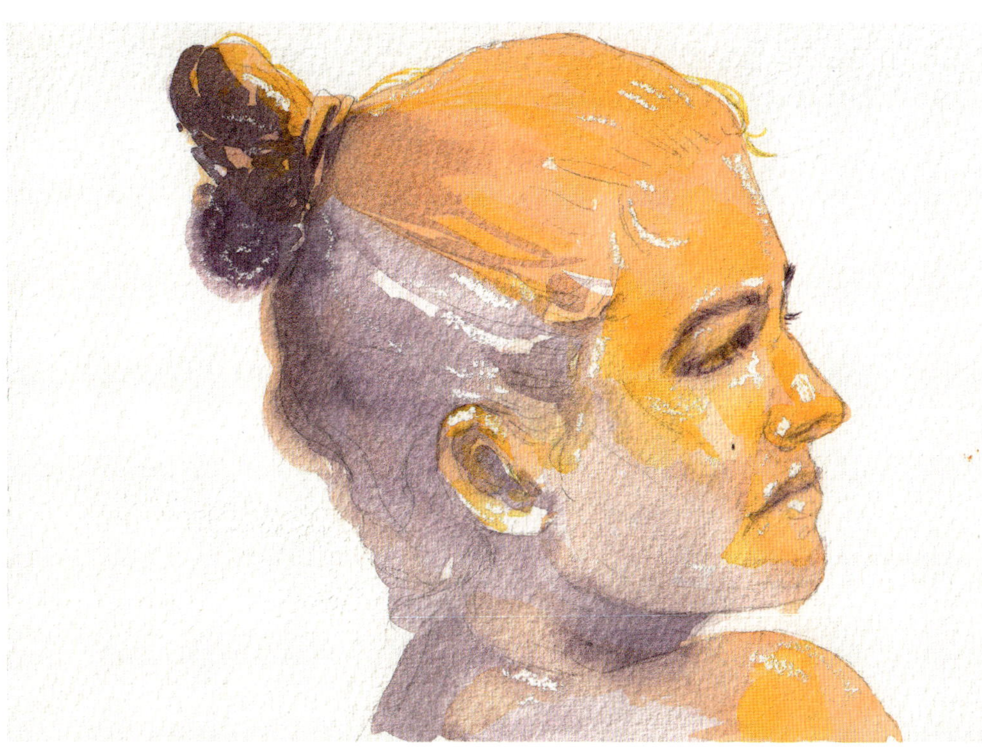

COMPLEMENTARIO: AZUL-NARANJA

Para este retrato, crearemos una cara con unas resolutivas pinceladas húmedas, sin degradado en los bordes. Añadiremos capas húmedas sobre capas secas. Al mismo tiempo, intentaremos reservar zonas claras en el papel.

En este par de colores el color naranja contrasta la luz y el color azul, la sombra. También hay un contraste de temperatura: el azul es un color frío y el naranja es un color cálido.

1. Empiece trazando el contorno y los detalles del retrato con un lápiz duro, procurando no presionar demasiado sobre el papel.

2. Aplique las sombras con el tono azul, que ya habrá diluido con agua en su paleta. Déjelo secar.

3. Con el naranja, aplique una pincelada húmeda en toda la zona iluminada. Reserve algunas zonas claras del propio papel. Déjelo secar.

4. Localice los tonos medios de la sombra y aplique más capas. Empiece con un color, déjelo secar y añada el otro. Procure que no se mezclen mientras están húmedos, ya que los colores se verán turbios. Trabaje por etapas para dar forma a las sombras. Por último, con un pincel de punta fina, haga una mezcla de pintura muy pigmentada en la paleta y añada los últimos detalles.

5. Fíjese en que, con la superposición del azul y el naranja, ha surgido un nuevo color: el verde. Este naranja debe tener más amarillo, por eso hay tonos más verdes o marrones verdosos.

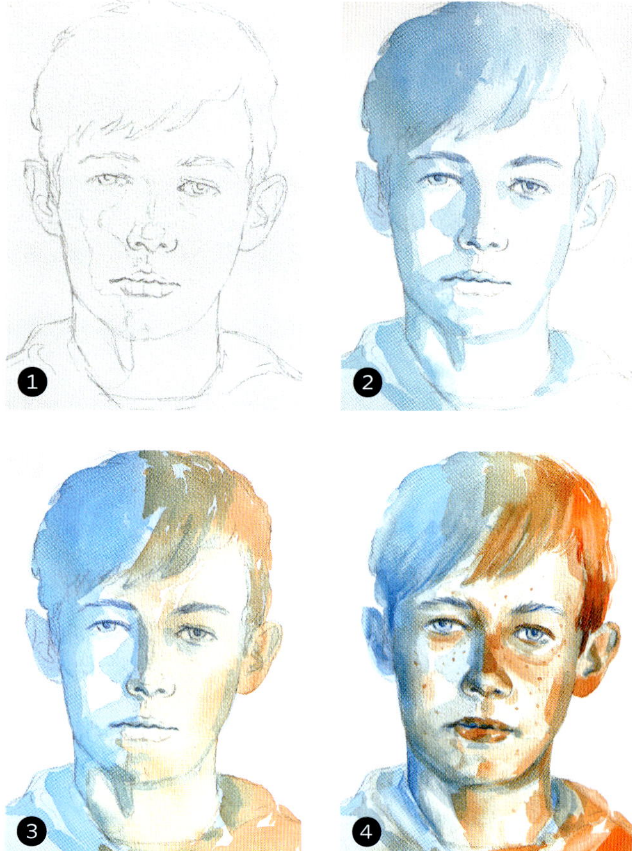

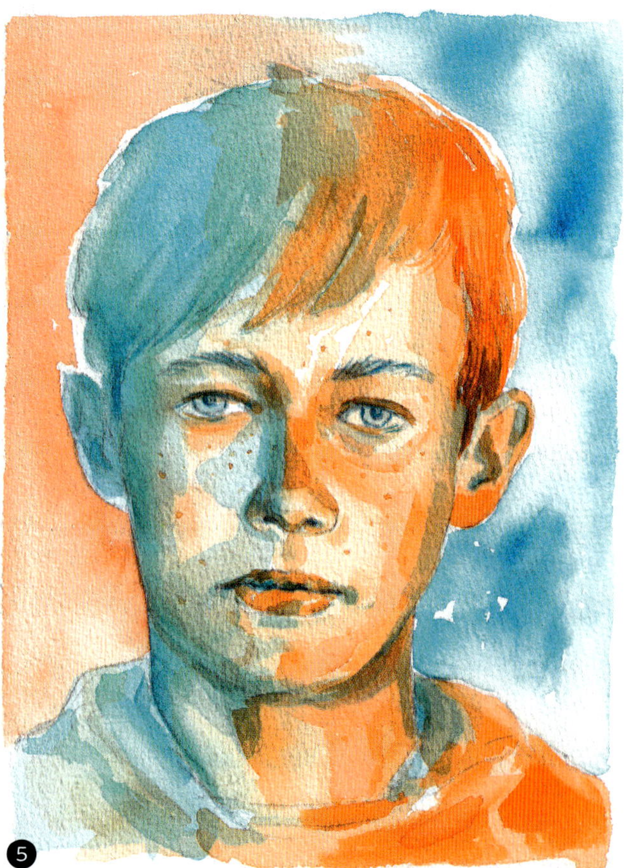

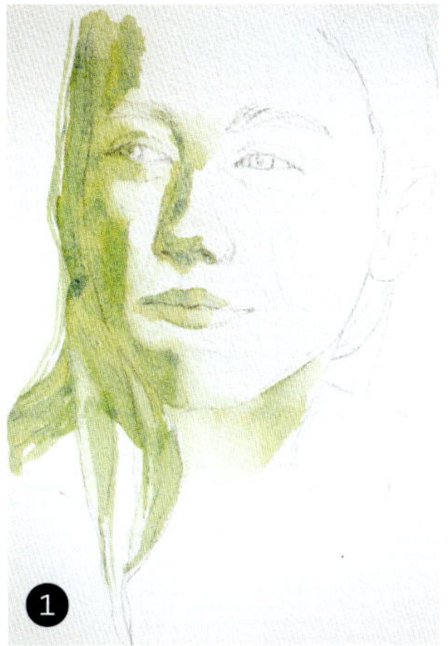
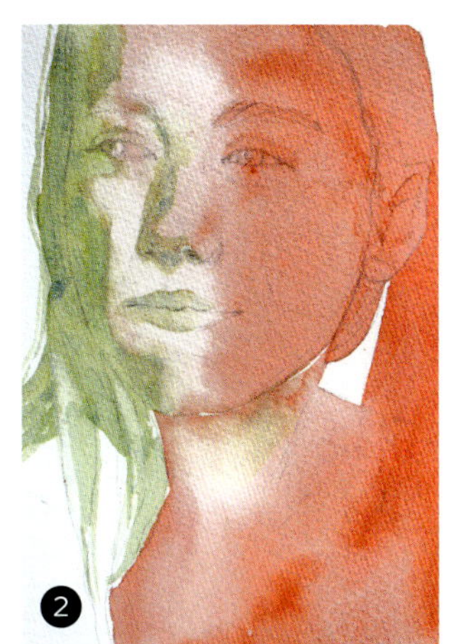

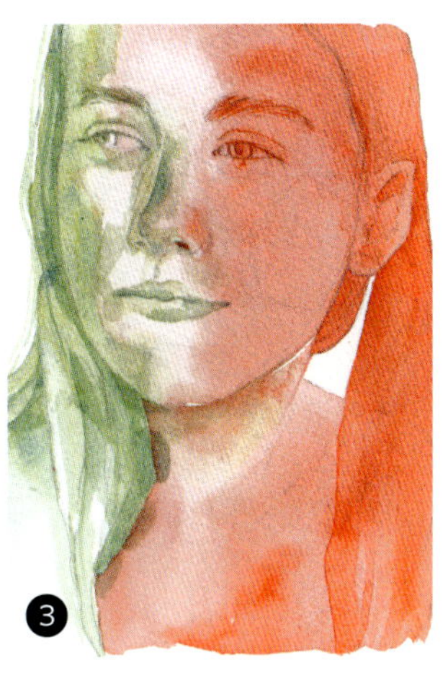
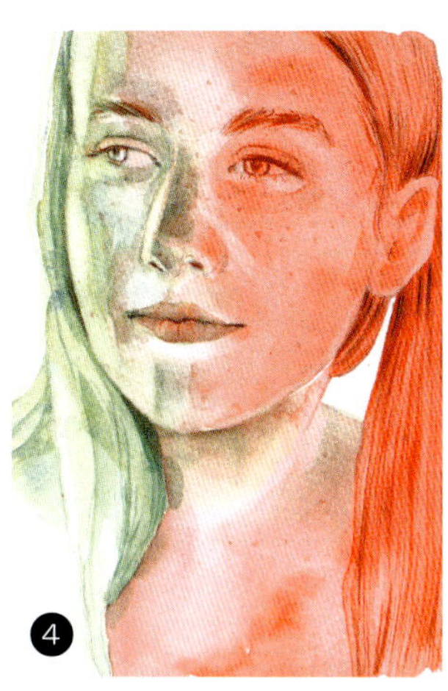

COMPLEMENTARIO: ROJO-VERDE

Este último retrato es muy similar a los anteriores. Lo único que ha cambiado es que he difuminado el borde de cada pincelada con agua limpia para crear transiciones de color suaves y evitar que los bordes queden muy marcados.

1. Las capas muy húmedas dan forma y volumen a la cara. He utilizado un pincel redondo de punta fina para definir detalles como los ojos, la nariz, la boca y el pelo.

2. Para la zona clara (porque contiene amarillo) he utilizado el verde y para las sombras, el rojo. Todavía quería reservar el blanco del papel en algunas zonas claras con una capa muy húmeda y transparente.

3. El rojo y el verde son la pareja complementaria más equilibrada visualmente en términos de valor tonal y luminosidad.

4. En las capas donde ambos colores se entremezclaban sutilmente, surgió un tono terroso.

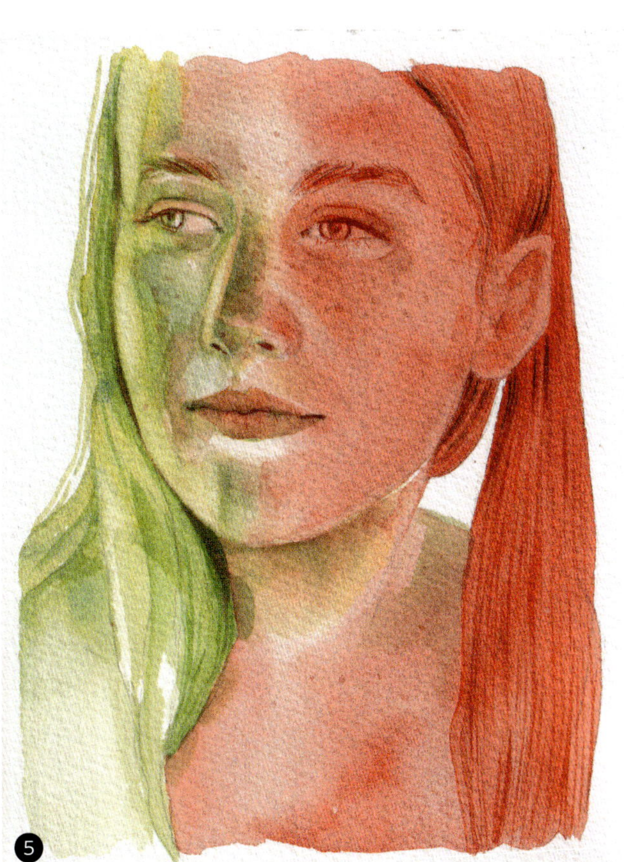

COLORES ANÁLOGOS

Los colores análogos son aquellos colores que se encuentran uno al lado del otro en el círculo cromático.

- » Los análogos del color azul son los tonos verdes o púrpuras.

- » Los análogos del color amarillo son los tonos verdes y naranjas.

- » Los análogos del color rojo son los tonos naranja y púrpura.

Si limita la paleta de un proyecto a una gama de colores análogos, conseguirá otro tipo de armonía cromática.

Para este retrato, utilizaremos el color azul y una variedad de uno de sus análogos, el verde.

Como siempre, he ido de menos a más. Teniendo en cuenta las luces y sombras de mi retrato de referencia, he aplicado los azules en las sombras y los verdes en las luces. Pero puede organizar las cosas como mejor le parezca en lugar de guiarse por las luces y sombras.

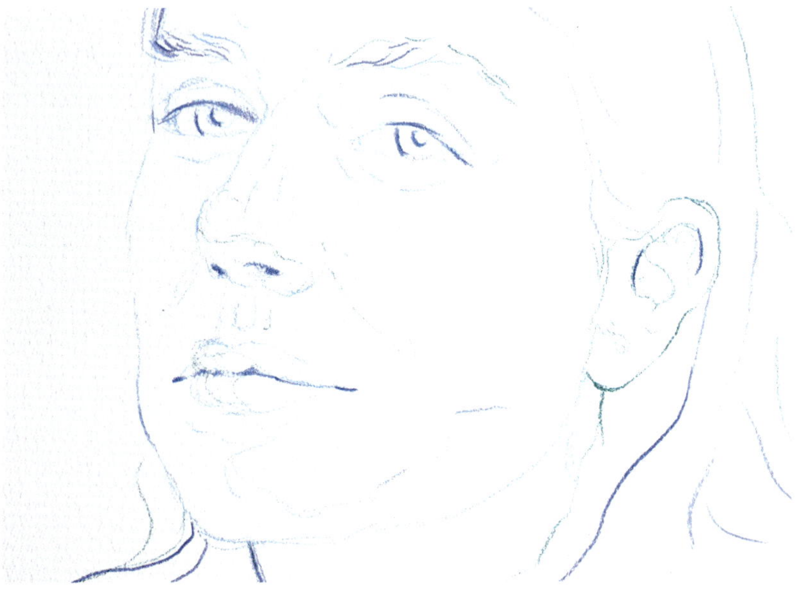

1. He esbozado el retrato con lápiz azul y verde.

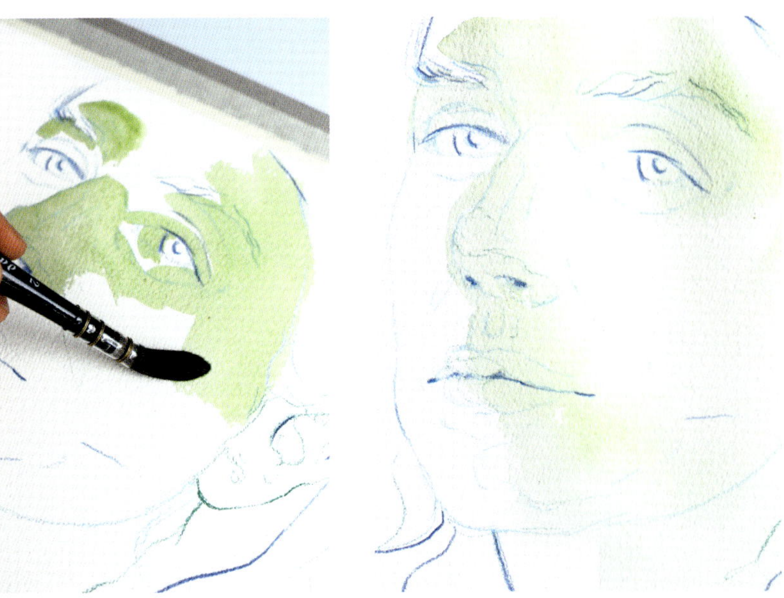

2. Primero he aplicado una capa uniforme y húmeda de verde en la zona iluminada de la cara y luego la he dejado secar.

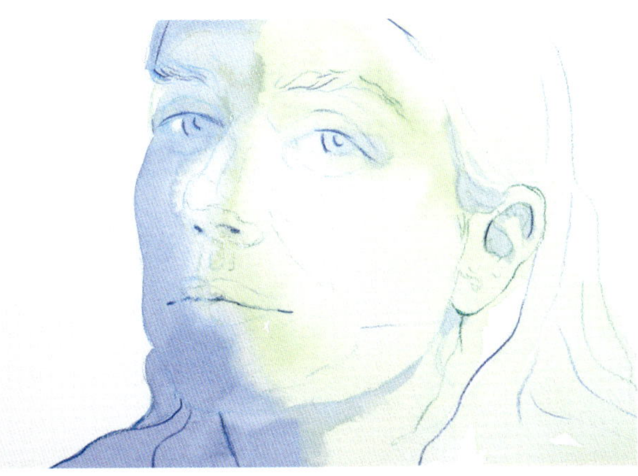

3. Después, he repetido la misma técnica para las zonas en sombra con un tono azul diluido. En el centro, donde los colores chocan, he realizado una transición suave añadiendo agua limpia para evitar un borde marcado e integrarlo con la base verde. A continuación, he añadido toques de azul en las zonas sombreadas de la capa verde.

4. Una vez que las capas se hayan secado, puede dar volumen a la cara añadiendo más capas, siempre en tonos verdes y azules. Utilice un verde más vivo (que tenga más amarillo) para las zonas más iluminadas y un azul más intenso para las sombras y así obtendrá un bonito contraste.

5. Por último, puede añadir más detalles al retrato con un pincel de punta fina y una mezcla de pintura muy pigmentada.

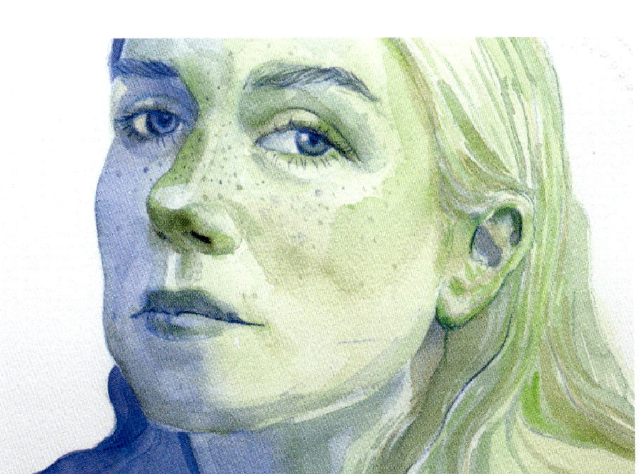

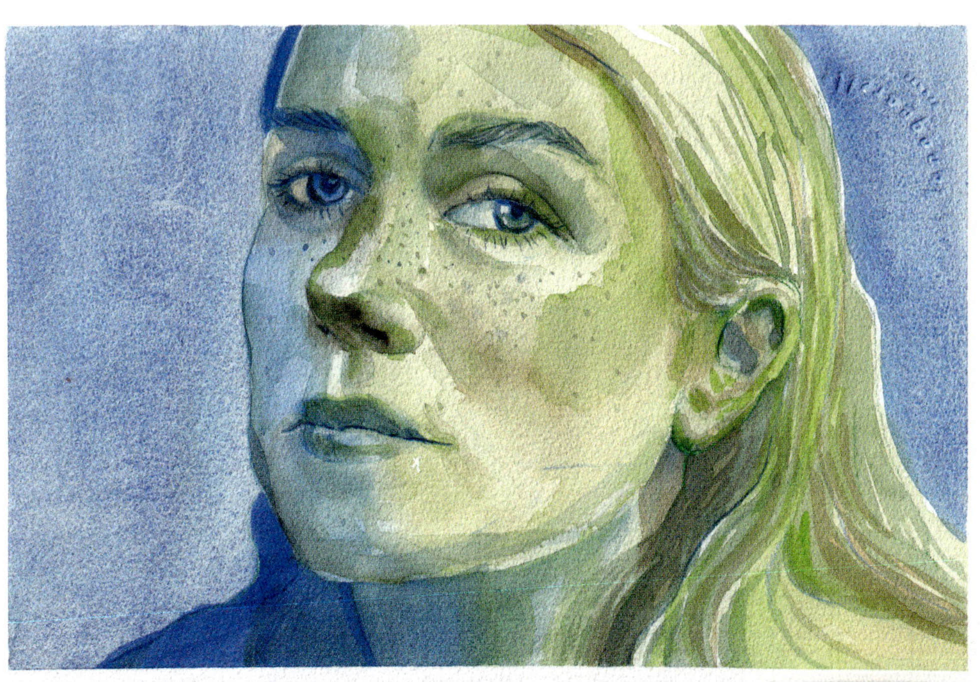

COLORES VIVOS

Los colores vivos o luminosos contienen amarillo.

En este retrato se ha utilizado una paleta de colores vivos. Cuando reduzca una paleta a una combinación de colores determinada, tendrá que convertir la combinación de colores elegida a tonos de gris que le ayuden a situar las luces y las sombras. (Consulte «Ejemplos de inspiración para crear paletas de colores» en la página 30.)

Tenga en cuenta que, dentro de la combinación de colores verdes, los verdes muy vivos contienen una mayor proporción de amarillo, y los verdes más oscuros, una mayor proporción de azul. Juegue con estas variaciones para pintar la luz y la sombra.

Como puede ver en el ejemplo, he puesto verdes muy vivos (con mucho amarillo) en zonas de luz.

Para los tonos medios he elegido el verde y he añadido más azul para oscurecerlo.

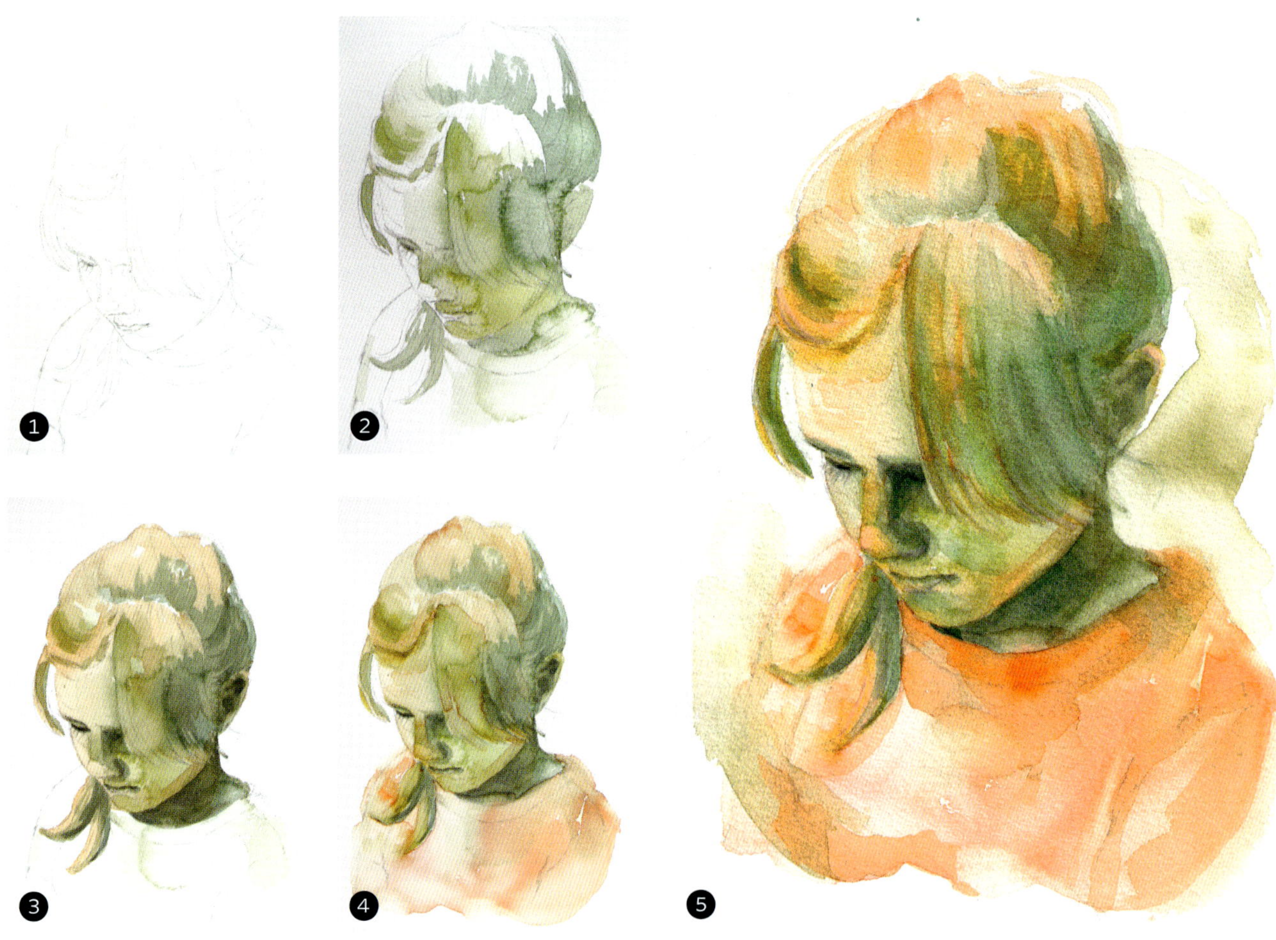

COLORES OSCUROS

En este retrato he utilizado una combinación de colores oscuros para mostrar colores del otro lado del círculo cromático, desde azules hasta púrpuras y rojos. Tenga en cuenta que ninguno de estos colores contiene amarillo, lo que también es una forma sencilla de identificar los colores oscuros.

He aplicado esta combinación de colores con capas muy **traslúcidas** pintadas con la técnica húmedo sobre seco. Así, aunque he utilizado una gama de tonos oscuros, el retrato sigue siendo muy luminoso. Si hubiera querido que fuera más oscuro, habría añadido más capas o más color. El blanco del papel del fondo le da mucha luz al retrato. Para reducir la luz, simplemente pinte el fondo con un color de la variedad elegida. Haga algunas pruebas y experimente para encontrar todas estas variaciones de luz y color.

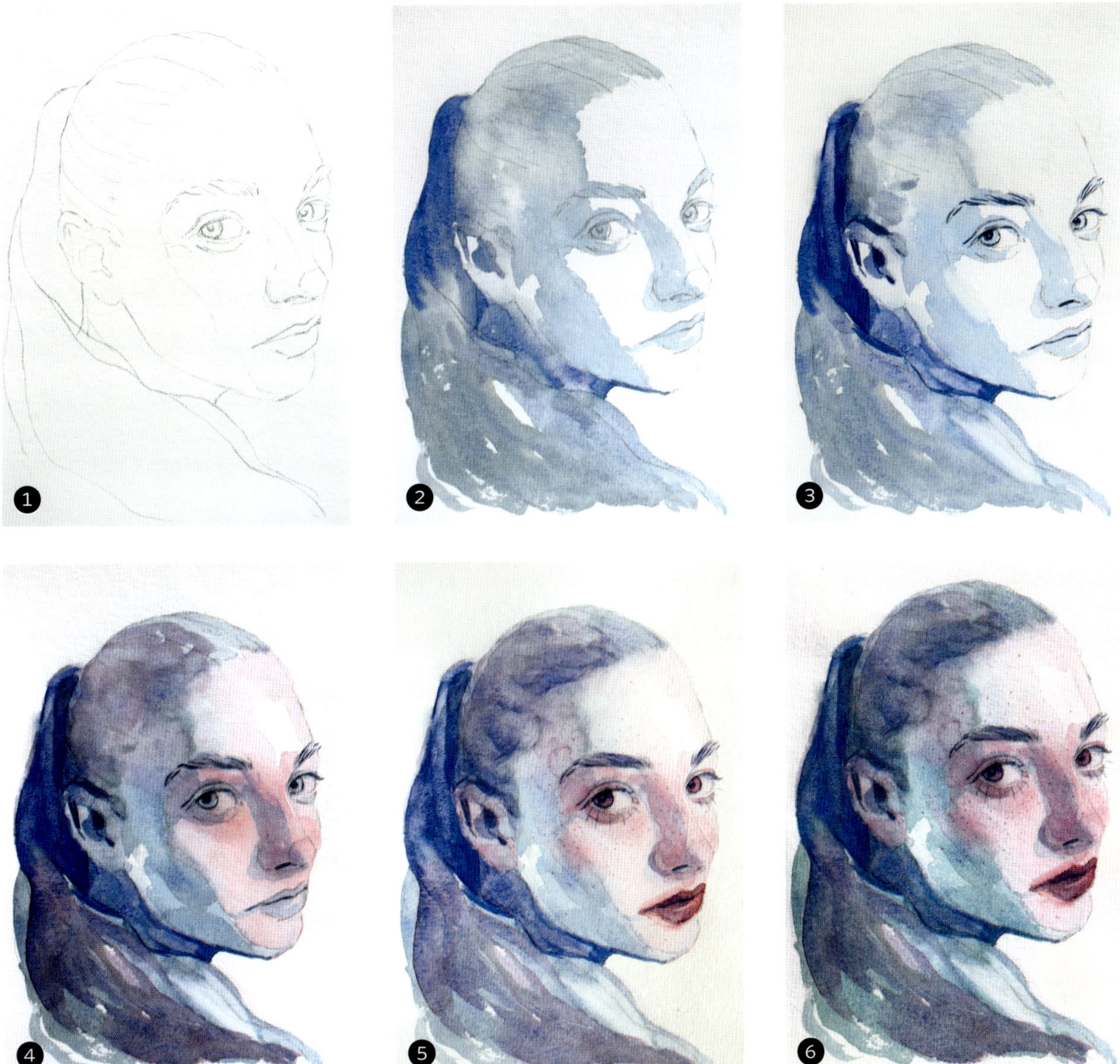

COLORES CÁLIDOS

Los colores cálidos van del amarillo al púrpura. Los que contienen amarillo y rojo se consideran colores cálidos. Algunos tonos verdes pueden considerarse cálidos si tienen un alto porcentaje de amarillo y algo de rojo.

Los colores pueden subir o bajar de temperatura según el color que tengan al lado. Por ejemplo, un amarillo que está junto a un azul parece más frío que cuando ese mismo amarillo está junto a un rojo.

Para este retrato he utilizado capas de colores muy planos con la técnica húmedo sobre seco. No he difuminado los bordes con agua limpia porque quería obtener un trazo nítido y definido.

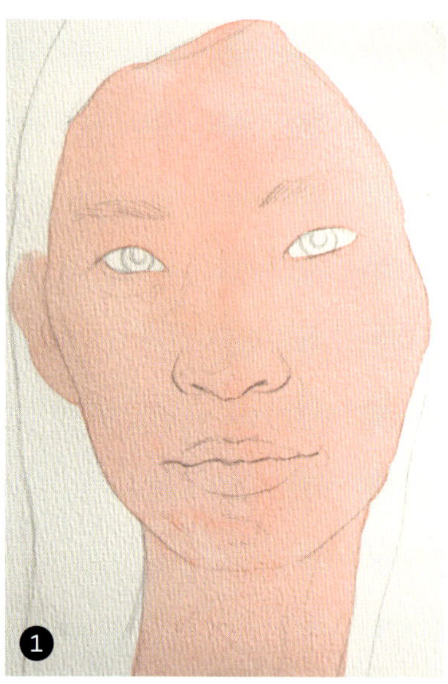

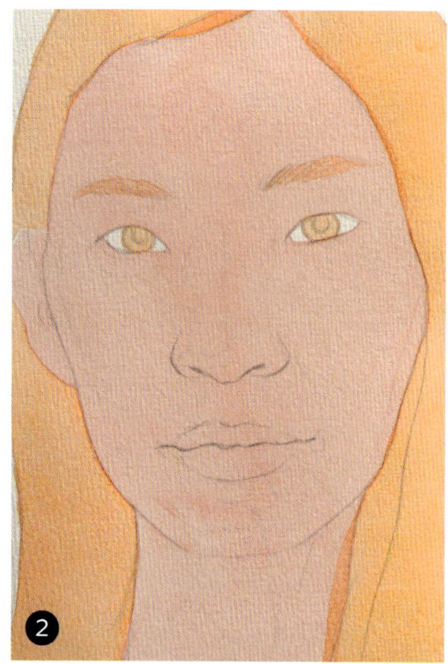

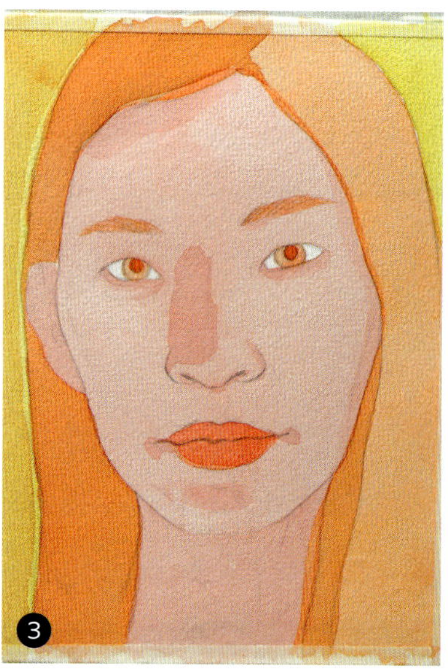

1. Esboce el retrato. Con un pincel de numeración alta, aplique una capa húmeda y uniforme en la cara.

2. Una vez se haya secado, añada color al pelo y a otros rasgos hasta terminar todas las secciones principales.

3. Cuando se haya secado, aplique capas traslúcidas en las zonas con sombras para añadir volumen.

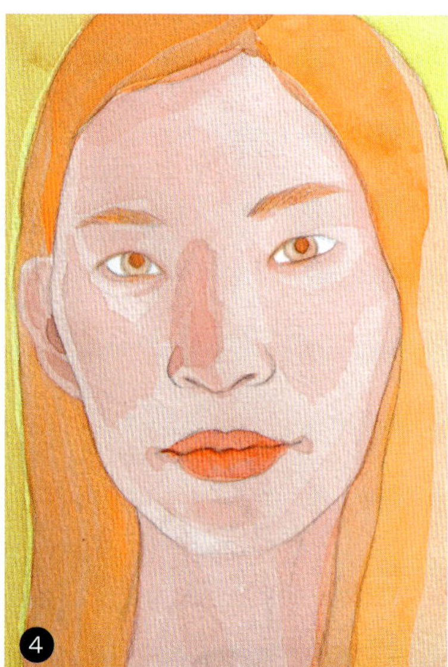

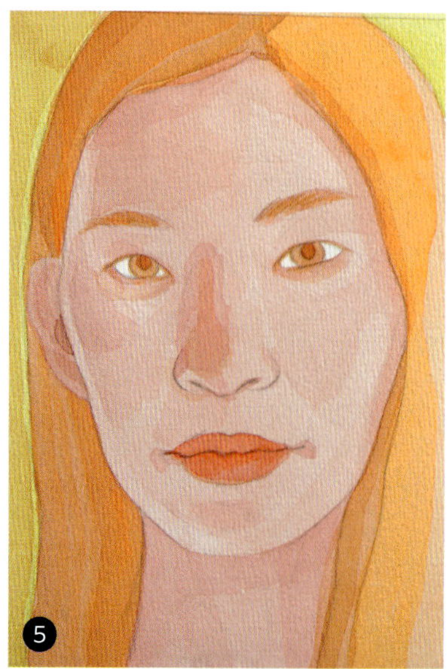

4. Deje que se seque y repita este proceso tantas veces como sea necesario.

5. Por último, con un pincel fino, añada detalles en las zonas que quiera resaltar y en las que quiera crear contraste.

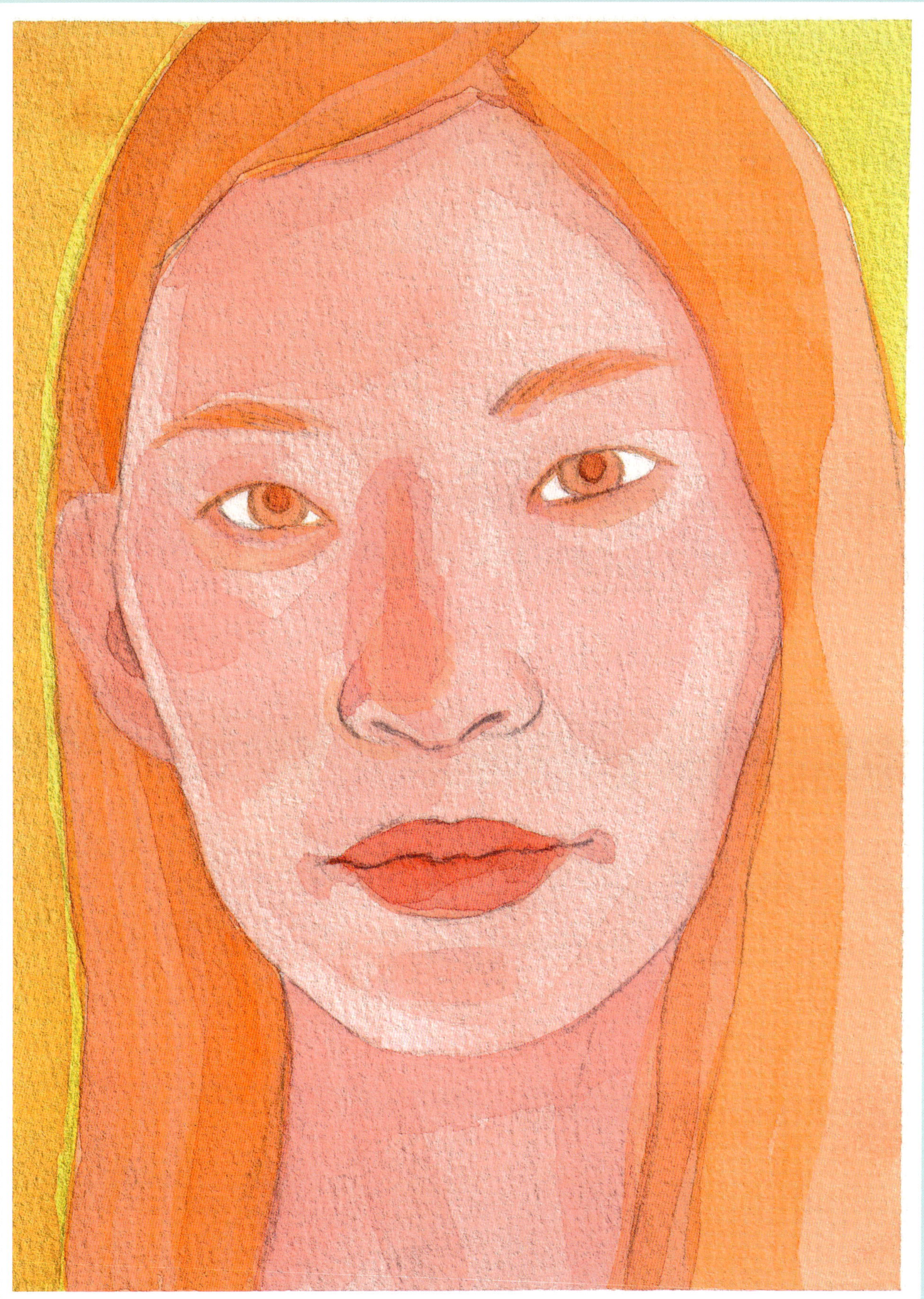

CONTRASTE CLARO-OSCURO

Para este retrato he elegido colores vivos (amarillo y naranja) para las zonas claras y colores oscuros (azul y púrpura) para las sombras. Esto crea un **contraste claro-oscuro** utilizando los colores del círculo cromático.

Es un ejercicio muy bueno para practicar la precisión, mantener la mano firme y emplear la paciencia. Puede utilizar el pincel que desee, pero para este ejercicio le recomiendo un pincel de un número bajo para que pueda conseguir trazos más finos para hacer líneas precisas y añadir detalles.

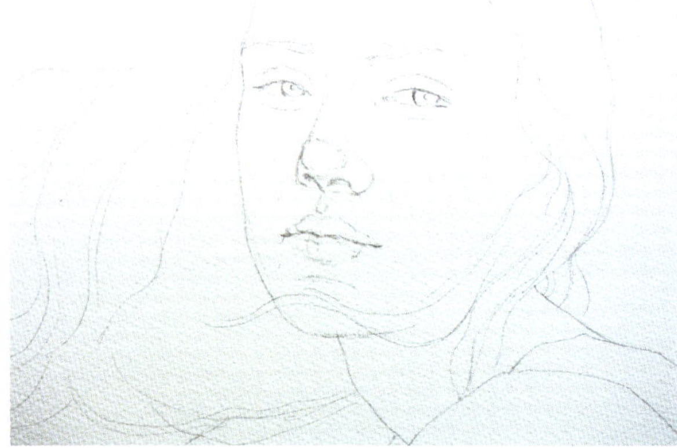

1. Dibuje su retrato con un lápiz afilado.

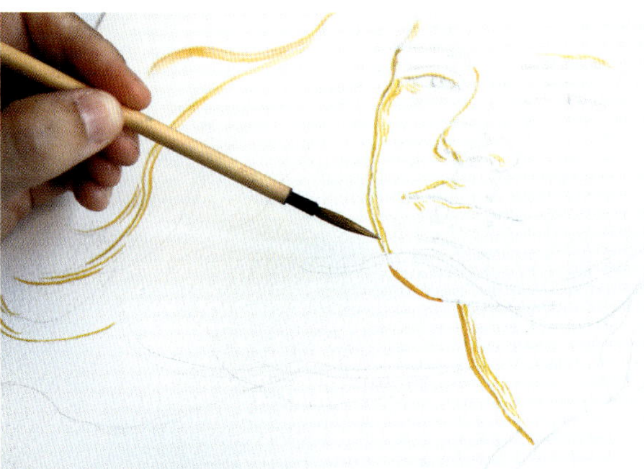

2. Utilice el color más vivo, en este caso el amarillo, para trazar las líneas de las zonas resaltadas.

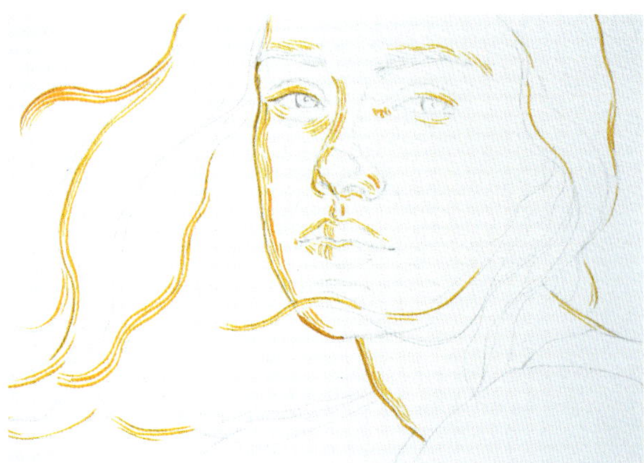

3. Rellene el retrato gradualmente, dejándose guiar por la dirección y el volumen de la cara.

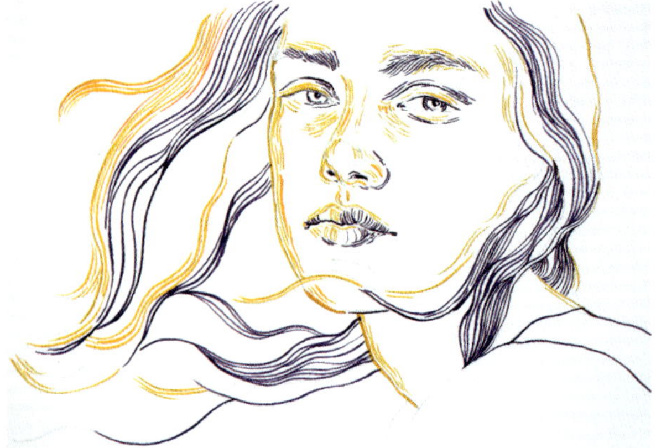

4. Una vez que determine dónde está la luz, elija el color más oscuro (púrpura oscuro) y tace líneas en las zonas con más sombras.

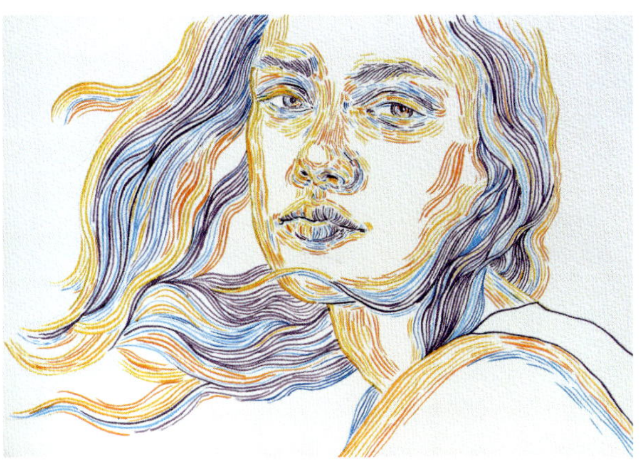

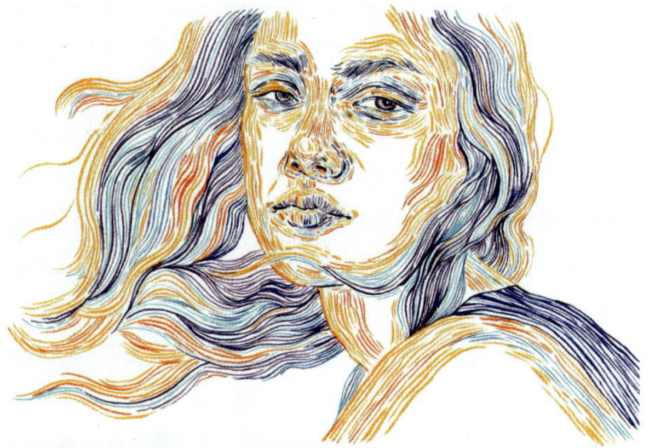

5. Elija otro color oscuro para rellenar la cara.

6. Continúe rellenando la cara con su combinación de colores hasta que esté satisfecho con el resultado.

7. Tenga en cuenta que en las zonas más claras he añadido amarillo y naranja, y en las zonas más oscuras, azules y púrpuras.

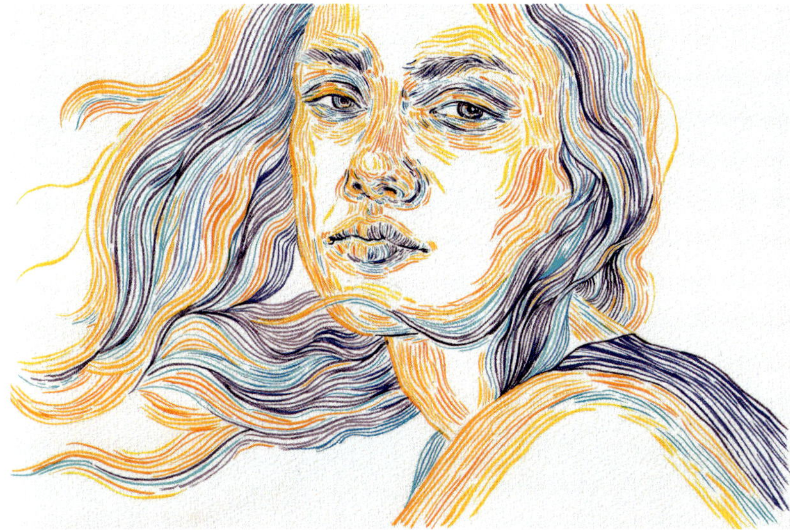

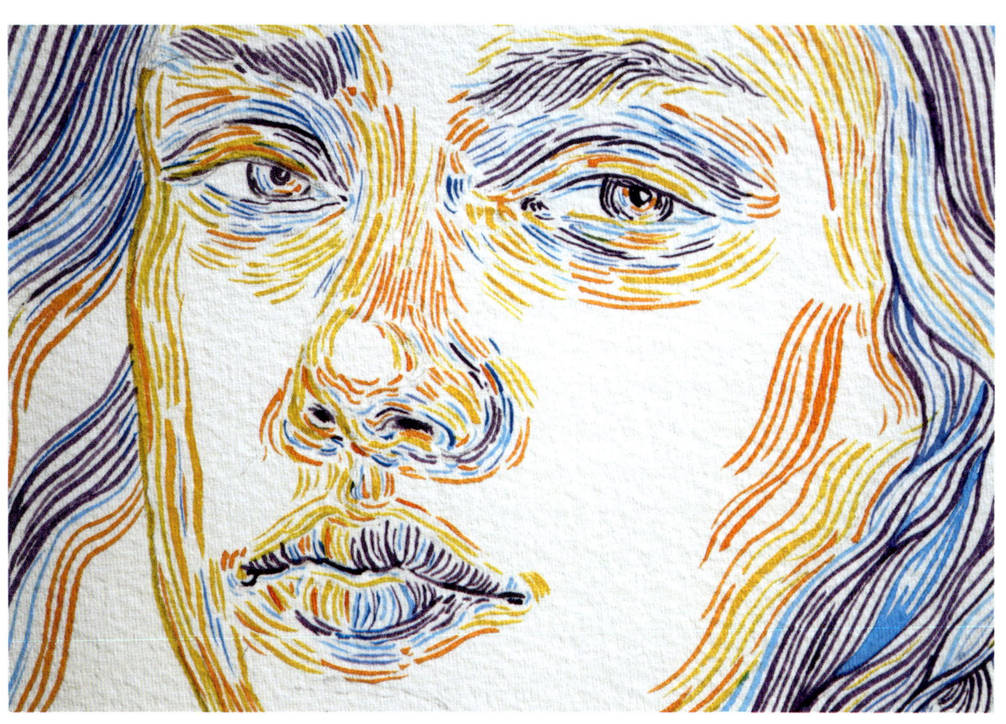

Para el relleno he utilizado líneas, pero puede inventar cualquier otro recurso. ¿Qué otros motivos se le ocurren?

COLORES NEUTROS

Una combinación de colores neutros se identifica por colores de pureza reducida, lo que significa que se han mezclado con negro o blanco o se ha añadido un color complementario.

Personalmente, prefiero la segunda opción de utilizar colores complementarios para conseguir colores neutros, terrosos y templados que relajen la vista.

TONOS DE PIEL

Puede recrear distintos tonos de piel combinando colores muy básicos.

Cuando se observa la gran variedad de colores de piel, se ve que varían en tono desde el rojizo al amarillento y al marrón, y que unos son más pálidos o más oscuros y otros más rosados o marrones, y así sucesivamente.

Los tonos de piel también cambian en función de la luz circundante y del *color* de esa luz. El mismo retrato puede pintarse utilizando distintos tonos de color para el tono de la piel en función de cómo incidan la luz y las sombras.

Mediante la mezcla de los tres colores primarios, **amarillo**, **rojo**, y **azul**, puede conseguir infinitos tonos tierra variando gradualmente las proporciones. El magenta quinacridona también se utiliza mucho para conseguir tonos de piel.

Al mezclar amarillo y magenta quinacridona, se crea un tono rosa anaranjado muy saturado. Si añade un poco de azul, bajará la intensidad de la mezcla para conseguir un color más natural.

Para conseguir tonos más oscuros, puede utilizar los tonos tierra de su paleta. Por ejemplo, puede mezclar el color siena tostado tierra con amarillo, rojo o azul, según el tono de piel que desee conseguir.

Si añade agua o blanco a esa misma mezcla, modificará aún más los tonos. Si añade más agua a la mezcla, obtendrá tonos más suaves, delicados y traslúcidos. Si añade blanco a la mezcla, obtendrá tonos de piel más pasteles. (Recuerde que el blanco opaca los colores, así que utilícelo con moderación o haga una prueba con antelación para ver los resultados.)

No se limite a utilizar únicamente colores primarios. Experimente con versiones de distintos colores. Por ejemplo, si se añade amarillo limón en lugar de amarillo ocre o se utiliza un rojo en lugar de magenta quinacridona, se obtendrán resultados diversos.

En la página siguiente hay ejemplos de mezclas de colores en las que he experimentado con distintos tonos y cantidades. Le animo a que coja una hoja de papel y empiece a probar diferentes combinaciones de colores para ver qué tonos de piel diferentes puede crear. Recuerde ajustar las proporciones de pintura y añadir agua para hacer aún más variaciones.

Experimente pintando las caras de azul, verde o magenta puro sin mezclar. Siempre hay espacio para la fantasía.

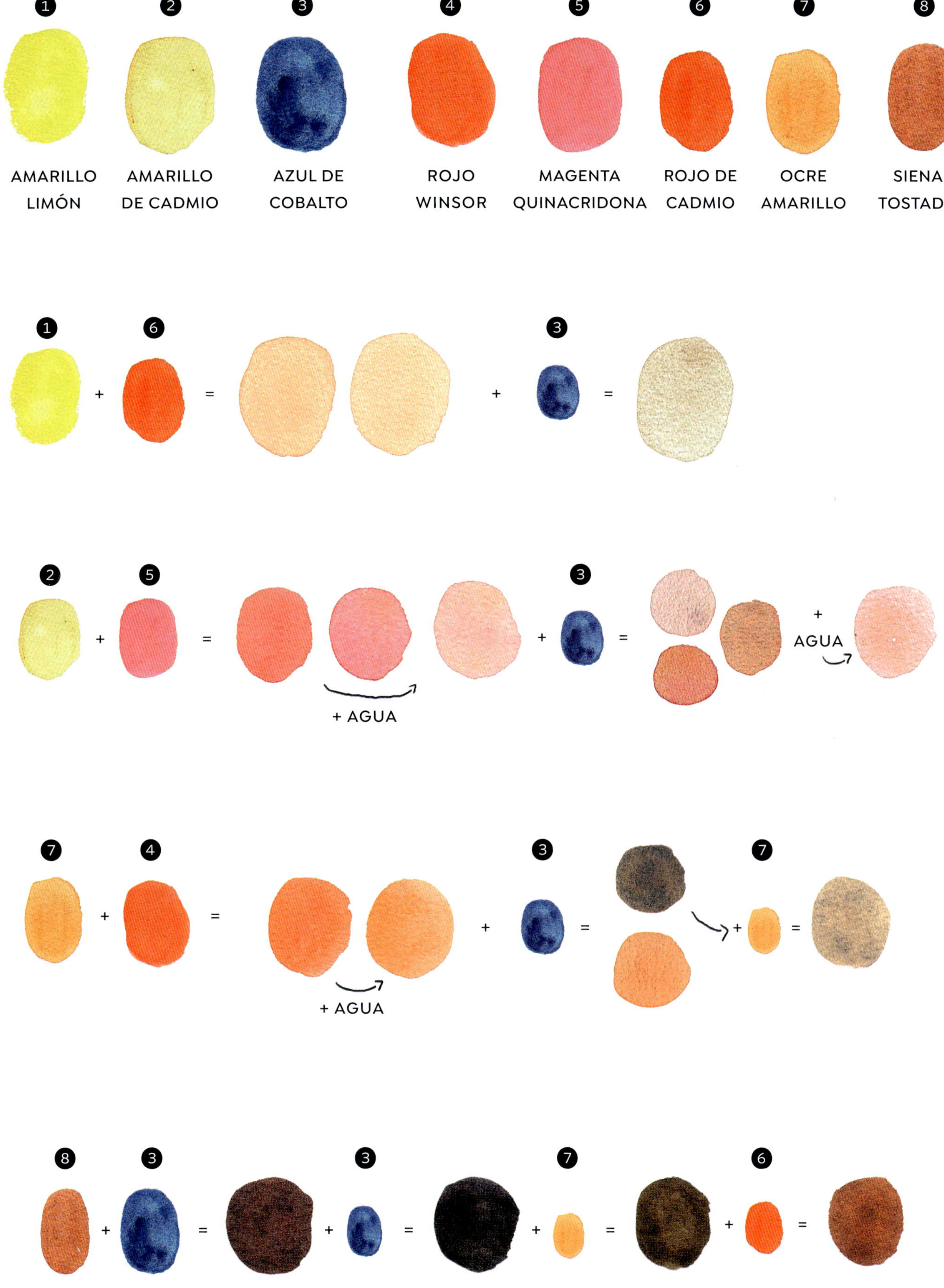

1 AMARILLO LIMÓN
2 AMARILLO DE CADMIO
3 AZUL DE COBALTO
4 ROJO WINSOR
5 MAGENTA QUINACRIDONA
6 ROJO DE CADMIO
7 OCRE AMARILLO
8 SIENA TOSTADO
1 + 6 = + 3 =
2 + 5 = + AGUA + 3 = + AGUA
7 + 4 = + AGUA + 3 = + 7 =
8 + 3 = + 3 = + 7 = + 6 =

EJEMPLO 1: COLORES NEUTROS

En este retrato he utilizado una combinación
de colores de pureza reducida:

> » *He añadido un poco de rojo al verde.*
>
> » *He añadido un poco de amarillo a la
>   camiseta púrpura.*
>
> » *He mezclado rojo y amarillo con una pizca
>   de azul para obtener el tono cálido de la
>   piel.*

1. He trabajado por bloques: fondo, camiseta,
   pelo y cara. Todo se hace con la técnica
   húmedo sobre seco, dejando secar cada
   sección para que los bordes de los colores
   no se mezclen.

2. Quería un retrato muy sencillo, claro
   y luminoso, así que he capturado y he
   reservado el brillo del papel.

3. Una vez secas las primeras capas,
   he añadido una segunda capa utilizando
   el mismo color pero con un poco más de
   pigmento para las sombras de la cara, para
   oscurecer la zona y reducir un poco el brillo
   del papel.

4. Por último, he añadido algunos retoques
   finales en las zonas con mayor contraste,
   alrededor de las orejas, los ojos, la nariz y
   el borde de la camiseta.

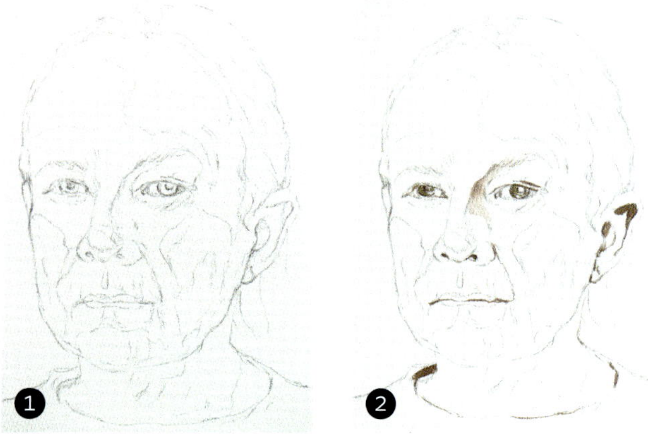

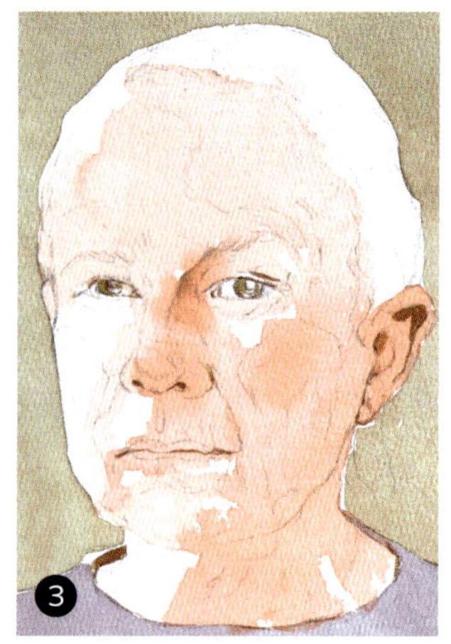

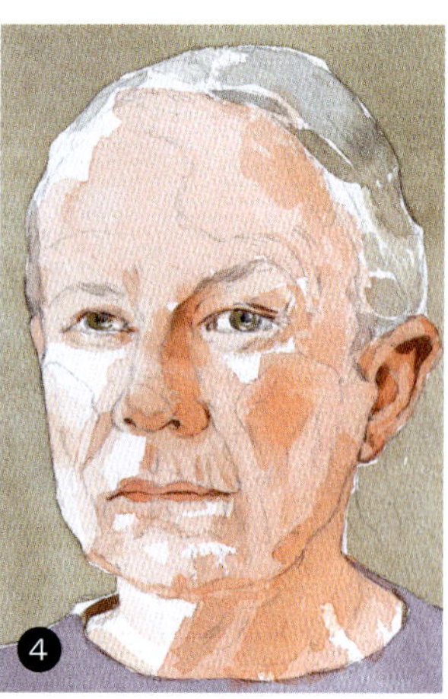

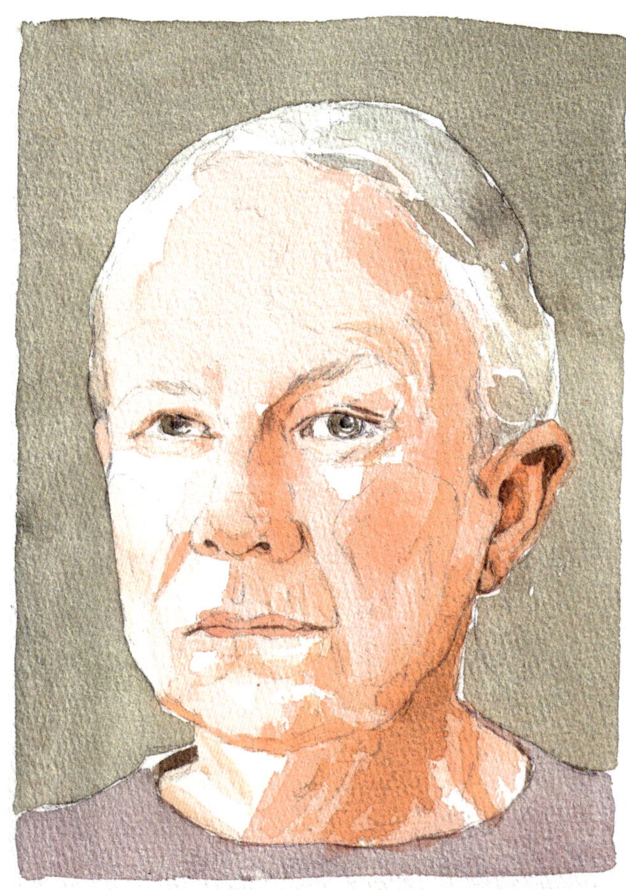

EJEMPLO 2: CAPAS OPACAS

En este retrato quería capas más opacas, así que he añadido menos agua al color mezclado que en el ejemplo anterior.

Casualmente, aquí el azar ha creado unas texturas granuladas aleatorias. A veces, los errores dan lugar a cosas inesperadas y sorprendentes. Fíjese en que la textura del fondo, la camiseta y la cara han creado algunas marcas y manchas que hacen que las capas no parezcan completamente lisas. Esto es debido a que no he limpiado la paleta y había restos de lejía en las mezclas de un ejercicio anterior. El resultado han sido estas manchas aleatorias que me han gustado mucho.

Lo más probable es que tenga que experimentar con la cantidad de lejía para volver a conseguir el mismo efecto, porque cuando algo ocurre por casualidad, no es fácil de reproducir. También tiene que tener en cuenta que el papel que he utilizado puede crear diferentes acabados.

Cuando quiero tonos turbios, suelo utilizar los colores sucios que quedan en mi paleta de otras mezclas. Como en el ejercicio anterior, he empezado pintando capas amplias y he ido aplicando capas sucesivas en húmedo sobre seco. A continuación, he utilizado un pincel de punta fina para definir los detalles.

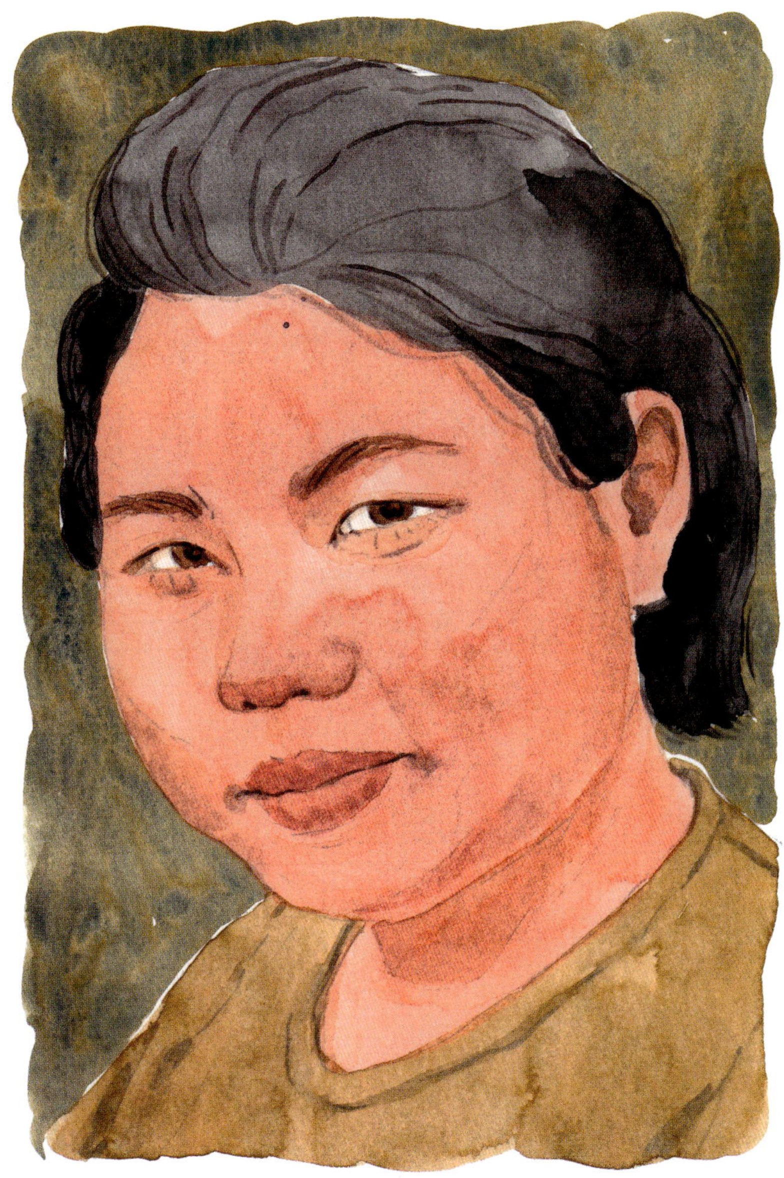

Estos son algunos ejemplos de paletas de colores alternativas. Una vez que conozca las posibilidades que le ofrece el círculo cromático, podrá explorar el color y crear sus propias paletas de colores (consulte «Ejemplos de inspiración para crear paletas de colores» en la página 30), ya sea utilizando materiales especializados (por ejemplo, tintas líquidas de colores saturados) o creando sus propias combinaciones de colores.

Antes de colorear un proyecto, lleve a cabo algunas mezclas sencillas en un trozo de papel desechable para ver qué combinaciones le parecen más interesantes. Recuerde que una paleta restringida funciona muy bien y es más fácil de aplicar.

También puede combinar distintos *tipos* de materiales. Por ejemplo, mezcle su acuarela con tintas líquidas más témpera. Una mezcla de tres técnicas diferentes puede dar lugar a un resultado sorprendente.

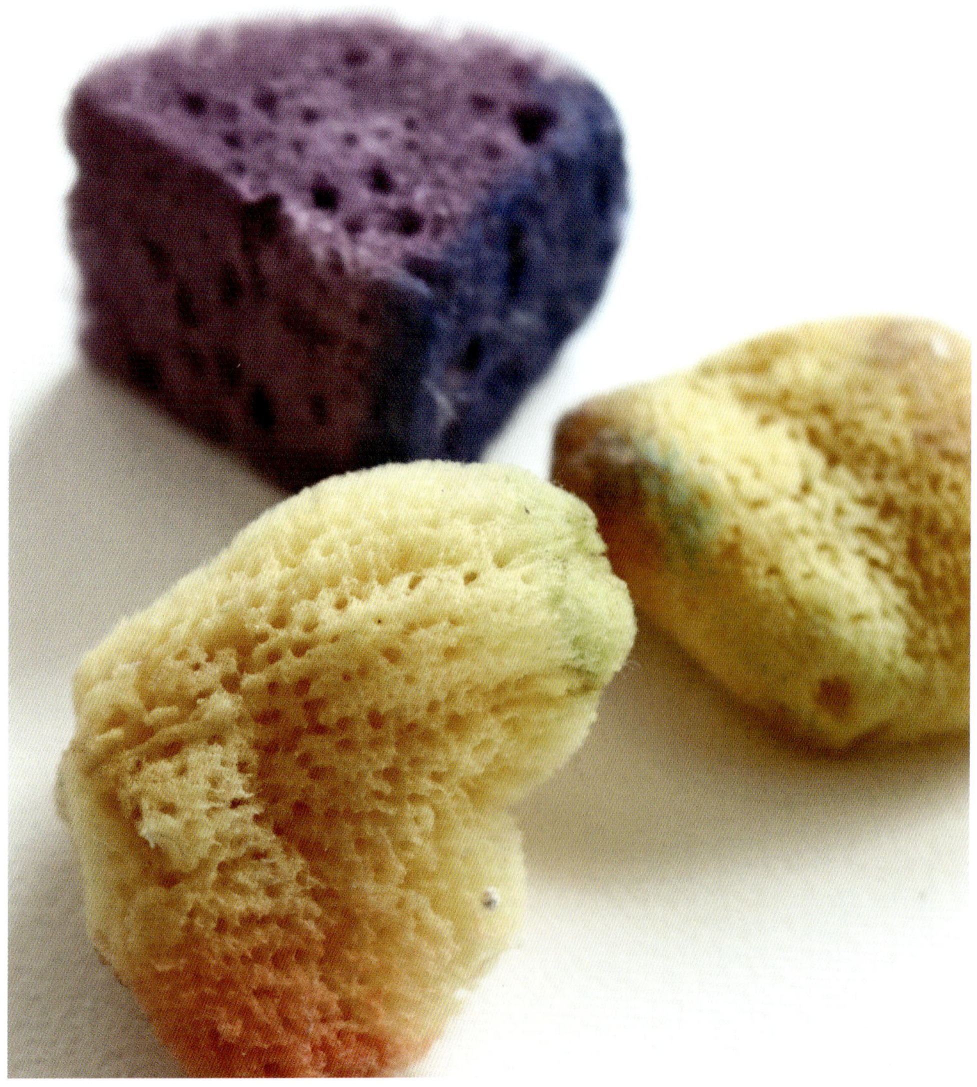

COLORES MUY SATURADOS Y VIBRANTES

Este retrato tiene una apariencia alegre y luminosa gracias a los colores fluorescentes y las tintas líquidas. He querido dejarme llevar por el azar y he dejado que los trazos y los colores fluyeran y se mezclaran entre sí. No he tenido mucho cuidado al colocar las luces y las sombras. Solo quería divertirme. Hay veces en que las cosas no tienen mucho sentido y eso también está bien. Este tipo de ejercicio es bueno para dejarse llevar y no tener miedo del resultado. Simplemente disfrute del proceso.

Para este tipo de pincelada es importante que prepare los colores de antemano en su paleta porque cada pincelada debe mantenerse húmeda para que pueda combinarse con la siguiente.

Aplique tantas capas como desee. Experimente con las técnicas húmedo sobre húmedo y húmedo sobre seco.

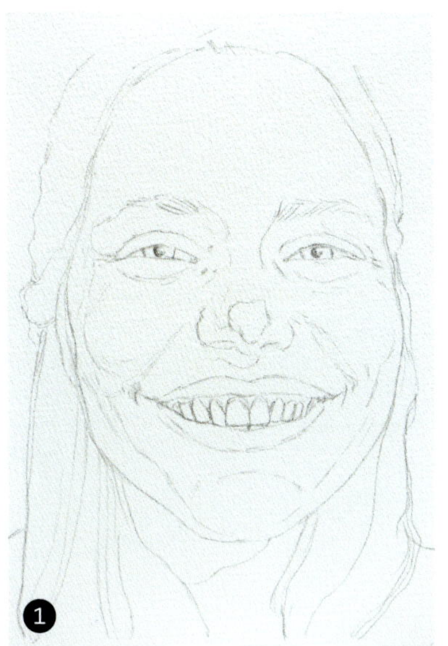

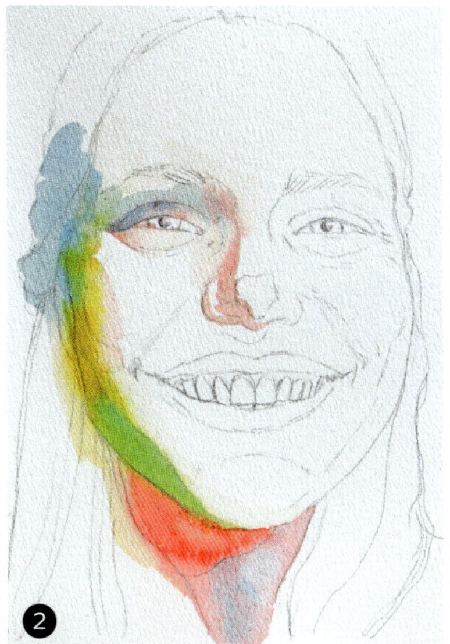

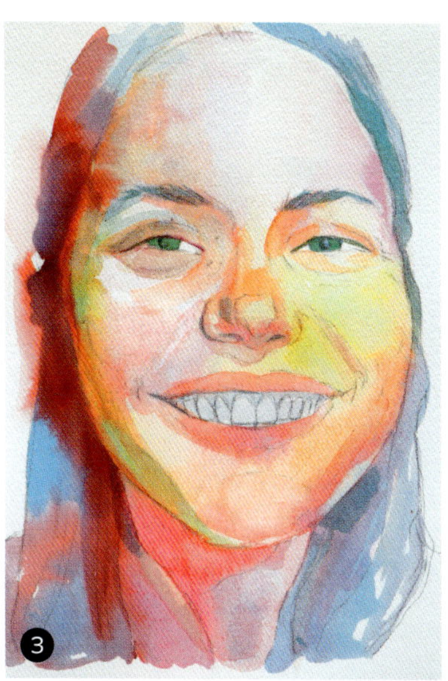

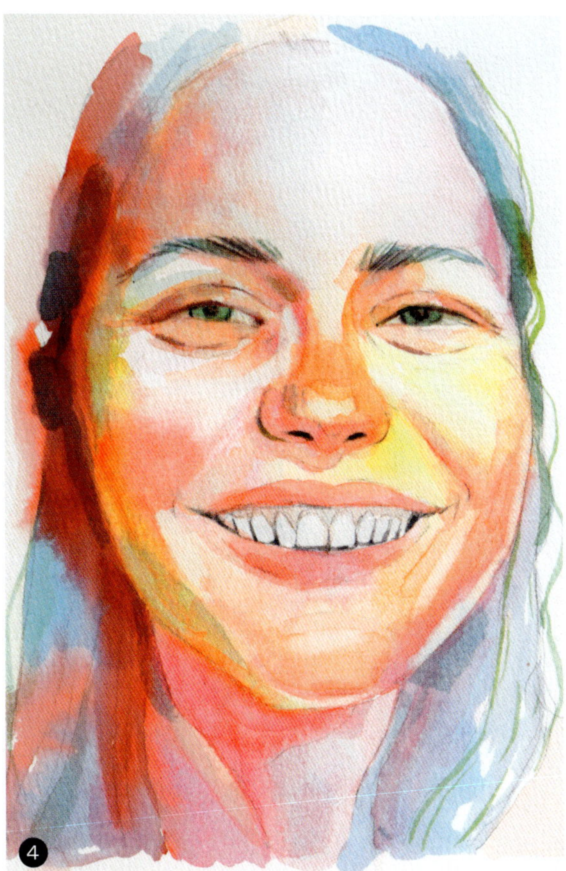

PALETA RESTRINGIDA

Para este retrato he reducido la combinación de colores a verdes, marrones y rosas. Esta combinación de colores me fascina, ya que contrastan unos con otros.

He utilizado varias técnicas: húmedo sobre húmedo, húmedo sobre seco y, si se fija bien, verá que los detalles del rosa fluorescente tienen una textura gruesa y rugosa. Lo he hecho aplicando pintura directamente de una acuarela en pastilla humedecida con muy poca agua. Como siempre, primero he aplicado pinceladas más grandes y he trabajado cuidadosamente los detalles.

Para el fondo he utilizado capas muy traslúcidas y la técnica húmedo sobre húmedo. Esto hace que los árboles parezcan menos detallados y se desvanezcan en el fondo, proporcionando una sensación de distancia.

Recuerde: un color muy opaco parece más cercano y más traslúcido que otro que parece más lejano. Compare el árbol de la derecha con los de la izquierda. ¿Cuál le parece más cercano?

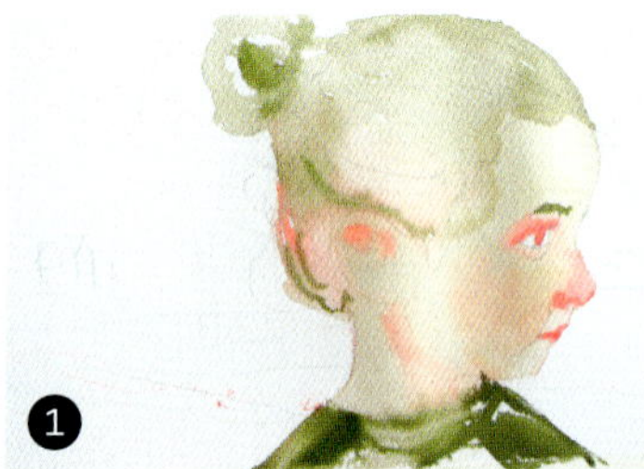

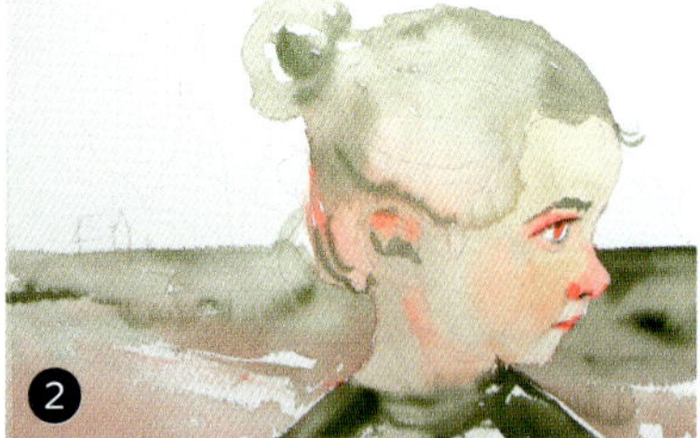

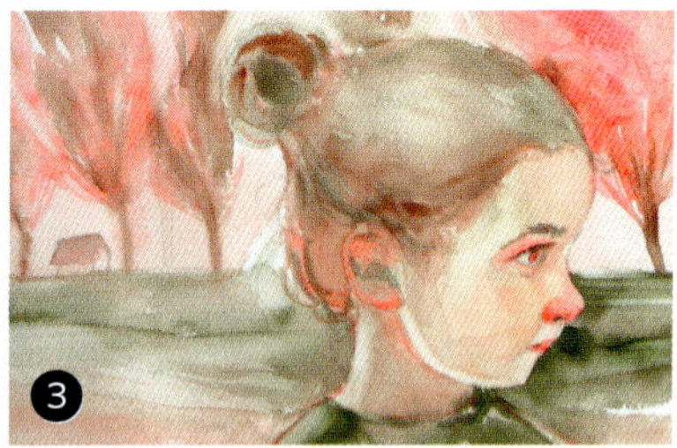

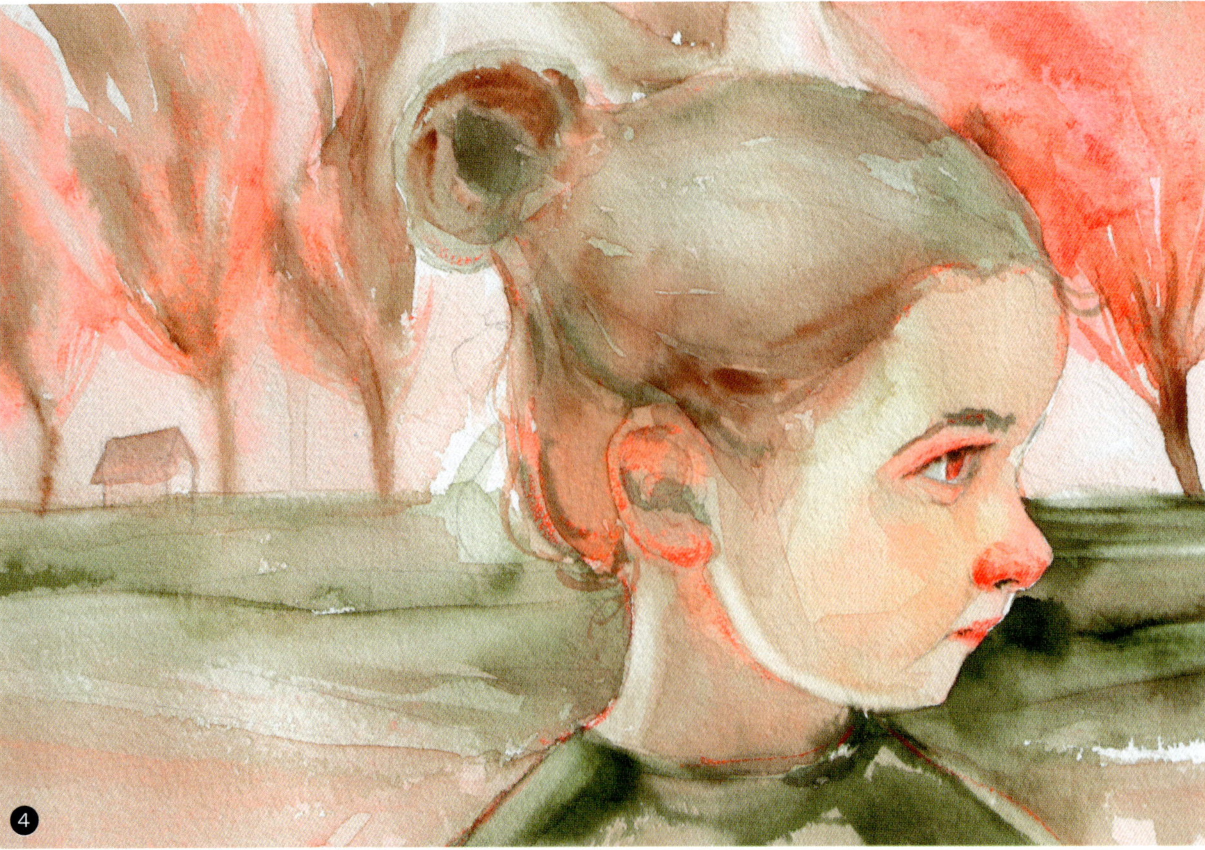

PALETA DE COLORES AMPLIADA

Este retrato es un ejemplo en el que he utilizado varios tonos, intentando reproducir los colores de la fotografía de referencia.

He aplicado capas húmedas sobre seco para dar volumen a la cara. He difuminado el borde de algunas pinceladas para conseguir una transición más suave a la sombra. En otras he dejado un borde marcado, sin difuminar.

Una vez que la capa para la piel se ha secado, he utilizado un pincel de punta fina para pintar el pelo con un color muy pigmentado para darle mucha energía.

He añadido un fondo con burbujas en varios planos, jugando con el color y el tamaño. He pintado las dos burbujas más grandes una encima de la otra, lo que ha diluido un poco las capas subyacentes. Esto no me ha desanimado en absoluto, sino que ha hecho que me gustara aún más el resultado final.

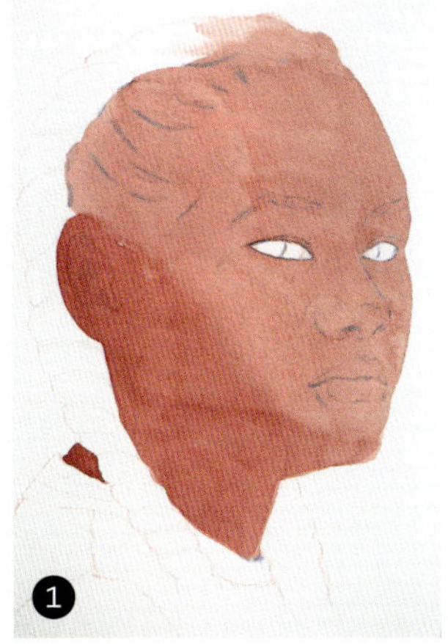

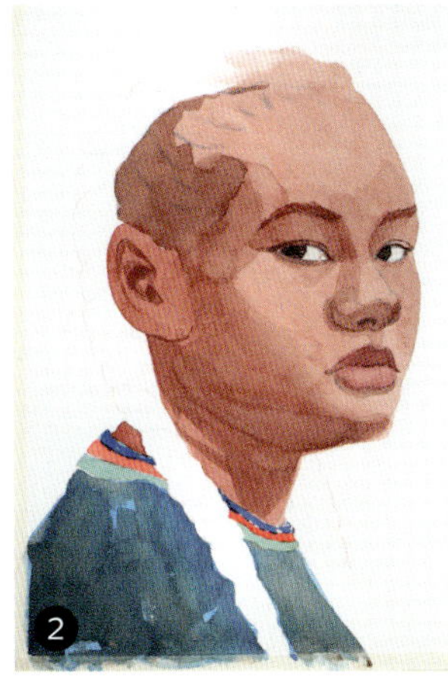

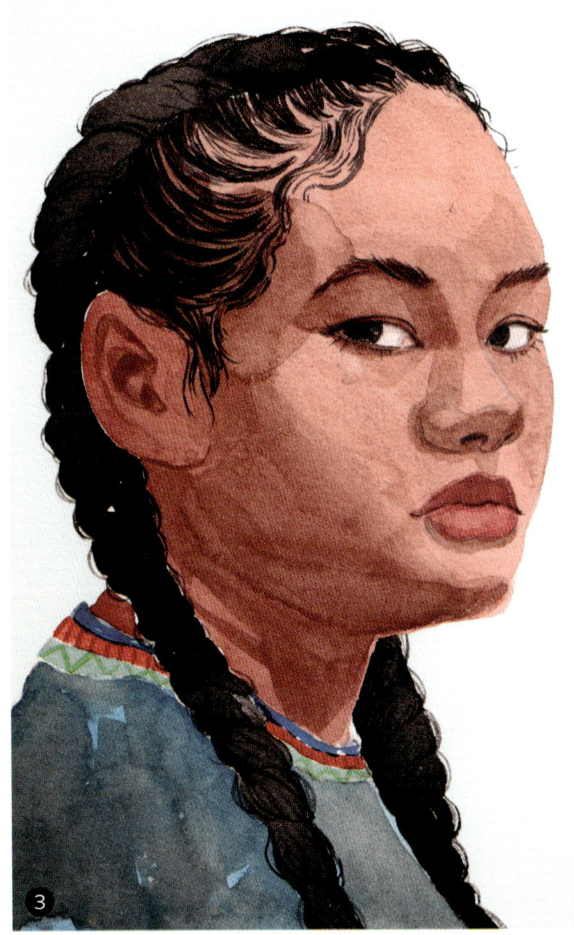

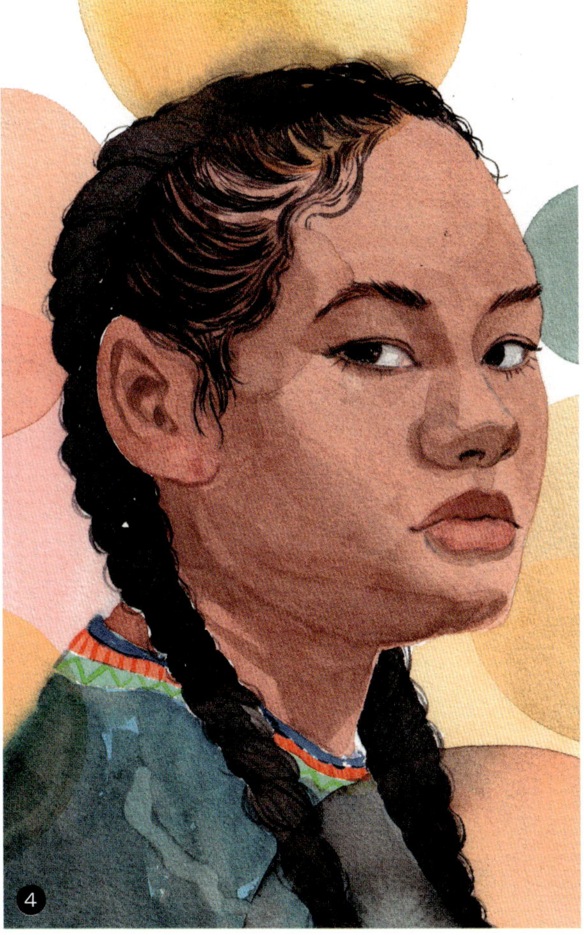

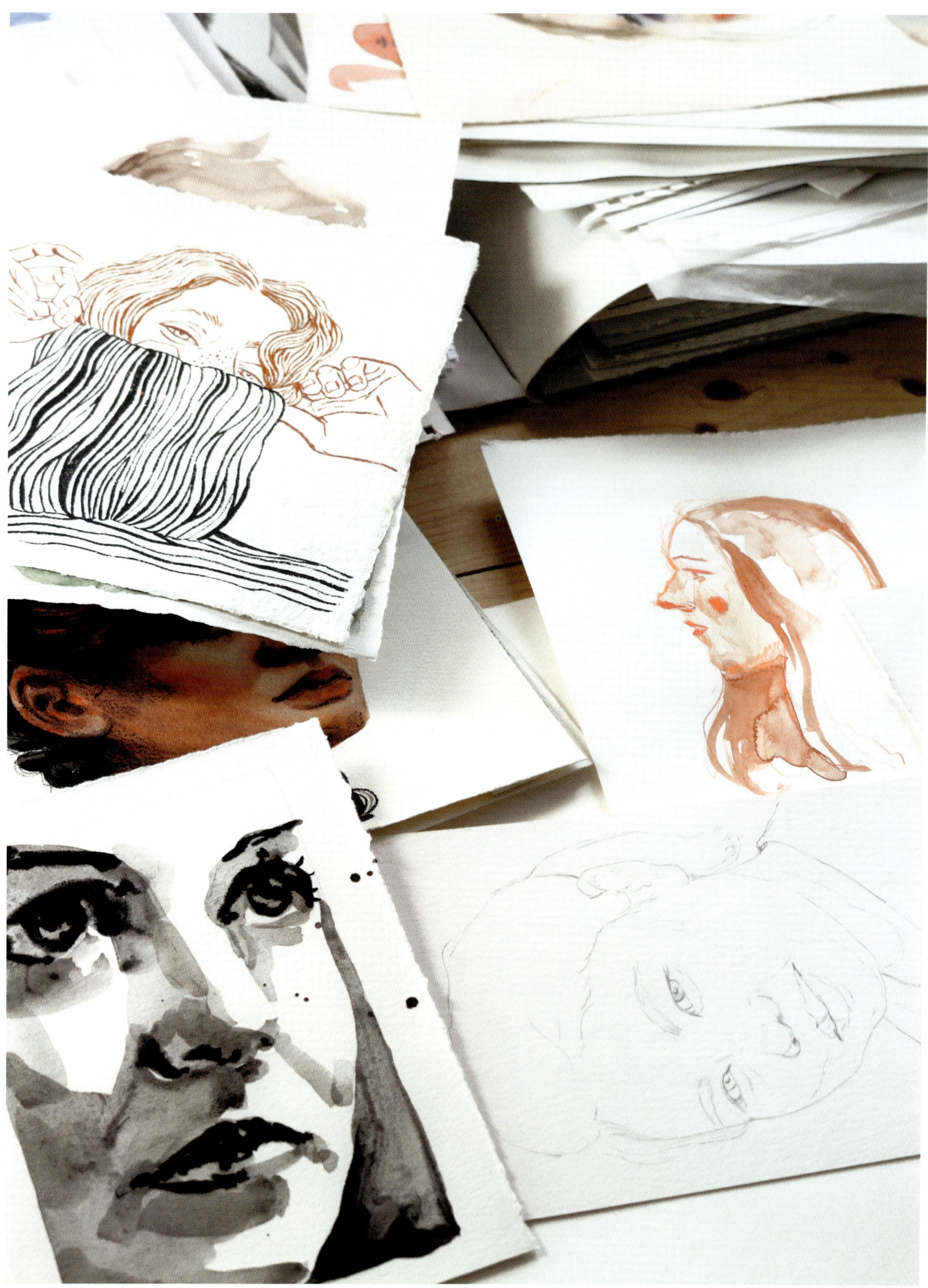

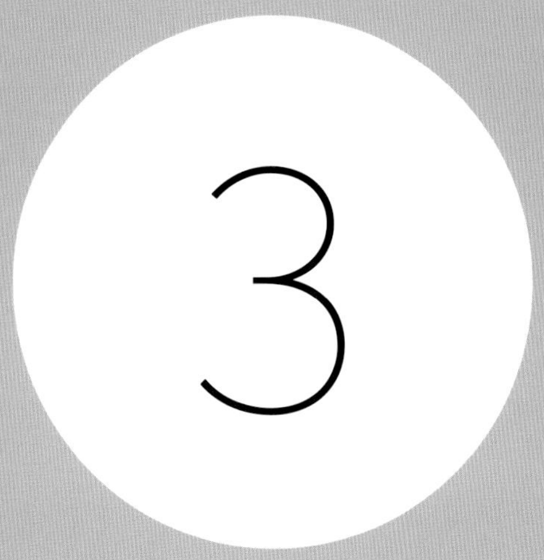

RETRATOS CREATIVOS
ACUARELA + TÉCNICA MIXTA

En este capítulo combinaremos la acuarela con otros materiales. En las lecciones propongo varias técnicas mixtas, pero puede utilizar o mezclar los materiales que quiera.

Me gusta ver cómo se desarrolla este proceso, como si mi mesa fuera un laboratorio donde hacer experimentos. Disponga todos los materiales delante de usted. Empiece a experimentar cómo se mezclan unos con otros. Por ejemplo, ¿qué ocurre si se usan las acuarelas *antes* o *después* del lápiz? Los resultados serán muy distintos. Aprendiendo de los errores, verá cómo algunas técnicas funcionan mejor conjuntamente que otras. Algunas le gustarán más que otras, así que permítase experimentar y cometer errores. Quizá se sorprenda. Este tipo de ejercicios son muy creativos. Ayudan a desarrollar nuestra imaginación al no tener limitaciones y nos permiten romper las reglas. Lo más importante es disfrutar del proceso y no preocuparse por el resultado.

ACUARELA Y LÁPIZ

Hay dos formas de combinar acuarela y lápiz. Cambiar el orden en que se utilizan modifica el resultado. Veamos cada una de ellas.

LECCIÓN 1: PRIMERO LÁPIZ, LUEGO ACUARELA

La técnica utilizada en este retrato consiste en dibujarlo primero a lápiz y luego colorearlo con acuarelas.

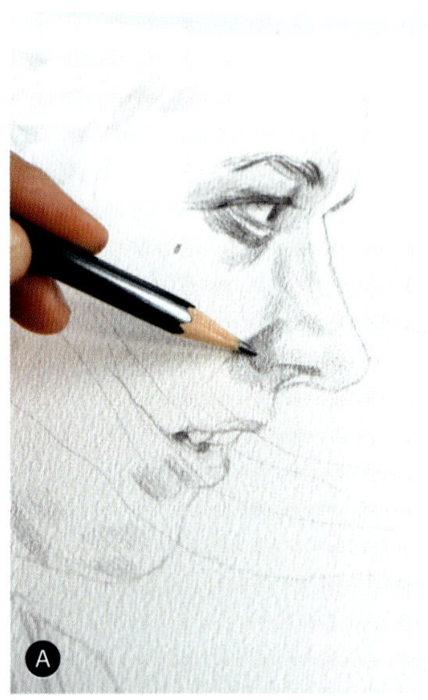

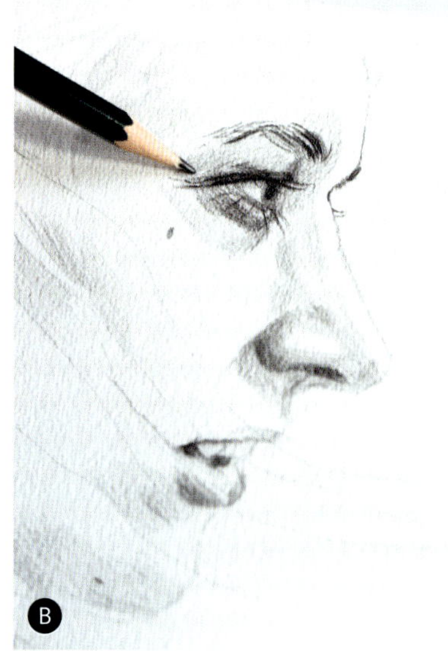

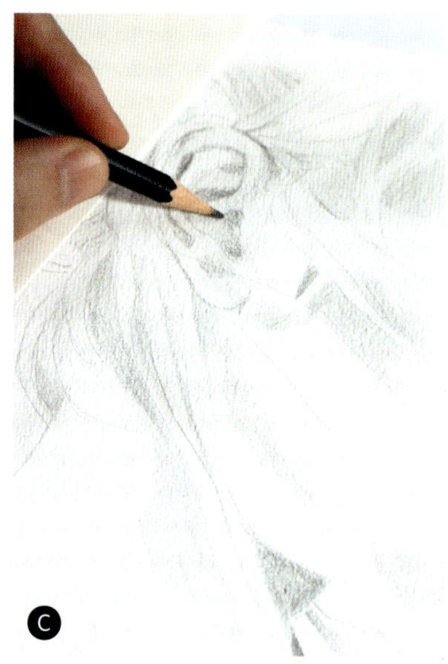

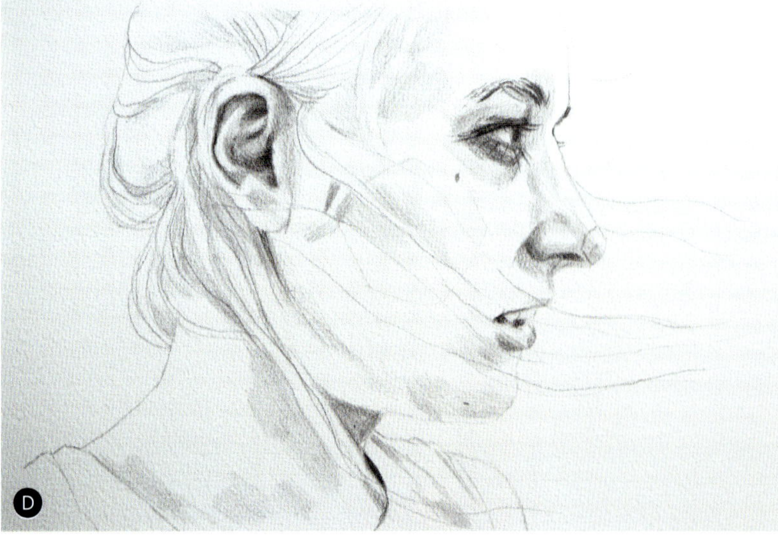

1. Dibuje y sombree su retrato a lápiz. Puede utilizar lápices H (duros) o B (blandos). Primero he delimitado la figura y luego he empezado a sombrear, comenzando por las zonas de menor contraste y avanzando hacia las de mayor contraste. Suelo empezar con lápices duros y termino añadiendo contraste con lápices blandos o lápices con una base de aceite. (A–D)

2. Cuando haya terminado de sombrear, puede «fijar» el lápiz con un producto especialmente diseñado para ello: un espray fijador. También puede utilizar laca para el pelo, que es un método más económico, pero a la larga podría deteriorar el papel. O puede optar por no añadir nada. Si utiliza lápices duros en lugar de blandos, el trabajo quedará menos turbio cuando le aplique agua.

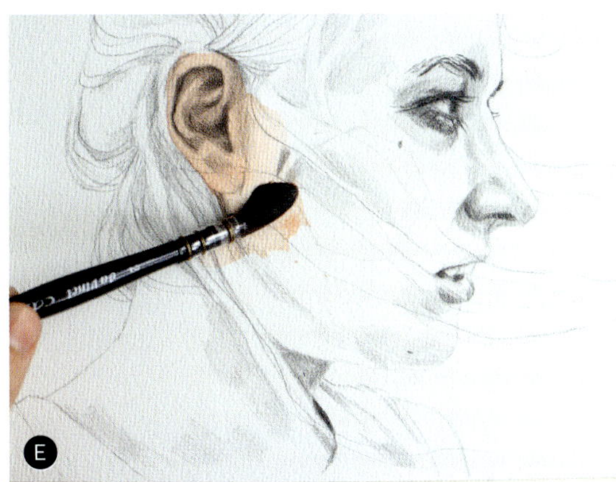

E

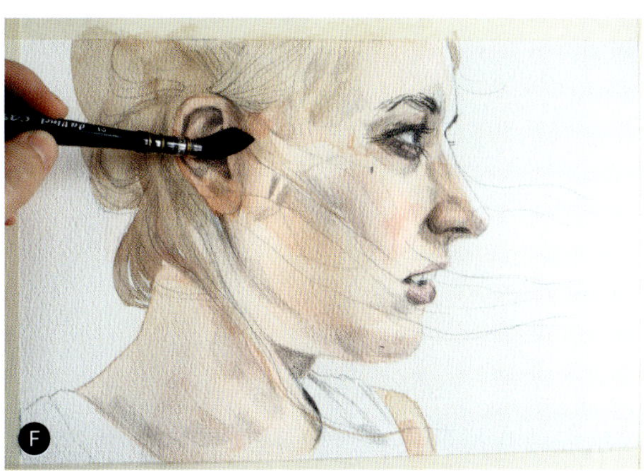

F

3. Prepare los colores que va a utilizar y empiece a pintar aguadas en cada parte del retrato: cara, pelo, etc. Deje que se sequen después de cada bloque de color si no quiere que los colores se mezclen. (E)

4. En las siguientes capas de color puede definir los detalles y añadir color a los labios, los ojos, la nariz, las orejas y el pelo. (F-H)

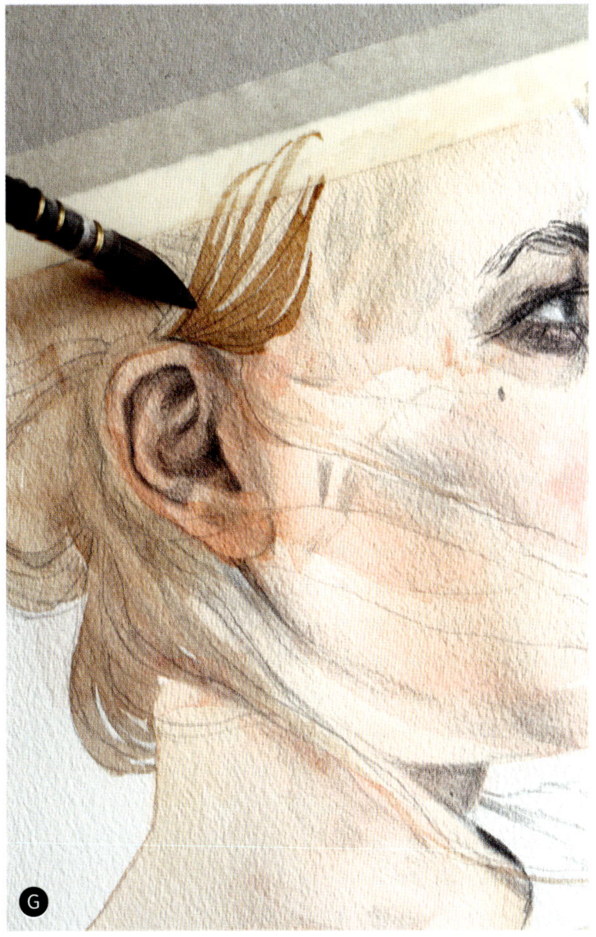

G

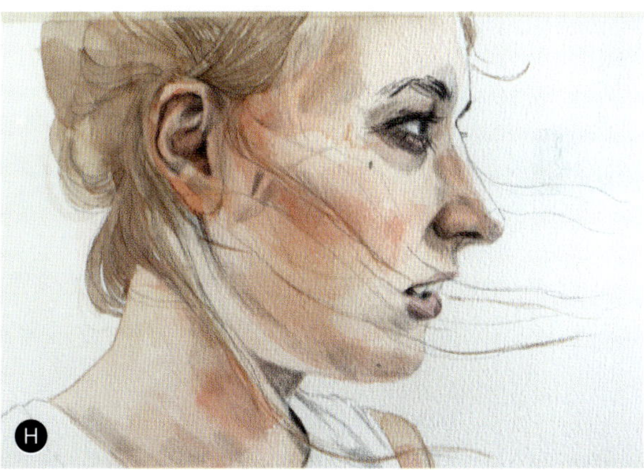

H

Sugerencia

Recuerde que, una vez terminado el dibujo, puede aplicar la acuarela de la forma que más le guste: para definir la cara, para crear un degradado de color, para añadir capas, con la técnica de húmedo sobre húmedo, y así sucesivamente.

(continúa)

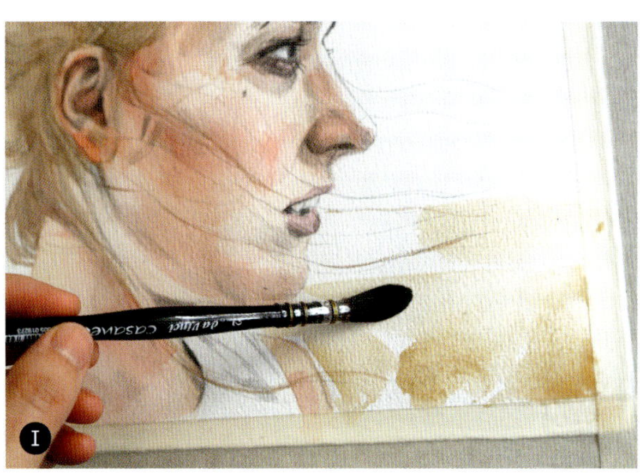 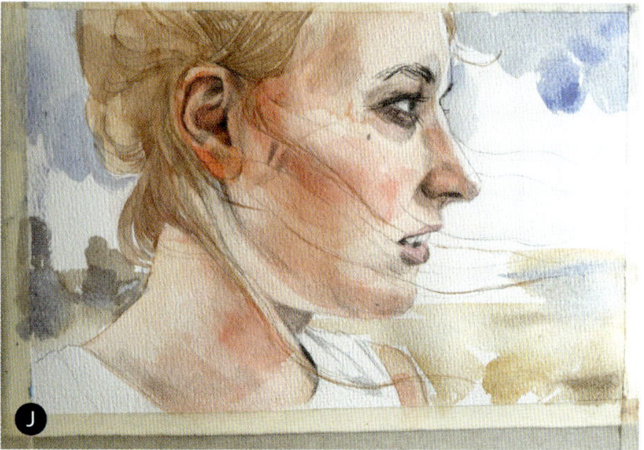

5. He querido dar profundidad al retrato creando un fondo. Para ello, he simulado un paisaje con pinceladas sueltas y degradados. (I, J)

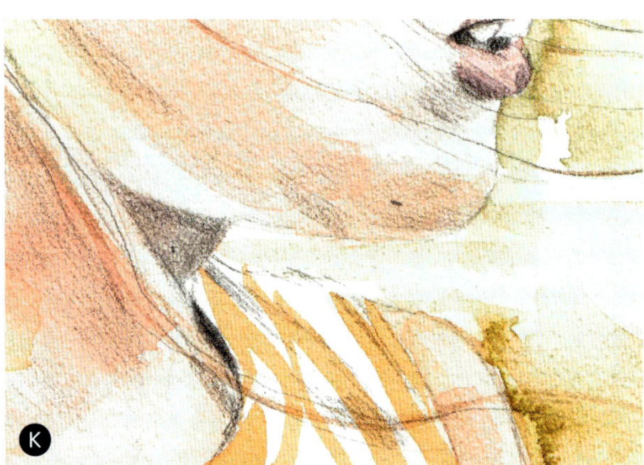

6. Por último, para crear un motivo de rayas sencillo en la camisa, he añadido algunas líneas gruesas, presionando bien el pincel sobre el papel.

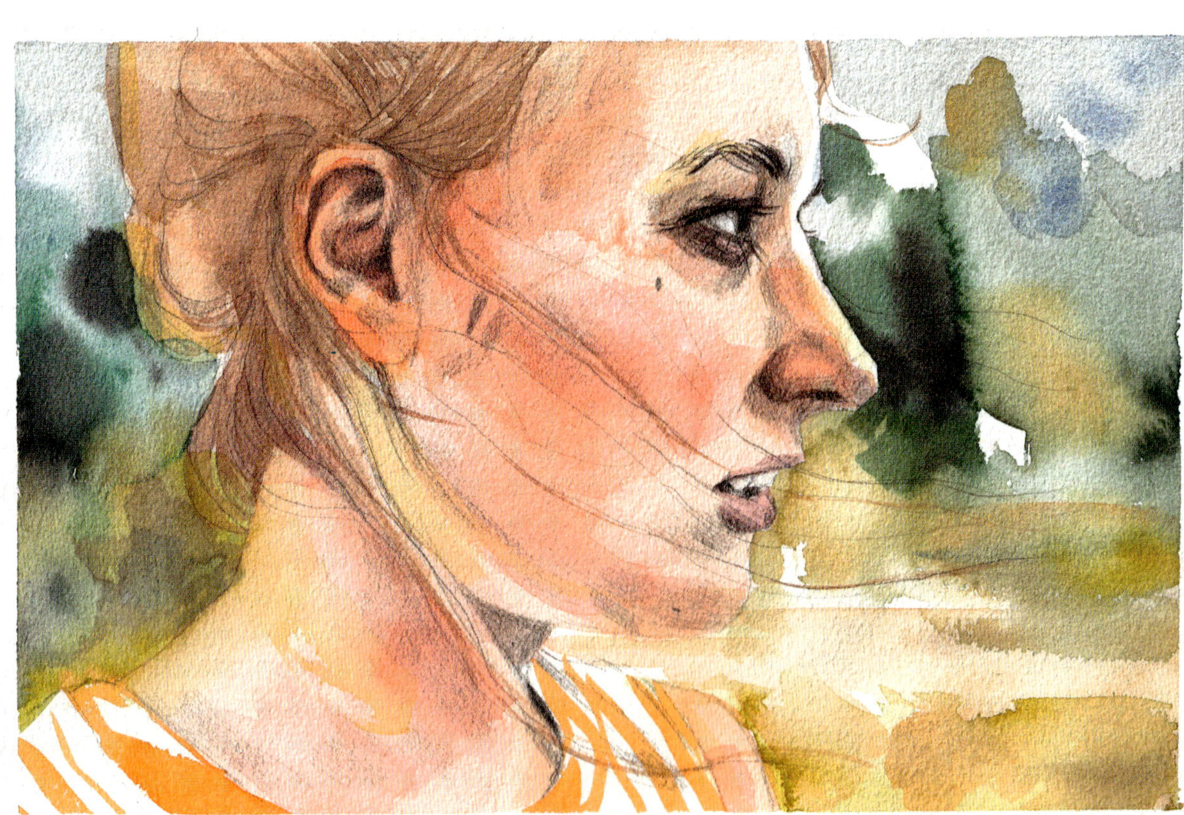

LECCIÓN 2: ACUARELA PRIMERO, LÁPIZ DESPUÉS

La segunda técnica consiste en pintar primero con acuarela y, una vez se ha secado, añadir sombras y detalles a lápiz, con un resultado muy diferente.

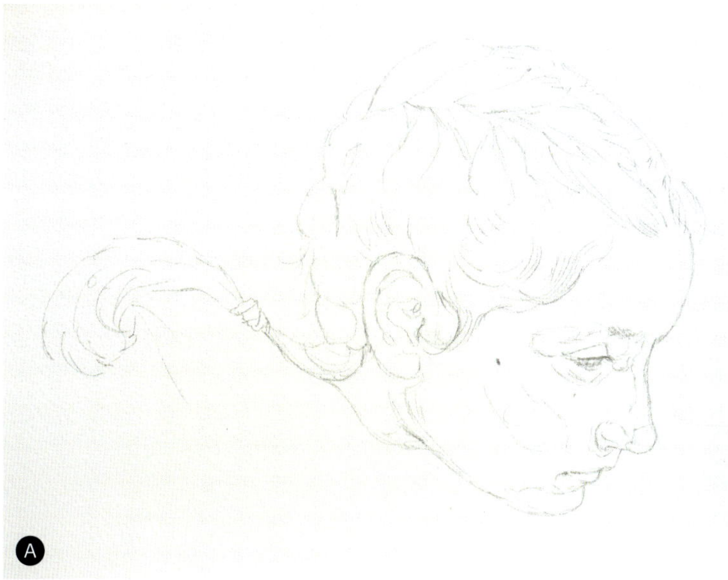

1. He dibujado el contorno y los detalles de la cara a lápiz. En este caso he optado por un lápiz duro 2H. (A)

2. He pintado una capa de color por toda la cara. Suelo dejar los ojos sin pintar, reservando el blanco del papel. Antes de que se secara, he aplicado tinta blanca en las zonas claras (húmedo sobre húmedo). Así la tinta blanca se integra en la capa de color. (B)

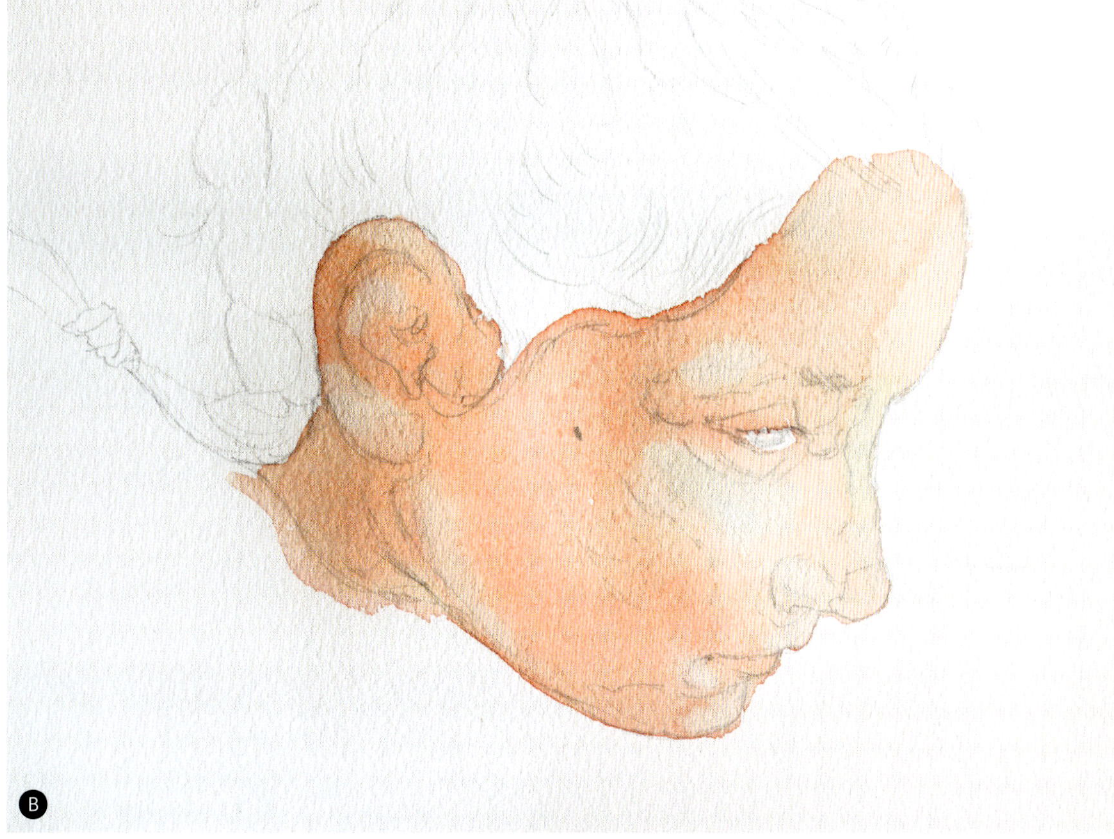

(continúa)

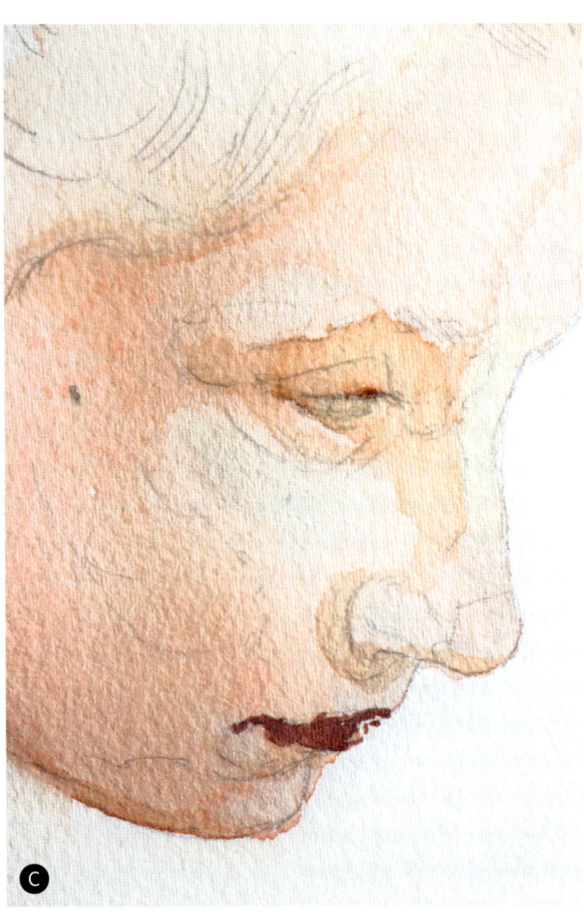

C

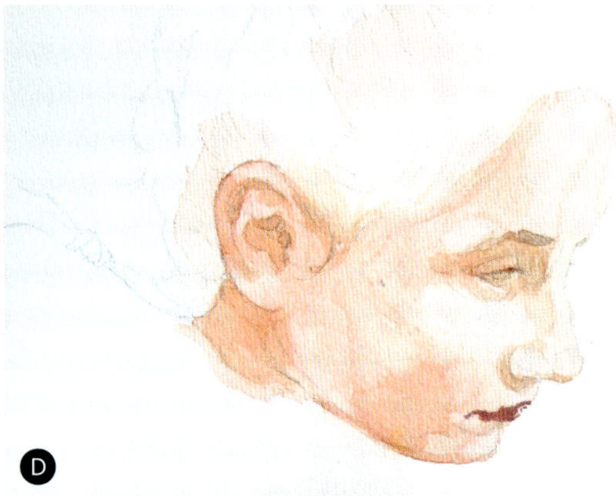

D

3. Una vez se ha secado esta capa, he aplicado una segunda aguada de color en las zonas sombreadas: en las orejas, los párpados, la nariz y el contorno de la cara y el cuello. He pintado la zona alrededor de la boca para darle forma y volumen. (C, D)

4. He vuelto a aplicar una tercera capa de color para intentar conseguir más sombras y añadir más volumen a la cara. Con un pincel de punta redonda muy fina, he detallado las cejas y los ojos. (E)

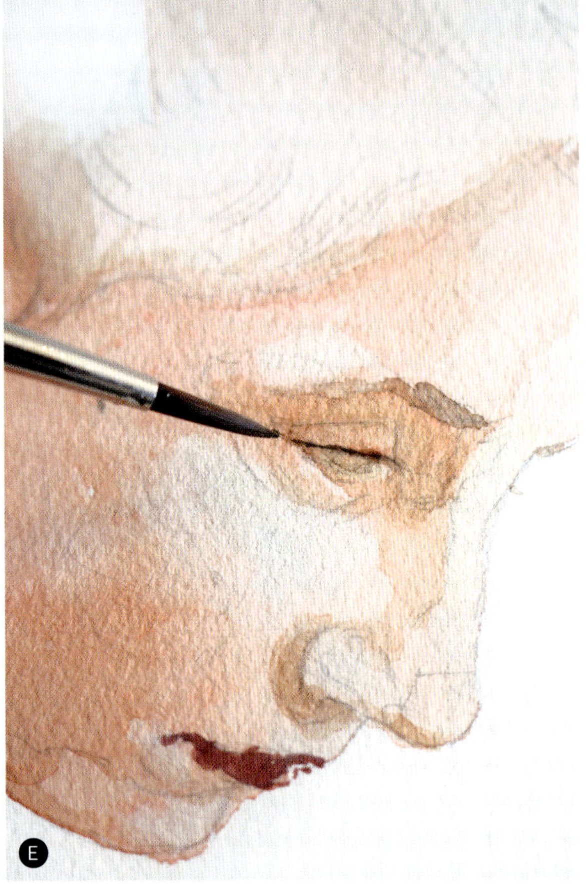

E

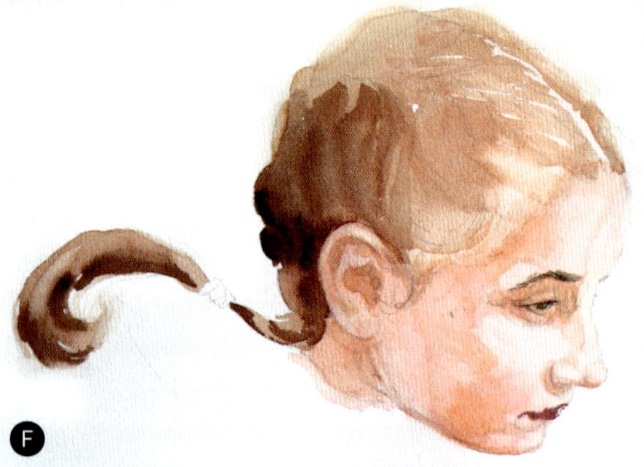

F

5. Siguiendo este mismo proceso, he añadido color al pelo, dejando algunas zonas claras del papel en algunos lugares. En otros lugares he aplicado más color con la técnica húmedo sobre húmedo. (F)

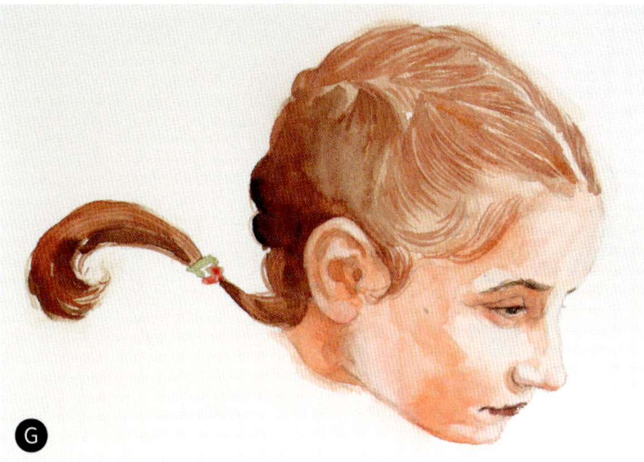

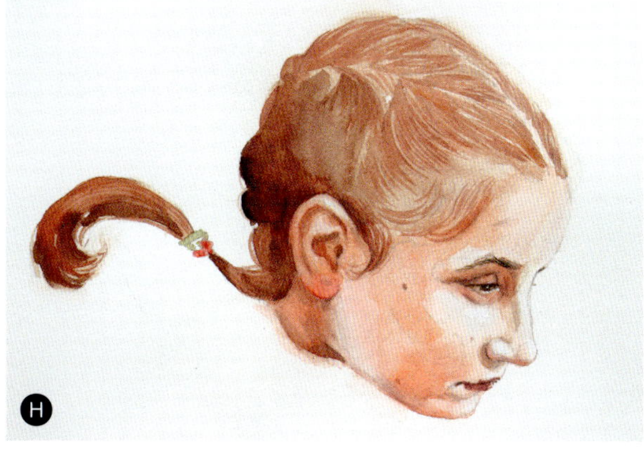

6. He mezclado tinta blanca con un poco de amarillo para las zonas claras. (G)

7. He utilizado un lápiz duro para crear las sombras y añadir detalles a los ojos, la nariz y la oreja. (H)

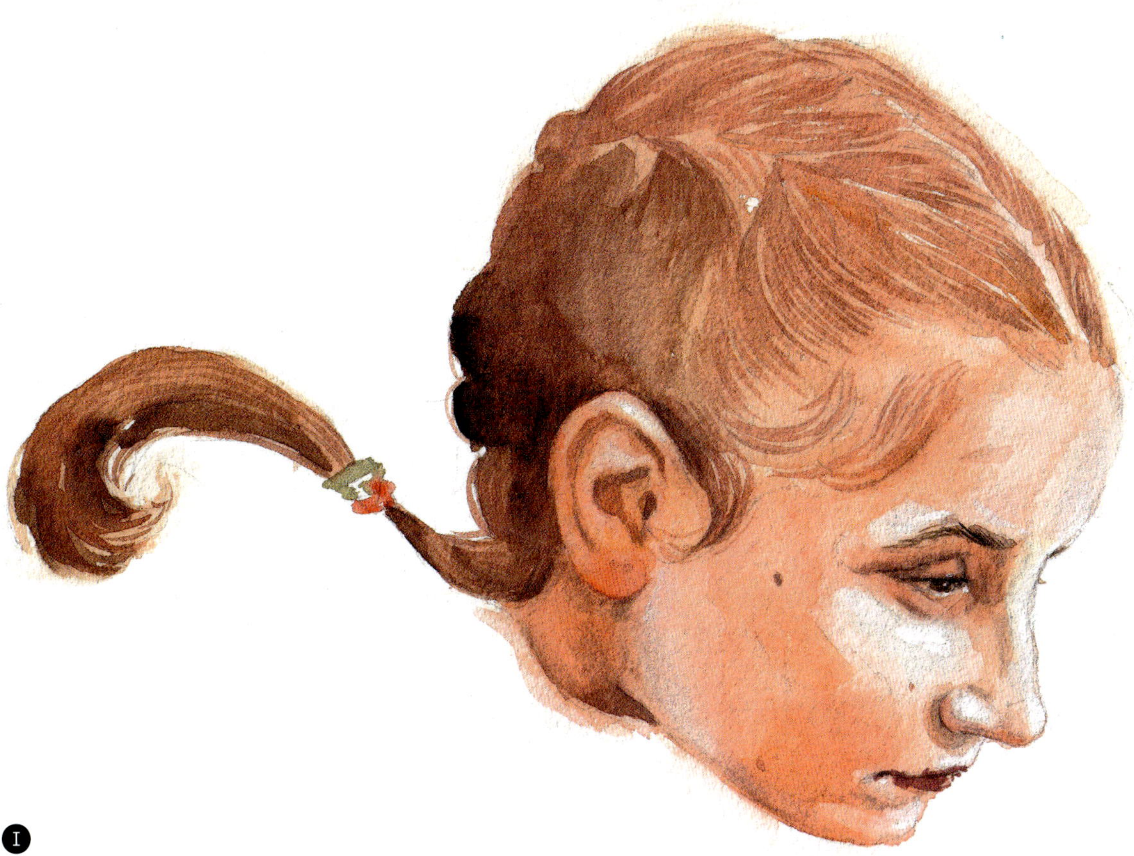

8. Por último, he utilizado un portaminas (2B) para añadir contraste a las zonas en las que quería que recayera la atención. (I)

Nuestro retrato ya está terminado. La zona que rodea el retrato está vacía porque el modelo de referencia tenía un fondo blanco prominente y no he querido que hubiera elementos que distrajeran la atención.

La combinación de colores utiliza tonos cálidos y otoñales. Para añadir un pequeño contraste de color, he aplicado colores intensos y saturados al lazo del pelo. Esto ha roto la monotonía de unos colores tan terrosos.

La acuarela y la tinta china pueden combinarse de muchas maneras distintas. Le animo a que experimente y descubra los diferentes resultados. Aquí tiene unos ejemplos.

BASE DE ACUARELA Y TINTA

En este retrato solo he utilizado tres colores: azul cerúleo, amarillo de cadmio y magenta quinacridona. He elegido tonos que tienen mucha pureza de color y son muy saturados y vibrantes.

Quiero colores puros sin ninguna mezcla, así que voy a ponerlos por capas, procurando que cada capa esté seca antes de aplicar la siguiente. La superposición de capas transparentes creará nuevas tonalidades. La técnica es húmedo sobre seco.

Veamos el proceso.

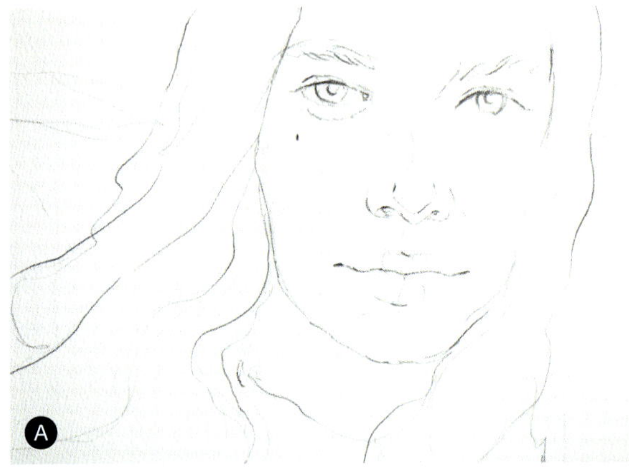

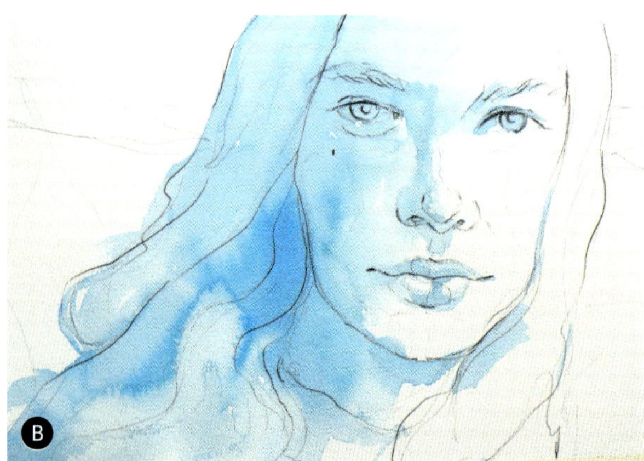

1. Esboce el dibujo. Una vez más, he utilizado un lápiz 2H. (A)

2. Con una pipeta o un cuentagotas, añada los colores a la paleta. Puede reducir la saturación con un poco de agua si no quiere que sean tan opacos.

3. Empiece con el azul cerúleo para aplicar las sombras. Utilice un pincel redondo de numeración alta para que pueda cargar suficiente pintura para una aguada. (B)

4. Una vez se haya secado, aplique las zonas claras con el amarillo de cadmio de la misma manera. (C)

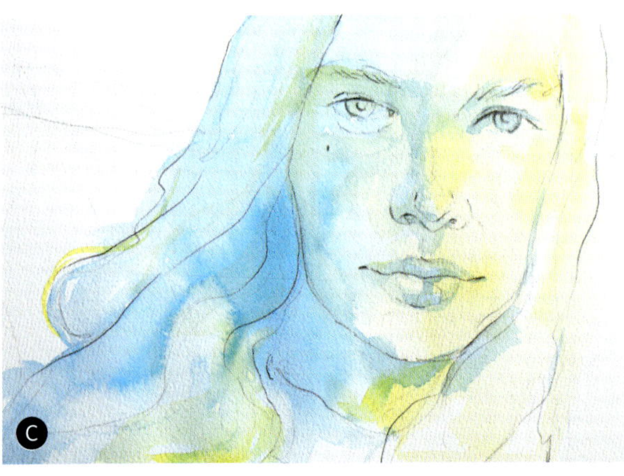

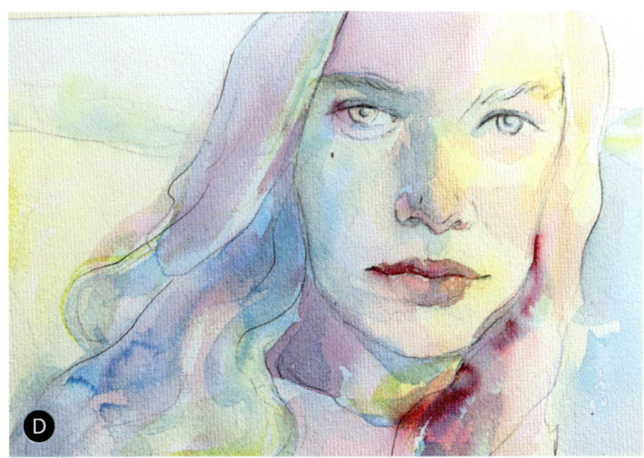

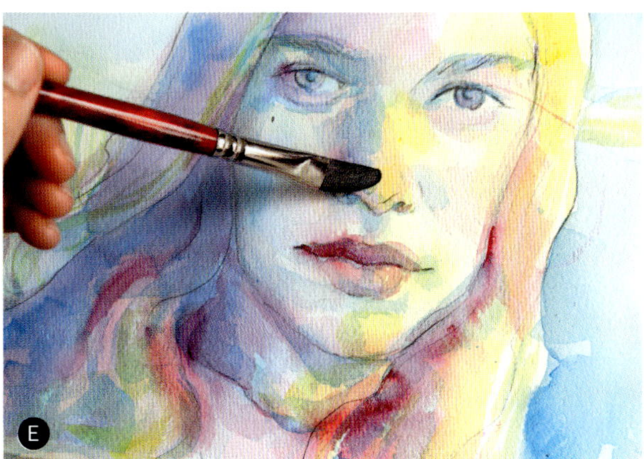

5. Déjelo secar de nuevo antes de continuar para que los colores no se mezclen. Añada una tercera capa de color con el magenta quinacridona en las zonas de sombra intermedias para dar unidad al retrato. (D)

6. Observe cómo la suma de los tres colores se plasma en tonos verdes, violetas y naranjas.

7. Deje que se seque y repita estos pasos tantas veces como desee, centrándose en las sombras o las luces para crear contraste en su retrato. (E)

8. He añadido color al fondo en los mismos tonos.

9. Déjelo secar. A continuación, con un pincel muy fino y tinta china, repase el contorno del dibujo. Esto crea un contraste muy llamativo entre la transparencia de la acuarela y la opacidad de la tinta china. Puede utilizar cualquier tipo de trazo que desee. ¡Ya tenemos un increíble retrato en acuarela y tinta china! (F)

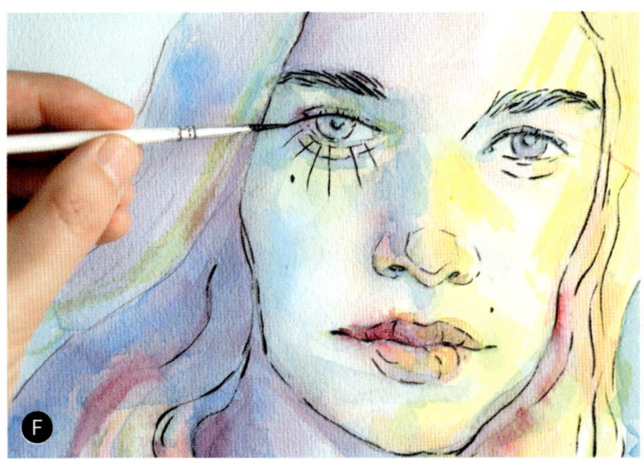

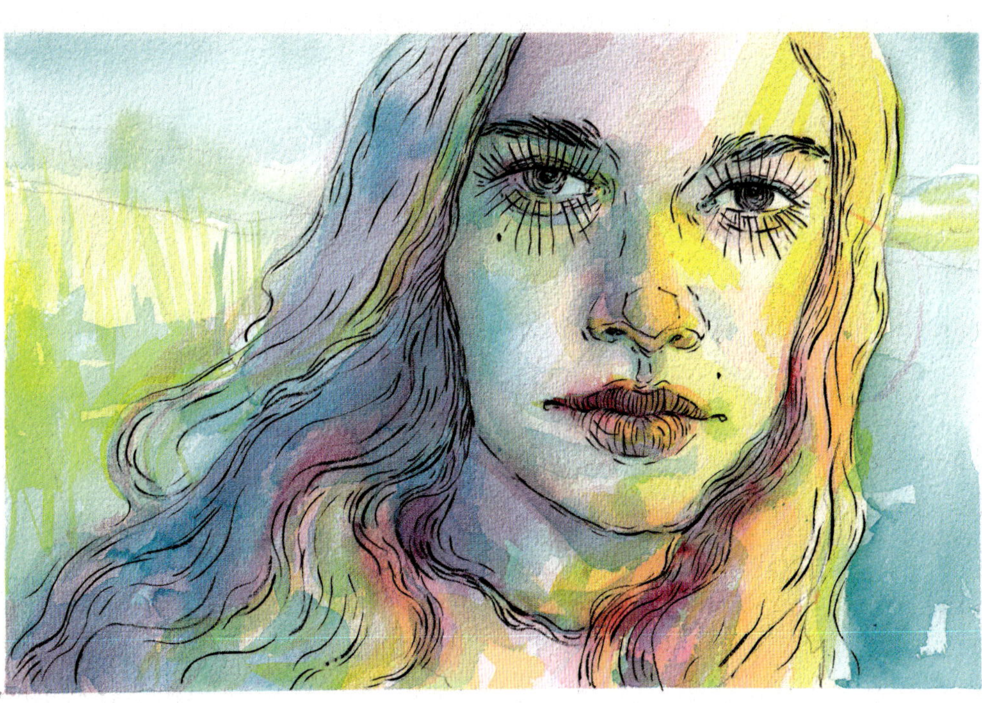

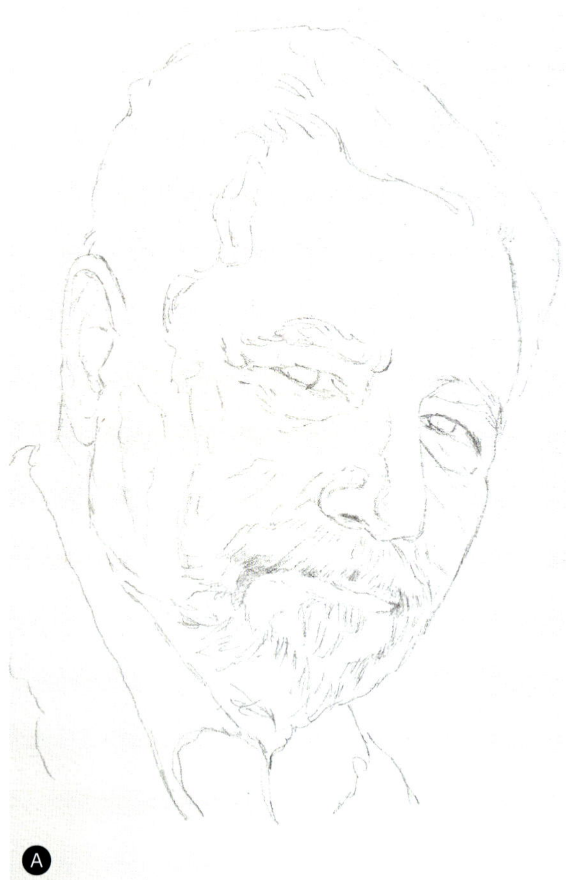

A

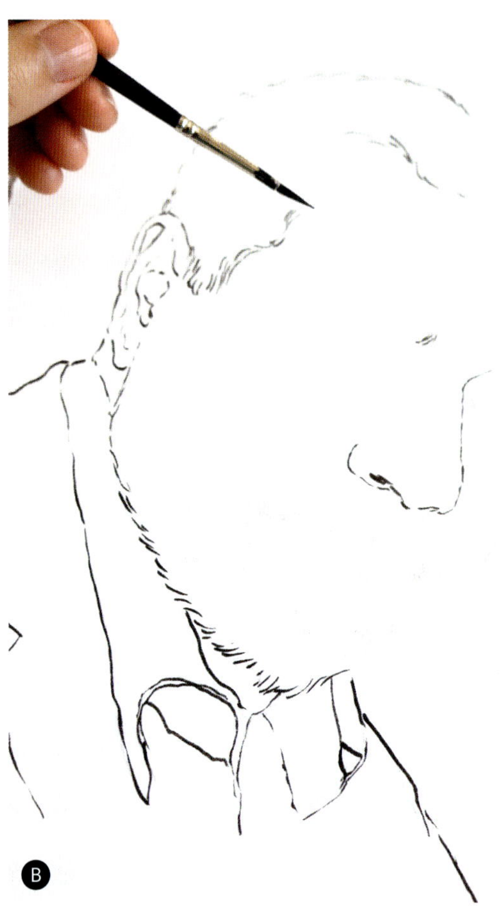

B

TINTA Y SEGUNDA CAPA DE ACUARELA

Compruebe que la tinta que utiliza es indeleble y resistente al agua. Algunas tintas no son permanentes, y si aplica una capa de acuarela encima, todo puede difuminarse y estropear su trabajo. Este retrato tiene varias capas de acuarela, pero recuerde que también puede trabajar con una sola. El resultado será igual de válido.

1. Esboce el retrato a lápiz. (A)

2. Elija su pincel. Yo he utilizado un pincel de punta fina para hacer líneas muy detalladas y delicadas. (B)

3. Una vez se haya secado la tinta, empiece a añadir las primeras pinceladas de color para los planos generales de color. (C)

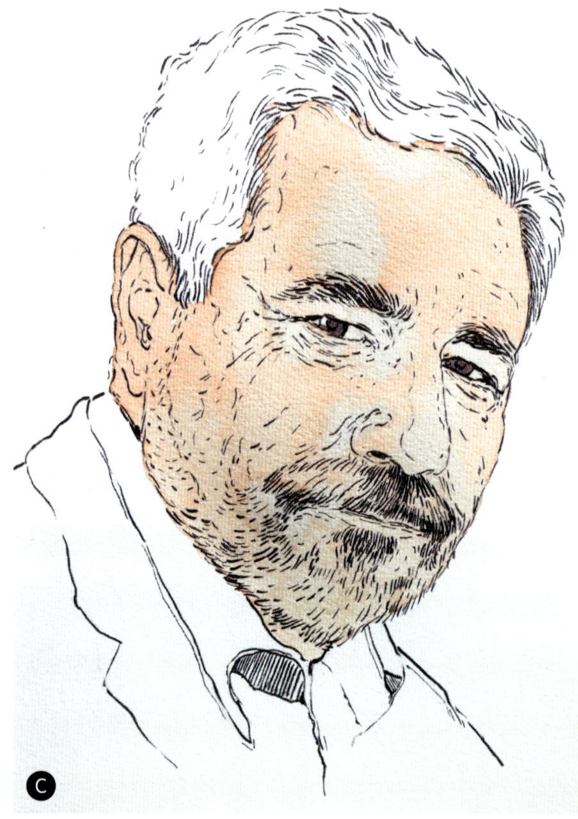

C

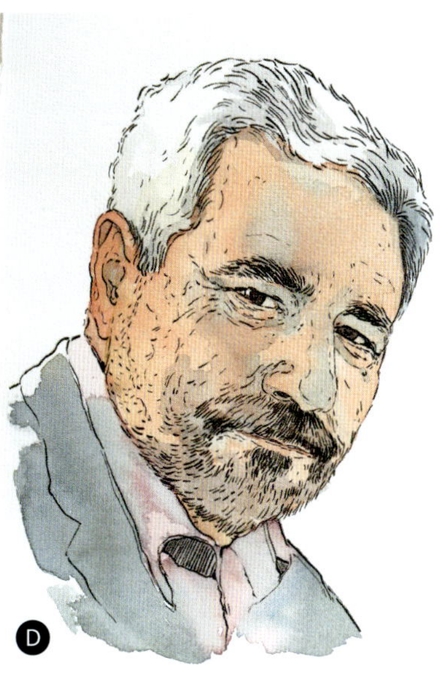

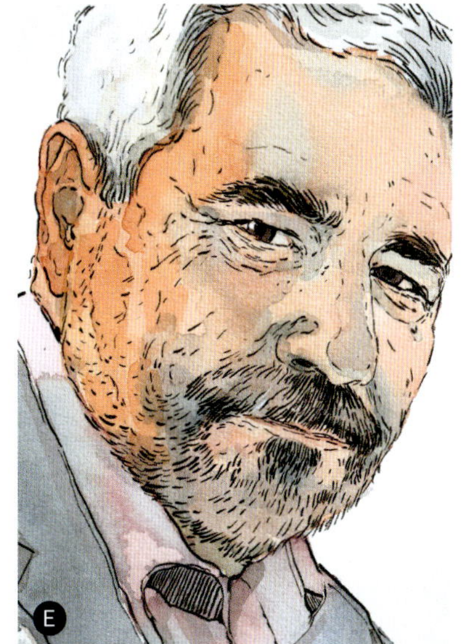

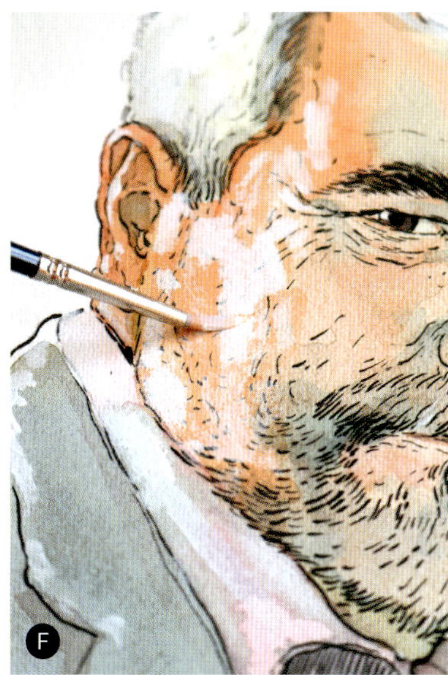

4. Espere a que se seque y aplique las sombras en la cara. He utilizado un azul desaturado. (D)

5. Si el modelo del retrato estaba iluminado, aplique un color vivo donde vea reflejos. Yo he utilizado el naranja. (E)

6. Cuando se haya secado, concéntrese en los detalles: pinte los ojos, la boca y, si es necesario, las sombras para crear contraste.

7. Una vez que la acuarela se haya secado, puede aplicar témpera o tinta blanca al retrato. Yo he utilizado tinta blanca y me he centrado en añadir puntos de luz. Con la tinta blanca puede crear veladuras relativamente transparentes y luego aplicar blanco opaco en las zonas donde desee que quede muy blanco y tenga mucha luz. (F)

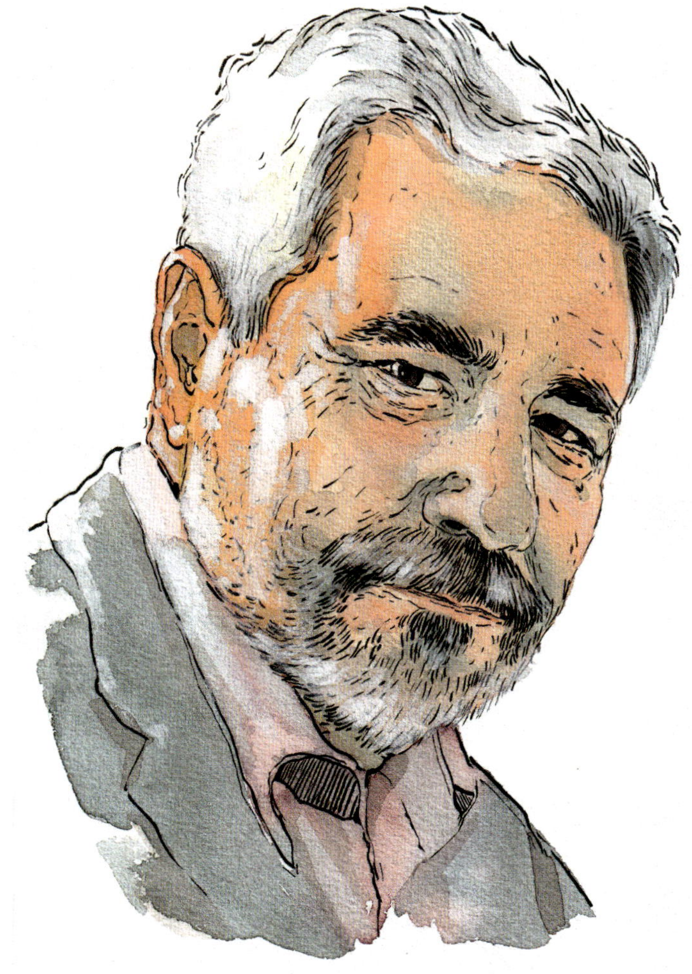

BASE HÚMEDA DE ACUARELA Y TINTA LÍQUIDA DIFUMINADA

Para este retrato he elegido un ejemplo muy sencillo. Vamos a trabajar dos capas húmedo sobre húmedo. La primera capa consiste en pintar la cara con acuarela y luego aplicar una segunda capa de tinta antes de que se seque. Si aplica la tinta mientras la acuarela aún está húmeda, la tinta fluirá libremente y creará diferentes formas y texturas. Este es un buen ejercicio para dejarse sorprender y no preocuparse por cometer errores.

TINTA CHINA Y LEJÍA

Aquí le indico algunas recomendaciones para trabajar con lejía:

» Utilice pinceles viejos o baratos porque la lejía los estropea. Reserve un pincel solo para la lejía y evite que entre en contacto con la paleta y los botes de tinta. Si necesita añadir más color, utilice un pincel diferente solo para sus pinturas y tintas.

» No mezcle la lejía *en* su paleta de acuarela o *dentro* de un recipiente de tinta. Utilice una paleta vacía aparte para mezclar los colores o la tinta, asegurándose de añadir primero los colores y después la lejía. De este modo, podrá utilizar las mezclas con total libertad, sin miedo a estropear sus materiales o sus pinturas.

» La lejía «destiñe», por lo que, cuando se trabaja en húmedo, abre claros en la acuarela y en algunas tintas de caligrafía. Pero esto no funciona con todas las tintas.

» Si utiliza lejía con tinta china, tiene el efecto de crear texturas y condensar la tinta en los trabajos húmedos. La tinta fluirá de forma más controlada con lejía que con agua.

En las páginas siguientes se muestran algunos ejemplos sencillos de retratos que incorporan la lejía.

Tinta y lejía: Papel seco

NOTAS SOBRE SEGURIDAD

La lejía es un producto químico, tenga mucho cuidado al utilizarla.

PRECAUCIÓN: En caso de ser menor de edad, la lejía únicamente debe utilizarse bajo la supervisión de un adulto.

Cuando trabaje con lejía, asegúrese de estar en un espacio bien ventilado para evitar los vapores que se puedan producir.

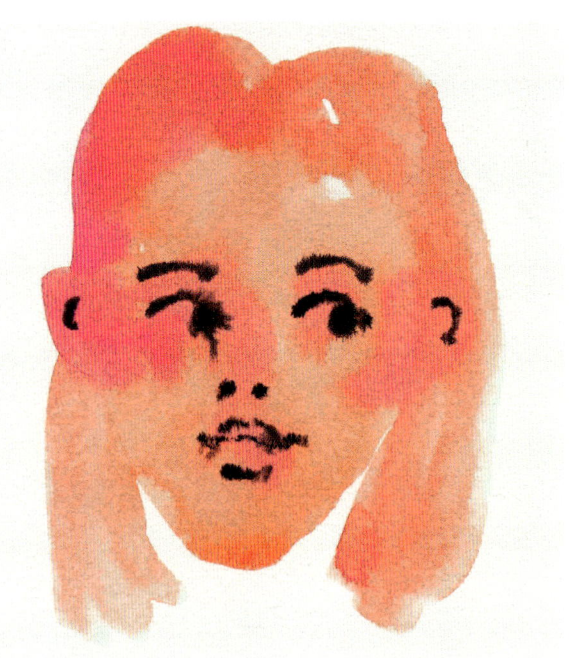

Para este retrato he utilizado una mezcla de tinta y lejía.

He dibujado los rasgos principales muy sutilmente con un lápiz duro. En mi paleta he mezclado un gris transparente con tinta y lejía (en lugar de agua).

Quería un resultado muy sencillo. Mientras añadía la primera capa de tinta transparente en las sombras, he aplicado tinta pura con otro pincel y he trabajado húmedo sobre húmedo, teniendo cuidado de que la primera capa no se secara.

Observe cómo la tinta se disuelve en la primera capa y los bordes se diluyen. Con agua no se tiene tanto control. La tinta fluye mucho más en el agua y es más difícil controlar las líneas.

Poco a poco, he repetido este proceso para el resto de la cara. He trabajado por secciones para que la primera capa no se secara. He reservado el blanco del papel en la zona clara de la cara. Así se crea un fuerte contraste claro-oscuro entre el blanco del papel y el negro de la tinta y se consigue un retrato muy llamativo e impactante.

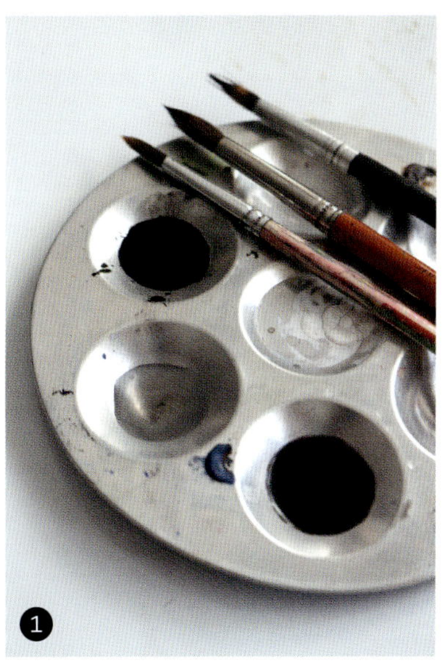

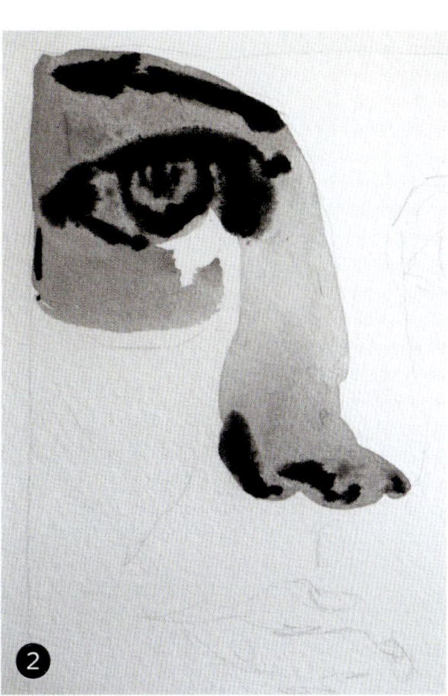

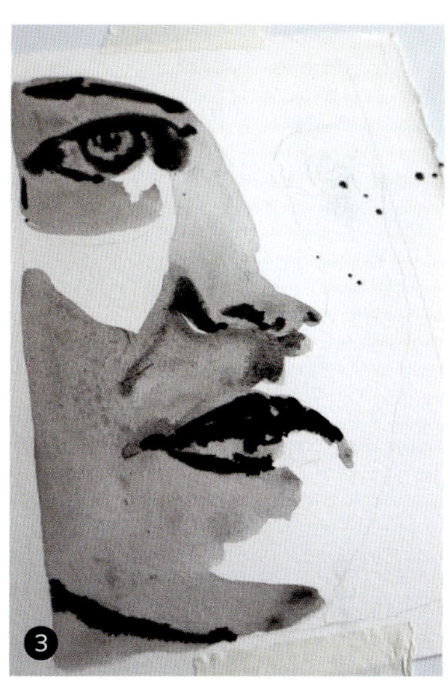

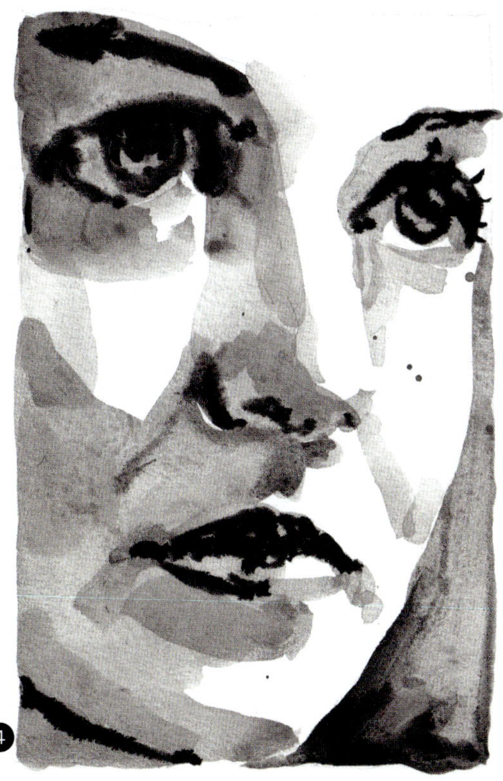

**Tinta, lejía y lápices de colores**

Para este retrato he vuelto a utilizar una mezcla de tinta y lejía, pero luego he utilizado un lápiz de colores para añadir los detalles una vez seco.

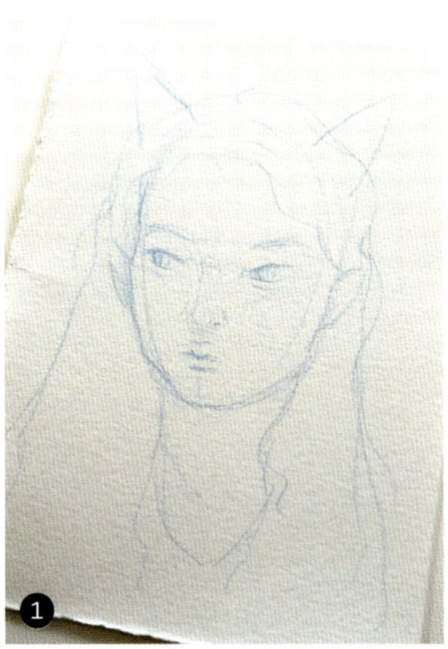

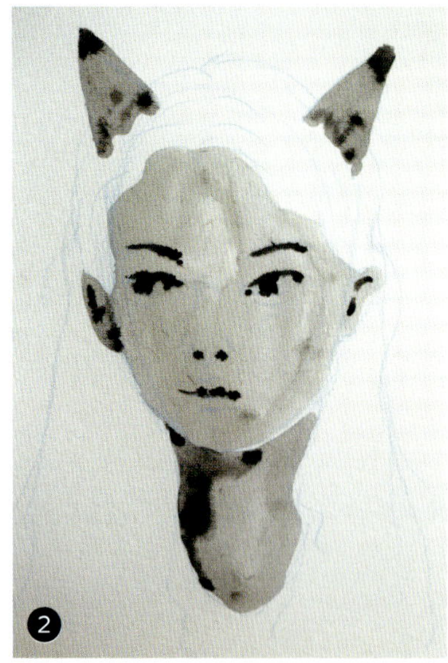

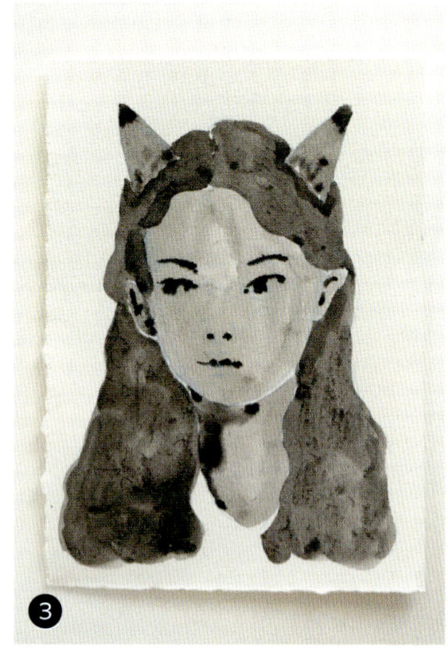

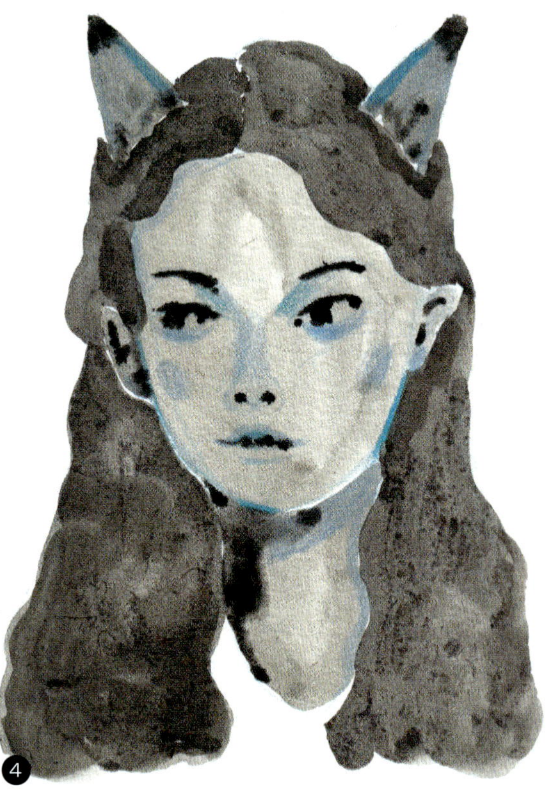

1. En este caso he esbozado el retrato con lápiz azul y he diseñado una cara muy sencilla.

2. He pintado una capa uniforme y transparente en la cara y el cuello con tinta diluida con lejía. Recuerde que cuanta más lejía utilice, más transparente quedará la tinta. Antes de que se secara, he utilizado tinta pura para delinear los ojos, la nariz, la boca, las orejas y una ligera sombra en el cuello.

3. Una vez seca esta capa, he mezclado otro tono gris en mi paleta con un poco más de lejía para crear contraste para la cara sin utilizar negro sólido. He añadido otra capa al pelo. Una vez seca, se ha creado una textura granulada muy interesante.

4. Para darle un toque especial, he utilizado el mismo lápiz azul que había empleado para el boceto para sombrear. Puede utilizar más lápices de colores para terminar de añadir detalles al retrato. ¡Experimente y diviértase!

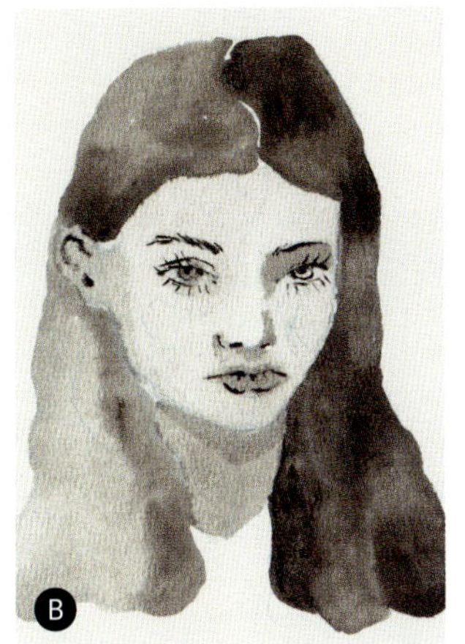

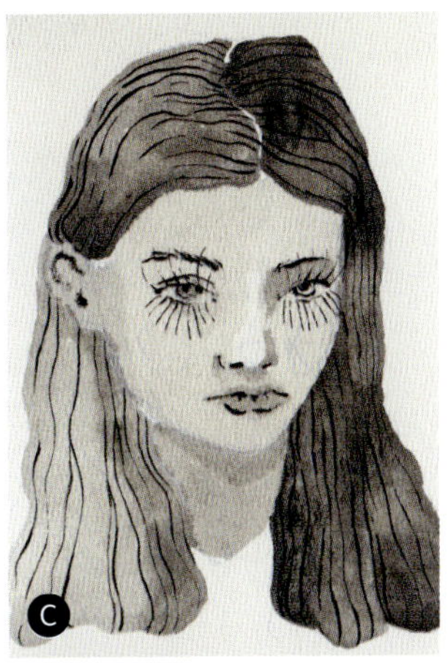
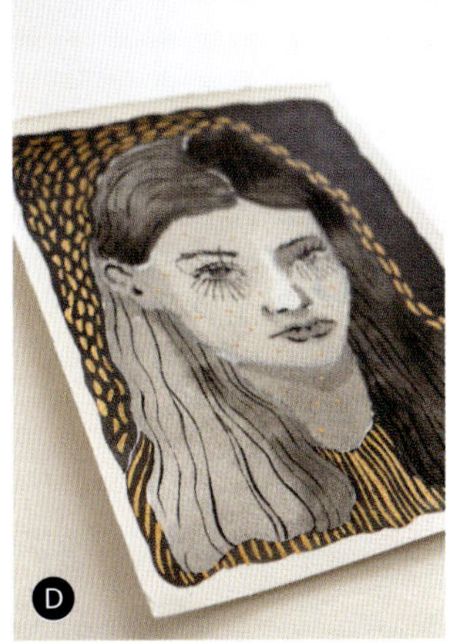

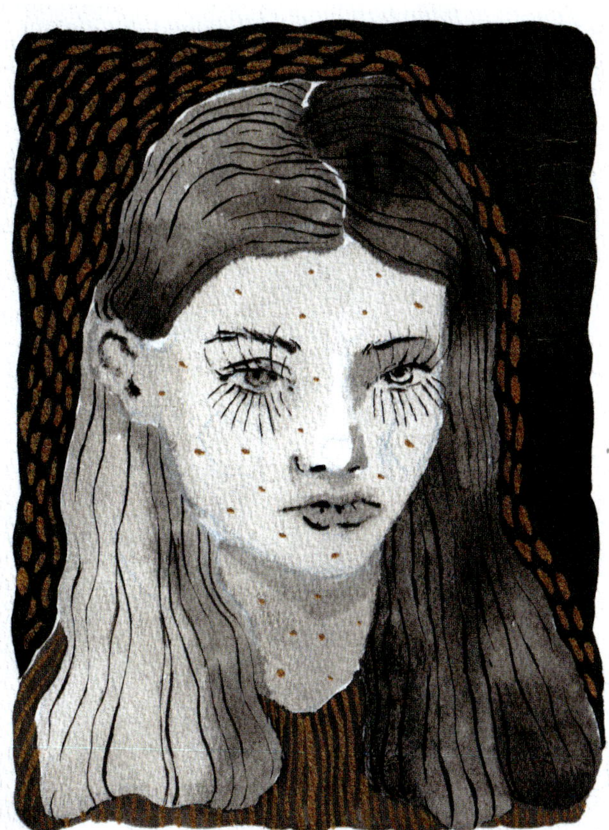

Tinta, lejía y acuarelas metalizadas: húmedo sobre seco

Este retrato es similar al anterior, pero aquí, en lugar de delinear los detalles en húmedo sobre seco, los detalles de la cara son en seco, con algunos detalles adicionales en acuarela metalizada.

1. Haga un esbozo sencillo. (A)

2. Como en el ejemplo anterior, pinte la cara uniformemente y déjela secar antes de pintar el pelo. Deje que se seque de nuevo. (B)

3. Una vez que estas primeras capas se hayan secado, puede utilizar tinta pura para los rasgos de la cara sin miedo a difuminarlos.

4. Puede añadir textura al pelo añadiendo líneas controladas y finas, ¡o como quiera! (C)

5. Para añadir más contraste a la cara, he utilizado tinta negra para el fondo. De este modo el gris claro de la cara se proyecta hacia delante. (D)

6. Por último he utilizado acuarela metalizada para darle un toque extra y riqueza visual. He completado la composición con patrones sencillos de líneas y puntos. (E) ¡Ya hemos terminado el dibujo! ¿Qué le parece?

ACUARELA Y TÉMPERAS

Para este retrato combinaremos acuarela con témpera blanca para conseguir tonos pastel claros y reducir parte de la transparencia de la acuarela, ya que la témpera hace que el color sea muy opaco. Utilizaremos solo dos capas de color: la base y los detalles.

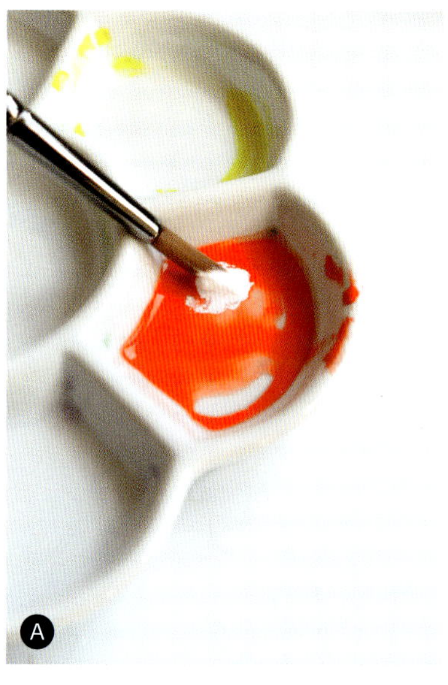

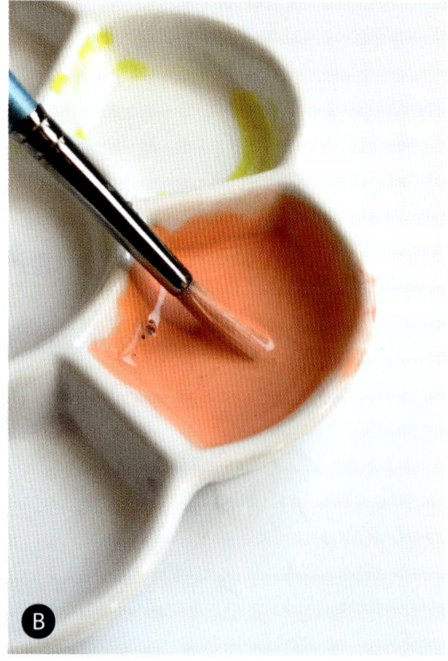

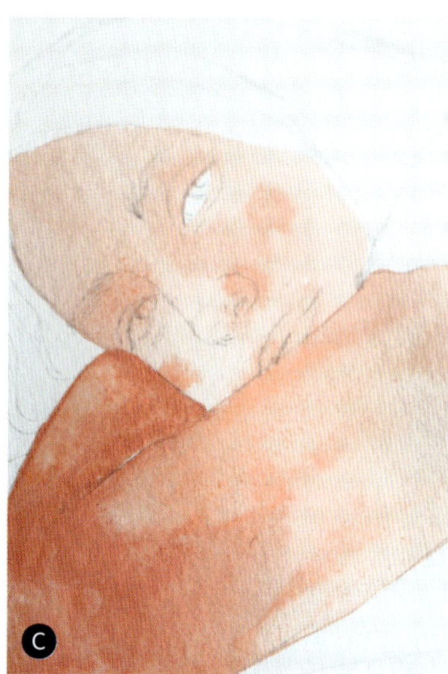

1. Esboce su retrato a partir de una referencia o de su imaginación.

2. Prepare los colores de su paleta. En este caso, para el tono de la piel, he mezclado acuarela roja con témpera blanca. Recuerde tener a mano papel desechable para probar los colores. (A, B)

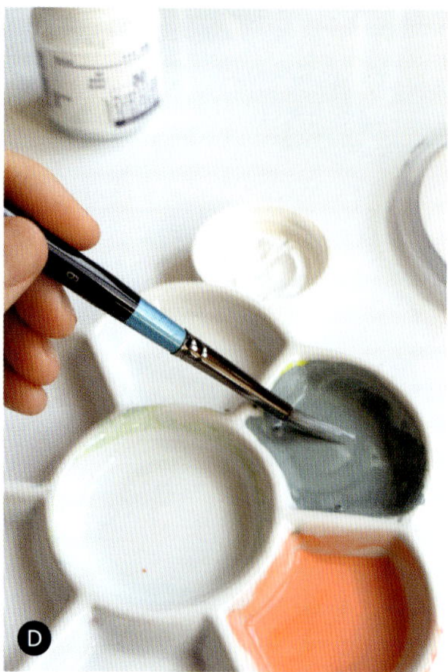

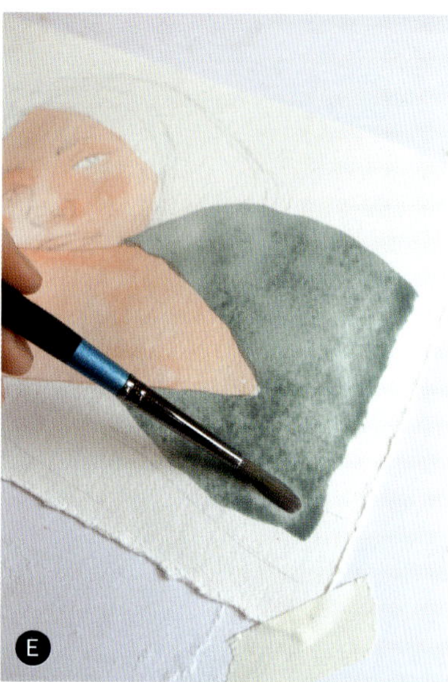

3. He pintado un color base en la cara y el brazo. He empezado la pincelada por el codo, donde parece más oscura, y la he ido aclarando con agua a medida que avanzaba. He añadido un toque de sombra para que se fundiera con el fondo (húmedo sobre húmedo). Y he añadido otras sombras una vez esta capa estaba totalmente seca. Fíjese bien en la segunda capa, donde he añadido sombreado y volumen: hay trazos sutiles y marcados. (C)

4. El siguiente color que he elegido ha sido el verde y, como antes, he añadido témpera blanca para conseguir un verde pastel. He utilizado esta mezcla para pintar la camiseta uniforme- mente y luego la he dejado secar. (D, E)

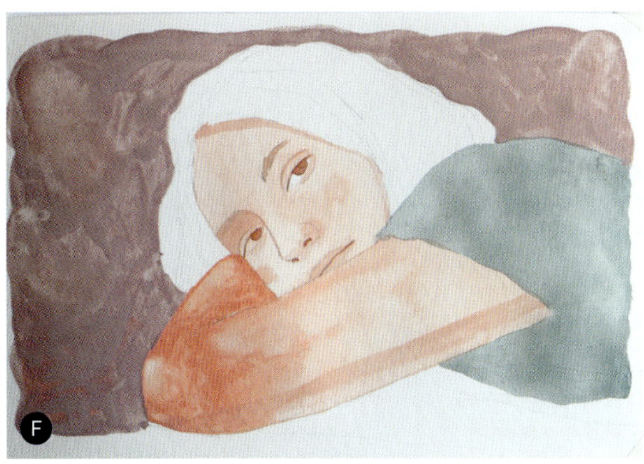

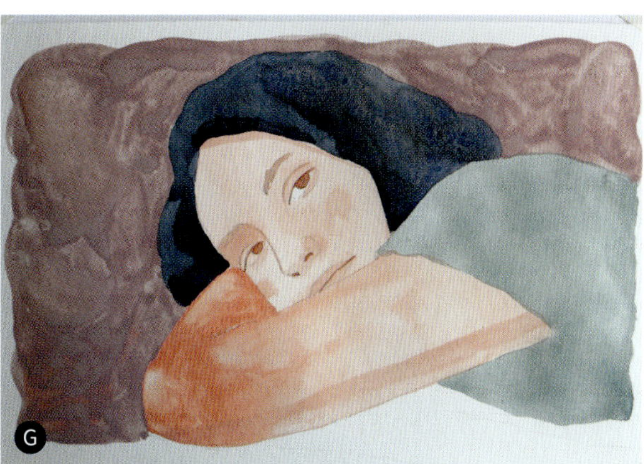

5. Para el fondo he repetido el mismo paso con otro color y lo he pintado en una capa uniforme. Me gustan las texturas que se han creado. (F)

6. Procure que la cara esté seca antes de añadir detalles o sombras a las zonas oscuras: ojos, labios y nariz. Mientras se seca, puede pintar el pelo. (G)

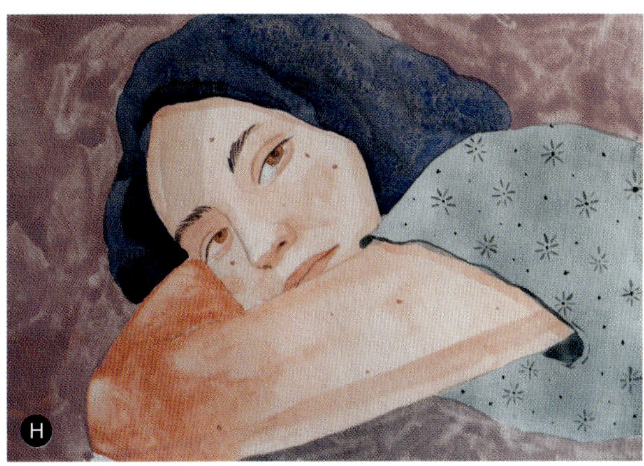

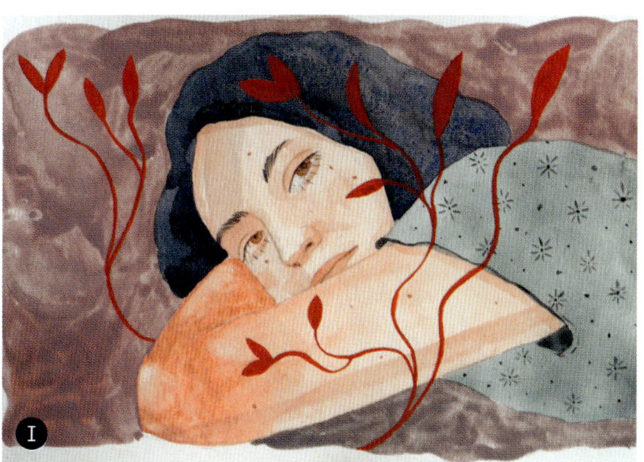

7. Ahora tenemos un retrato que podemos considerar terminado: un retrato sencillo y limpio. Pero también podemos añadir algunos detalles. Quizá quiera resaltar aún más ciertos puntos con capas adicionales de color, añadir sombras o crear un dibujo en la camiseta. (H)

8. Yo he utilizado una acuarela en pastilla de carboncillo con acuarela roja (muy similar al resultado de la témpera) para el elemento orgánico de primer plano. He optado por este tipo de pintura porque con un pincel húmedo directamente sobre la paleta se obtiene un color muy potente y opaco. Este tipo de ejercicios son pequeños experimentos. ¡Pruebe cosas nuevas! (I)

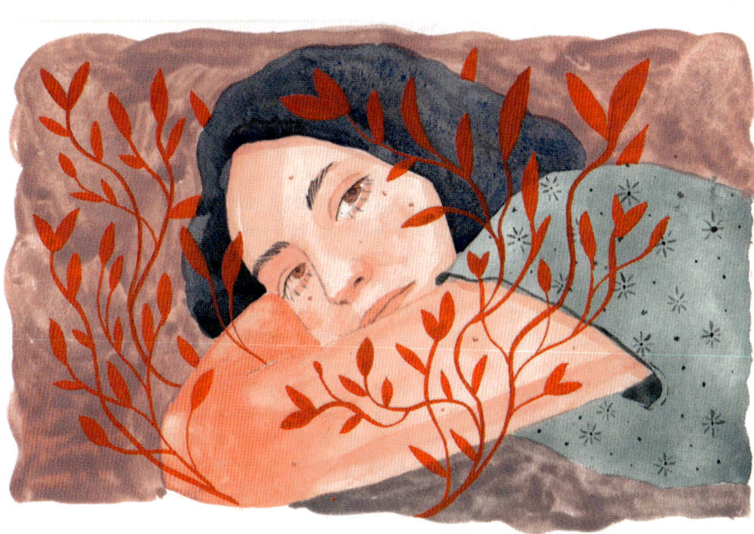

ACUARELA Y LÁPICES DE COLORES

Este tipo de retrato es uno de mis preferidos: consiste en pintar con acuarela y luego resaltar algunas zonas con lápices de colores.

Yo utilizo muchas capas para dar forma y volumen, pero puede utilizar tantas como quiera. Una o dos capas también son suficientes.

Esta técnica crea bellas texturas en las que la suavidad y la transparencia de la acuarela contrasta con la opacidad y la textura rugosa de los lápices.

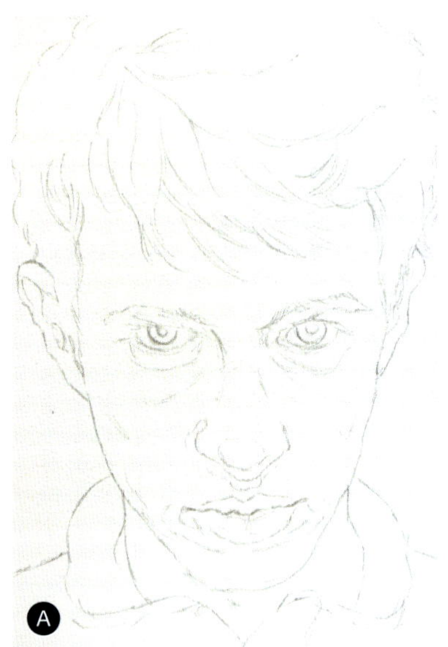

A

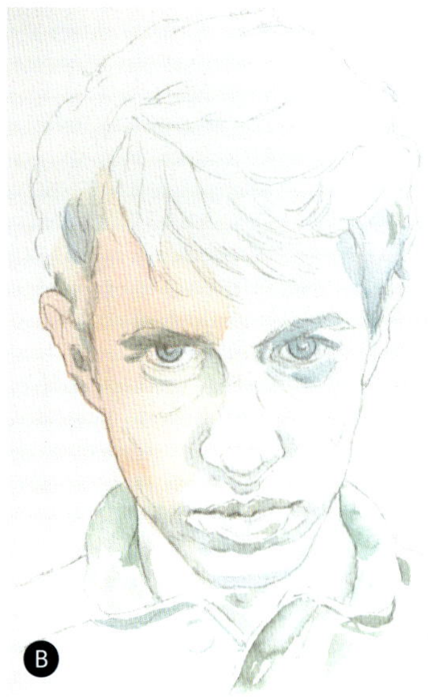

B

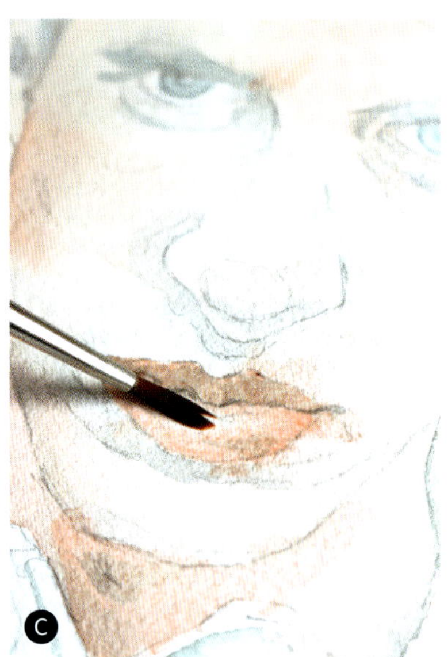

C

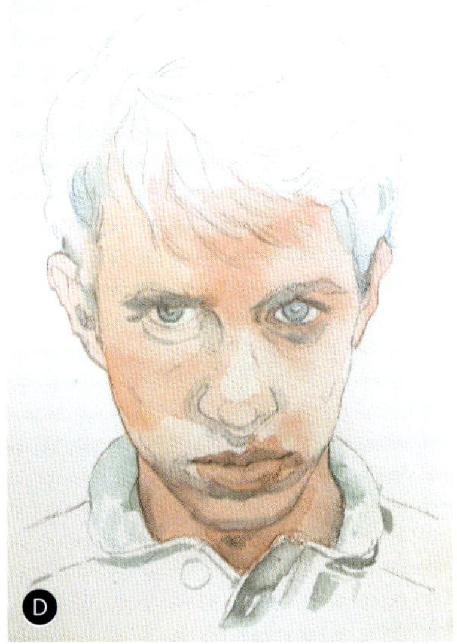

D

1. Utilice un lápiz para esbozar suavemente el contorno y las líneas principales. (A)

2. Aplique una capa base donde colocará las sombras. Yo suelo utilizar el azul porque es el más oscuro del círculo cromático, pero elija otro color si quiere probar nuevas posibilidades.

3. Mientras esta capa se seca, prepare los tonos de piel en su paleta. Tenga a mano papel desechable para mezclar colores y haga pruebas hasta que esté satisfecho con el resultado. (B)

4. Aplique la segunda capa de color, con cuidado de reservar el blanco del papel. (C)

5. Aplique una tercera capa de color, variando un poco el tono de la piel para dar mayor intensidad de color a la cara. Si la capa anterior era más rosa, aclare el color con un poco de amarillo. Puede utilizar este color en las zonas más iluminadas. (D)

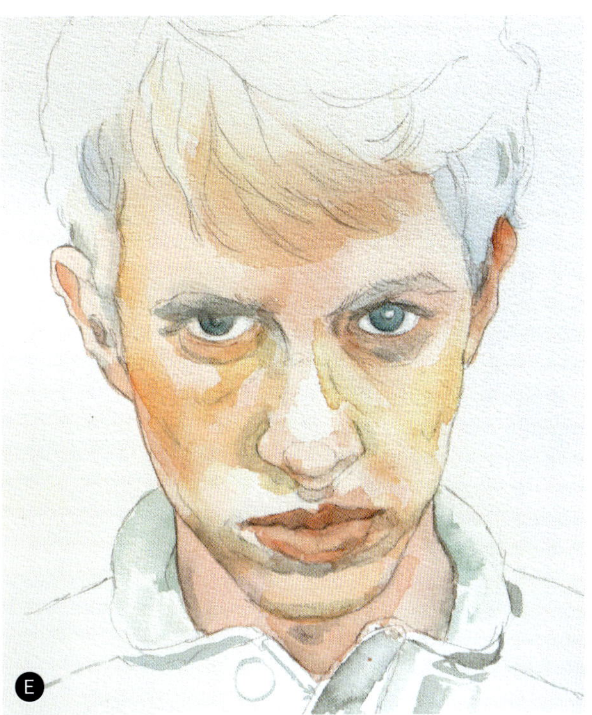

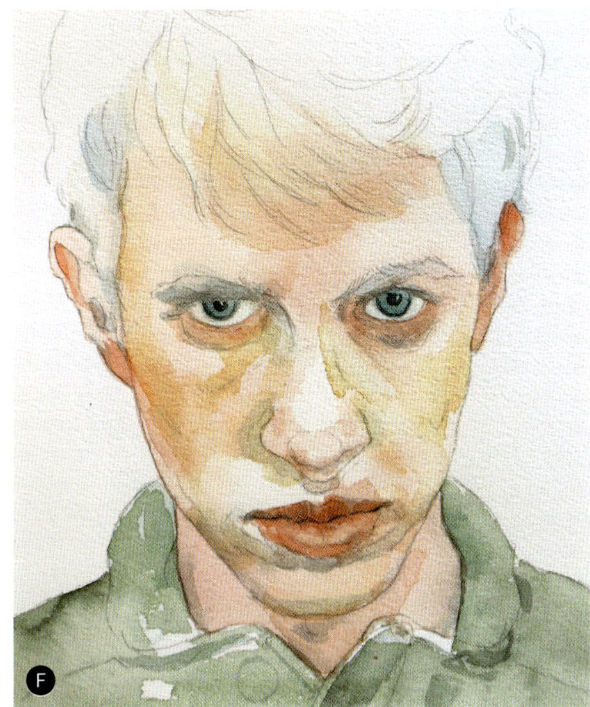

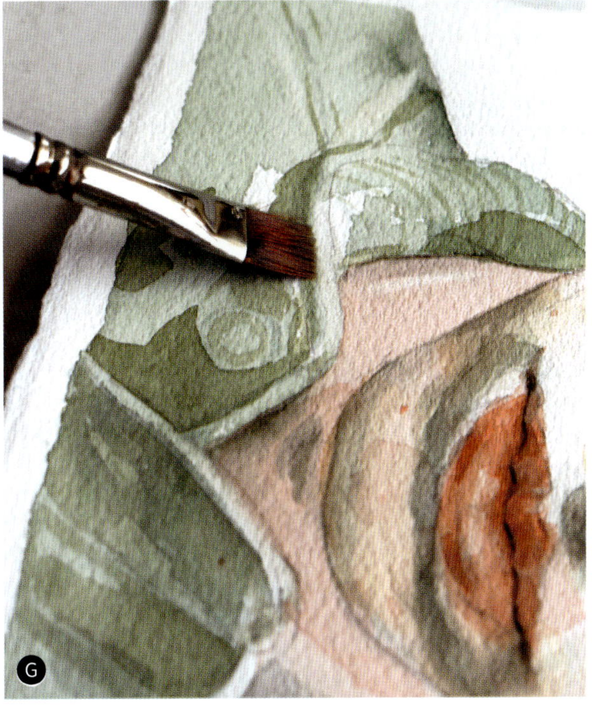

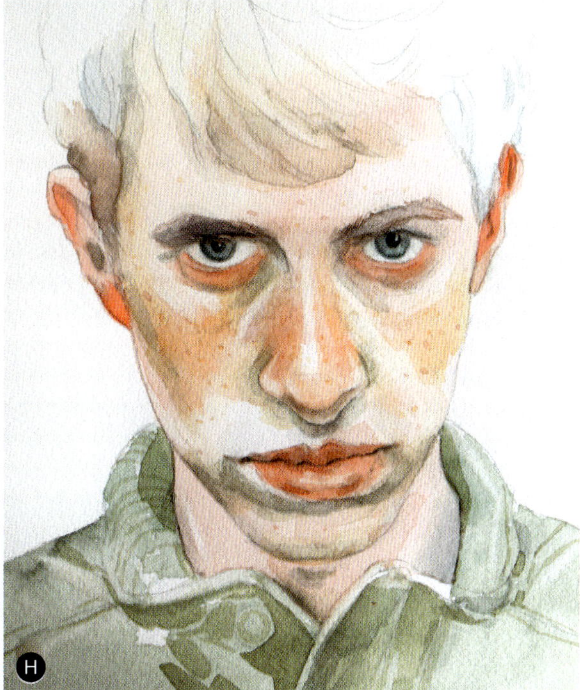

6. Para las siguientes capas de color, cree las sombras y las zonas más oscuras para dar volumen y contraste a las luces y las sombras. Recuerde que la superposición de capas muy transparentes crea veladuras y oscurece la zona. Si reserva otras zonas y las deja sin pintar, obtendrá más luz del papel. (E)

7. Para la camisa, utilice la misma técnica, desde una aguada de color general y transparente hasta una segunda capa con sombras que creen contraste. (F)

8. *Cuando se seque, podrá recuperar las zonas claras del papel. Para ello, humedezca un pincel de cerdas duras con agua limpia y páselo por las zonas deseadas. (G, H)*

(continúa)

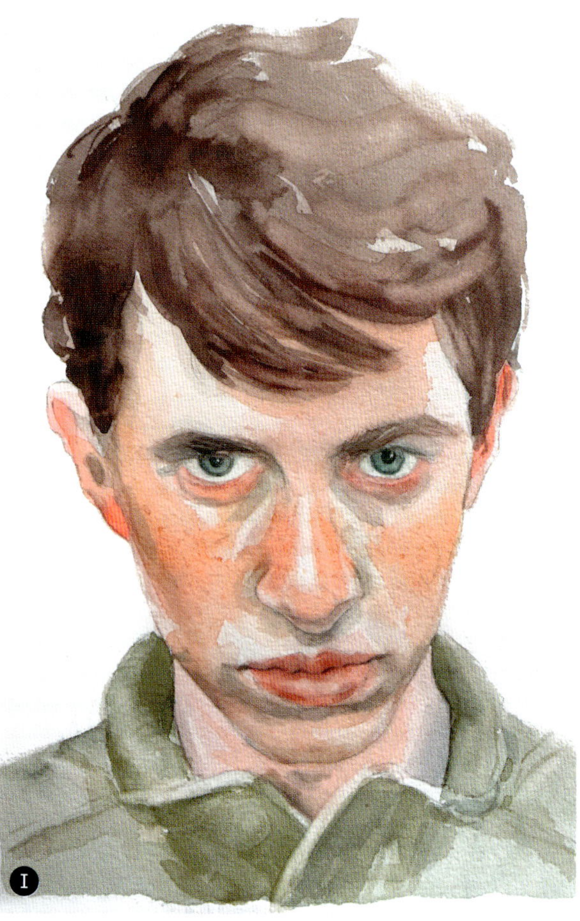

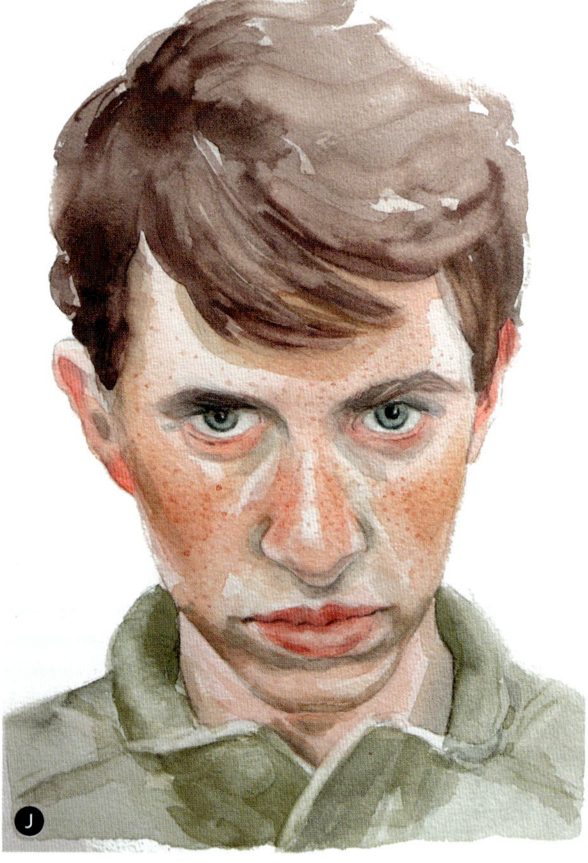

9. Repita este paso para el cabello. Recuerde que puede utilizar la técnica que prefiera. En mi caso he aplicado una base húmeda y la he dejado secar. A continuación, he aplicado una segunda capa del mismo color pero con más pigmento y he contrastado las zonas más oscuras con húmedo sobre húmedo. (I)

10. Aplique los últimos detalles que desee resaltar con acuarela y déjela secar. (J)

11. Elija los lápices de colores. Es mejor que combinen con los tonos de la acuarela. Añada sombreado y detalles donde desee. En este ejemplo he resaltado algunas zonas con más intensidad y saturación, detallando los ojos y completando el cuello de la camisa con rayas. (K)

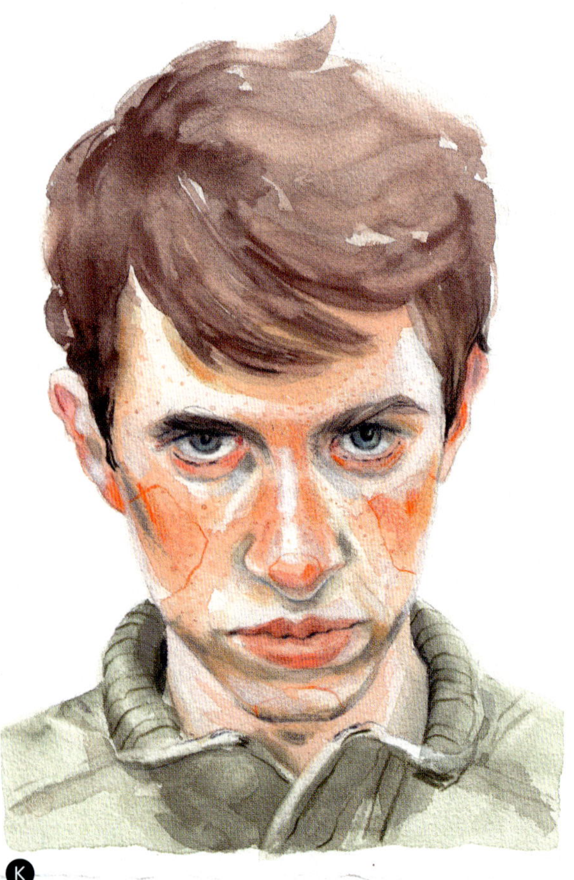

ACUARELA Y CARBONCILLO

Esta técnica es similar a la de acuarela y lápiz (consulte la página 90), así que puede repasar esa lección para recordar el concepto. Aquí tenemos un retrato breve y sencillo.

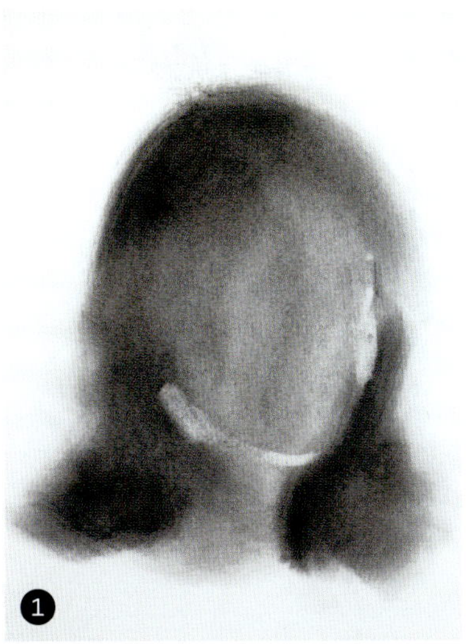

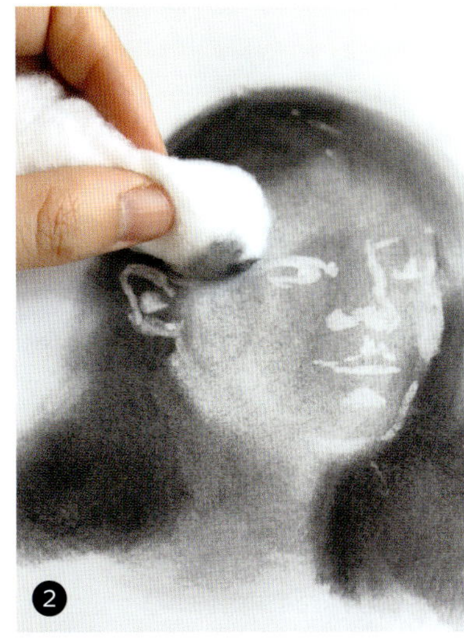

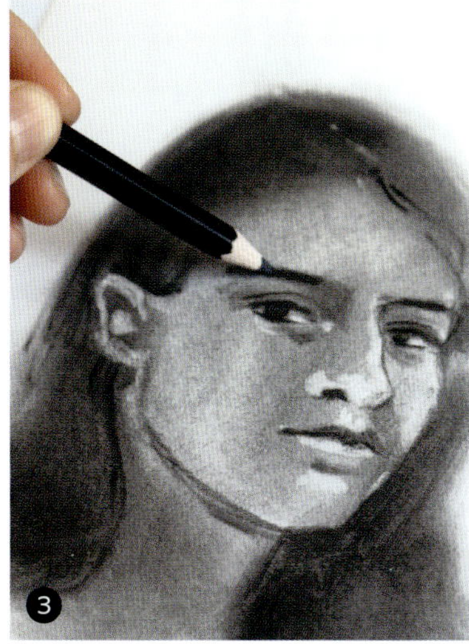

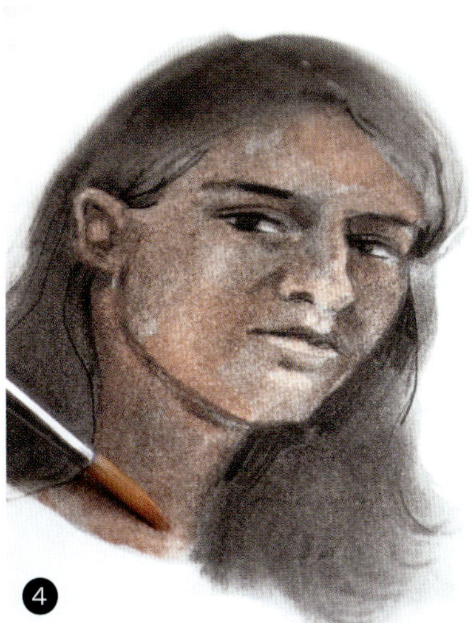

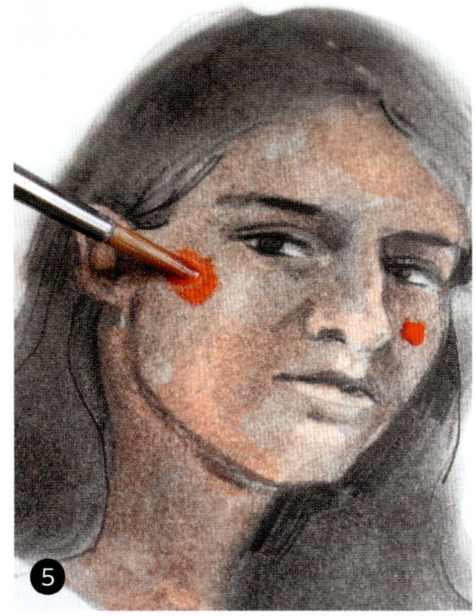

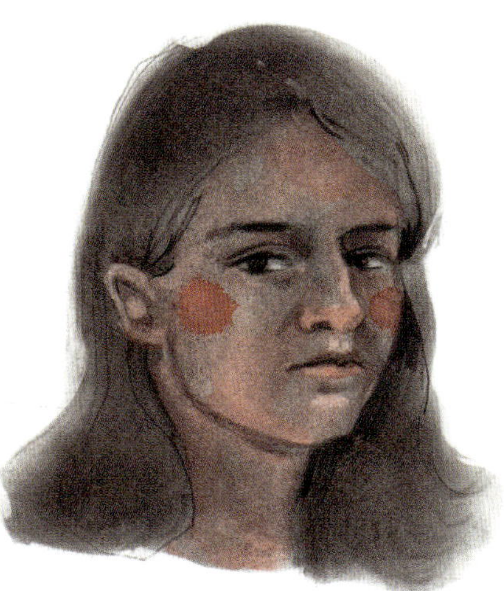

1. He dibujado una pequeña cara a mano alzada fruto de mi imaginación. He utilizado polvos de carboncillo para sombrear toda la cara. Para crear este polvo, raspe suavemente un carboncillo con un cúter o unas tijeras y recoja el polvo que caiga en un recipiente pequeño.

2. Utilice una bola de algodón suave y una goma de borrar moldeable para recoger el carboncillo y dar forma a la cabeza.

3. Cree más contraste con sombras alrededor de los ojos, la nariz, la boca y el pelo. Utilice fijador para fijar el carboncillo y espere a que se seque por completo.

4. Pinte suavemente una capa húmeda de acuarela que sea lo suficientemente transparente para que se vea el carboncillo.

5. Aplique tantas capas como crea necesarias.

ACUARELAS METALIZADAS

Para este retrato utilizaremos acuarelas metalizadas y grandes secciones de color plano. Elija dónde quiere aplicar la acuarela metalizada.

En este caso he querido que el pelo destacara y he diseñado un motivo para la ropa.

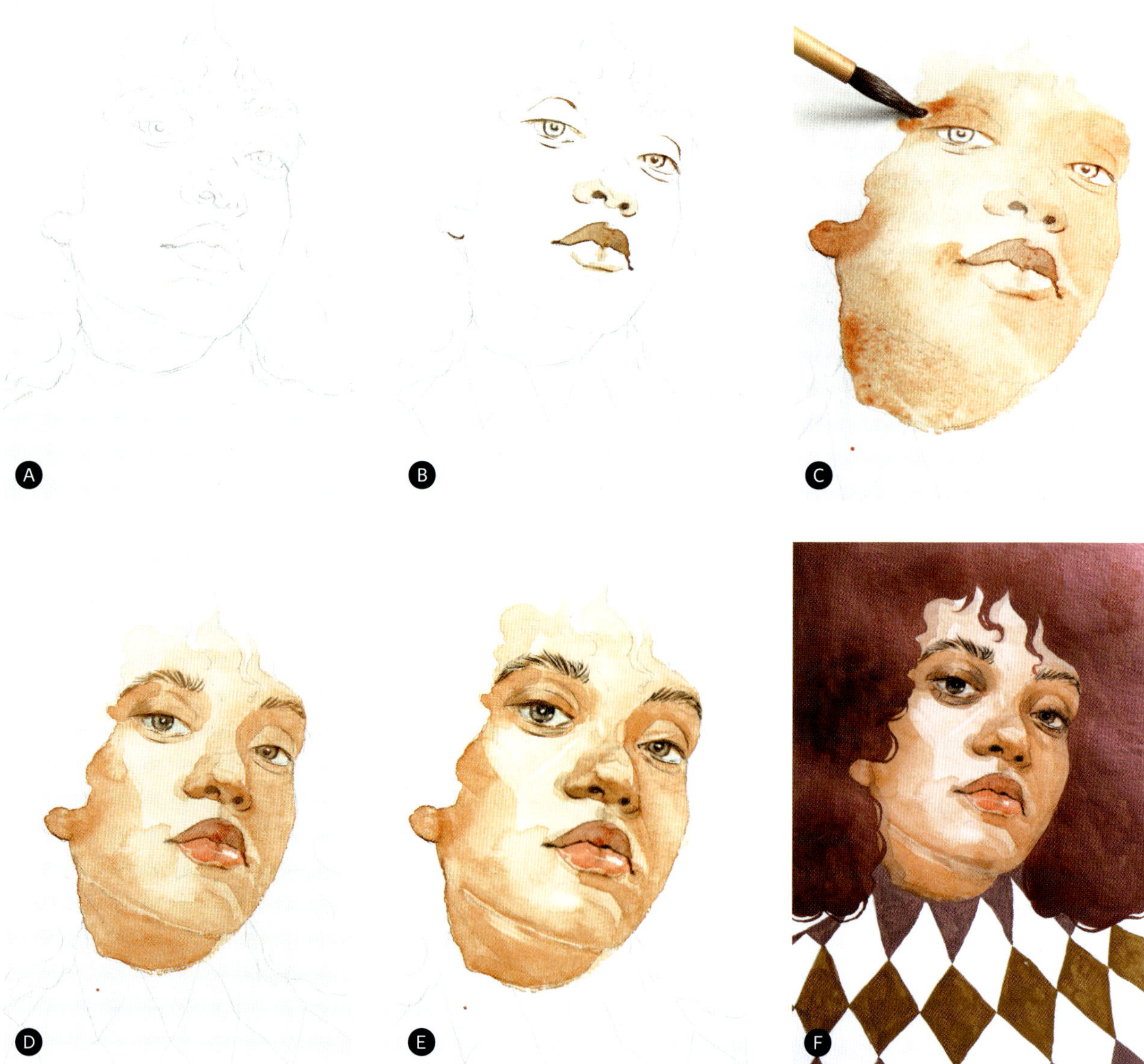

1. Haga un boceto con un lápiz 2H o similar. (A)

2. Pinte la cara por capas. La primera es una capa general con un trazo húmedo utilizando un pincel redondo que contenga mucha agua y pintura. (B, C)

3. Una vez se seque esta capa, aplique otra del mismo color, añadiendo sombras para dar volumen a la cara. Repita este proceso tantas veces como desee. (D)

4. Aplique detalles y contraste en las zonas más oscuras alrededor de los ojos, la nariz y la boca. (E)

5. Por último, aplique las acuarelas metalizadas en las zonas que haya decidido. (F)

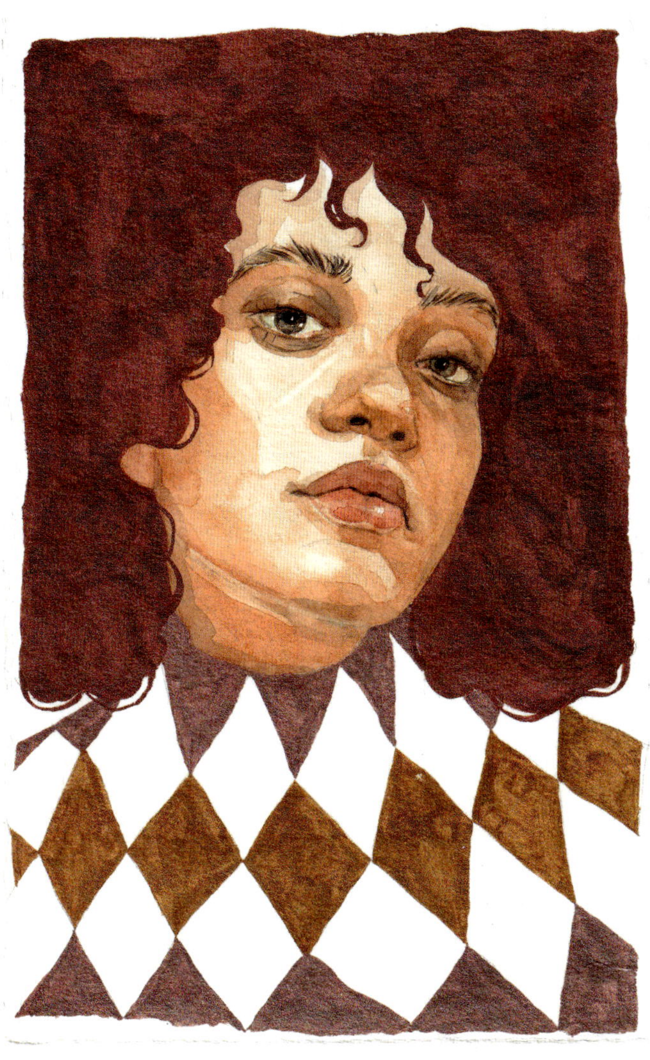

¡El resultado final es sorprendente
y realmente sensacional! ¡A mí me
encanta!

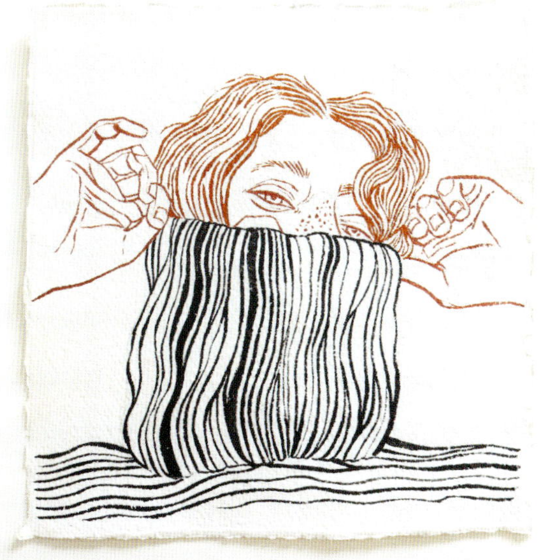

He aquí otro ejemplo en el que se utiliza acuarela
metalizada, pero con trazos precisos y delicados. Es
un ejercicio muy sencillo con un resultado precioso.
A veces, menos es más. El papel que he elegido para
este proyecto era cuadrado con mucho grano.

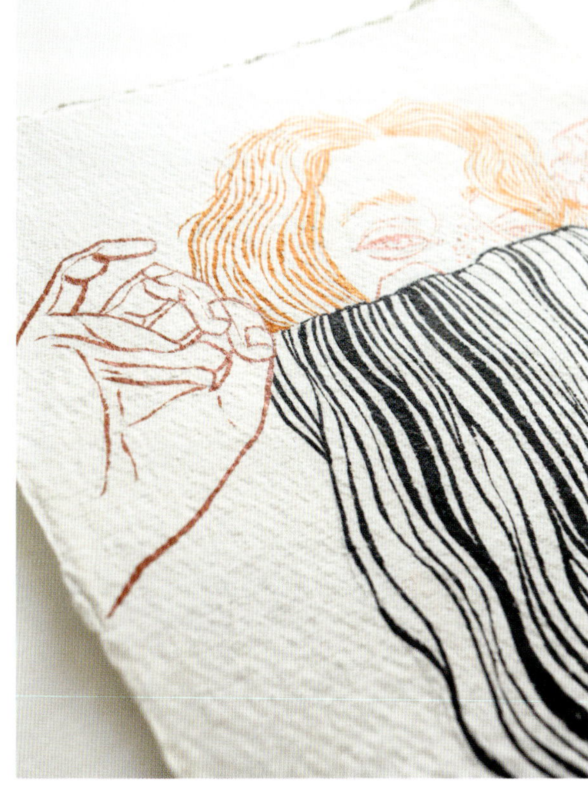

ACUARELA: DEGRADADOS ALEATORIOS

Hagamos ahora un retrato con colores degradados. Para esta técnica conviene elegir los colores y prepararlos en la paleta. Trabajaremos rápido porque no queremos que el papel se seque. Esta bella y sorprendente técnica consiste en hacer degradados de color y dejar que se mezclen, por lo que es importante que el papel se mantenga húmedo.

Si no prepara todos los colores de antemano, el papel puede secarse mientras prepara el siguiente color y no conseguirá el efecto deseado.

Este ejercicio añade espontaneidad, audacia y el factor sorpresa a nuestro trabajo.

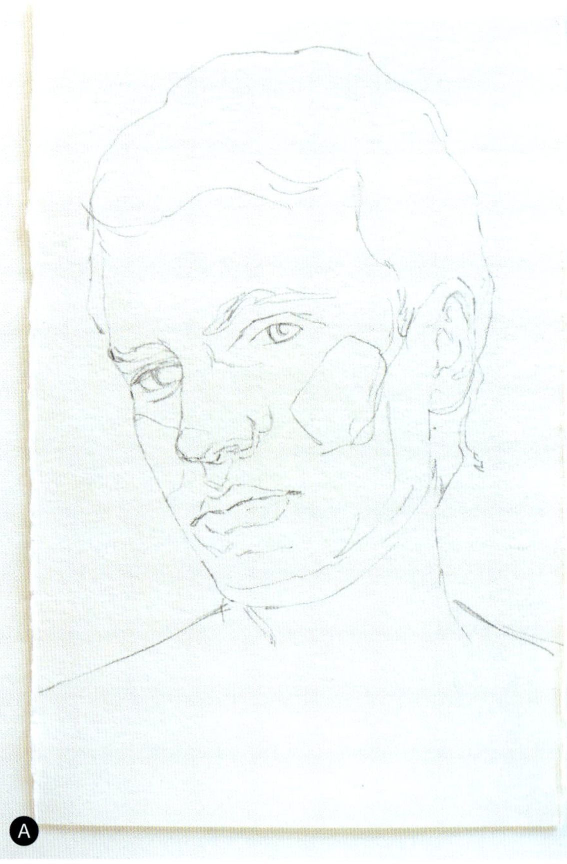

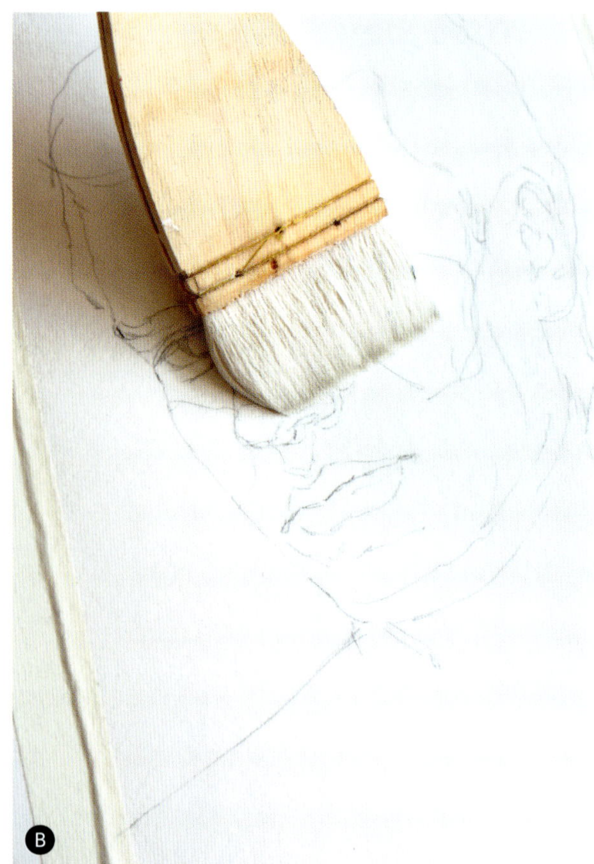

1. Elija su modelo y dibújelo a lápiz. Si quiere que el dibujo destaque más una vez pintado, utilice un lápiz más blando (B, 2B, etc.) o dibújelo con un lápiz de colores. (A)

2. Pegue los bordes del papel a un tablero (cartón o madera) con cinta adhesiva. Esto evitará que se combe una vez se seque, ya que vamos a utilizar mucha agua.

3. Con un pincel de numeración alta, humedezca todo el papel con agua limpia. Esto permitirá que la tinta y la pintura se mezclen aleatoriamente. (B)

4. Es importante tener dos recipientes de agua: uno para el agua limpia y otro para limpiar el pincel.

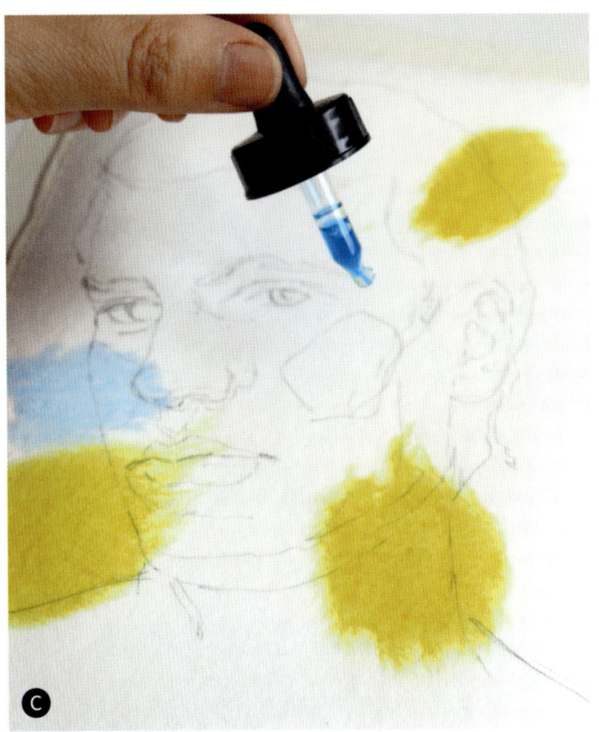

5. Guíese por su intuición para aplicar la tinta y la pintura con un cuentagotas. Puede utilizar colores vivos para las zonas claras y colores más oscuros para las sombras, o sorprenderse a sí mismo y no pensar demasiado en ello. (C)

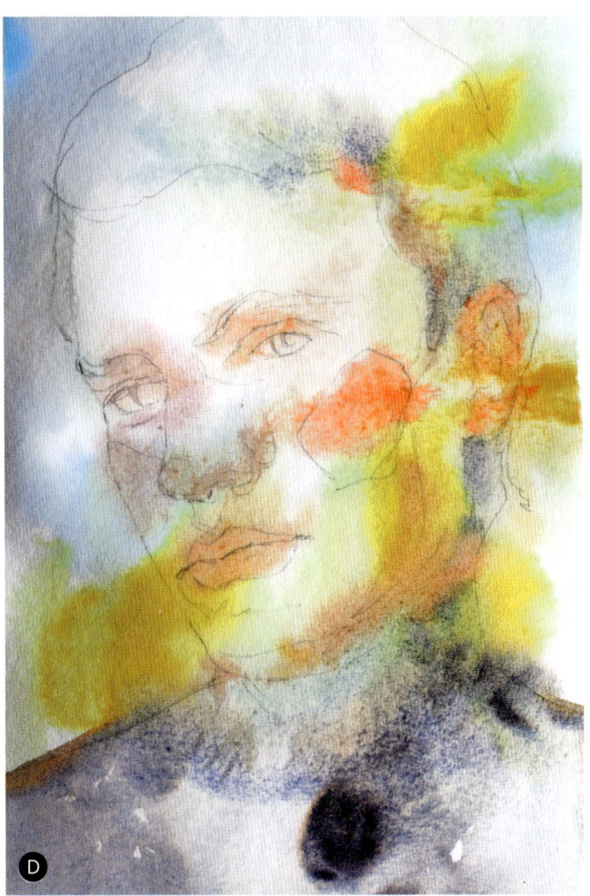

6. No se asuste cuando la primera capa aún esté húmeda y los colores se vean «revueltos». En cuanto se seca, la acuarela se asienta y crea degradados y texturas inesperados. ¡Deje que fluyan los colores! (D)

7. Aplique detalles para resaltar los rasgos. Personalmente me ha gustado el resultado sin añadir muchas más capas, pero puede seguir trabajando el retrato tanto como quiera. (E)

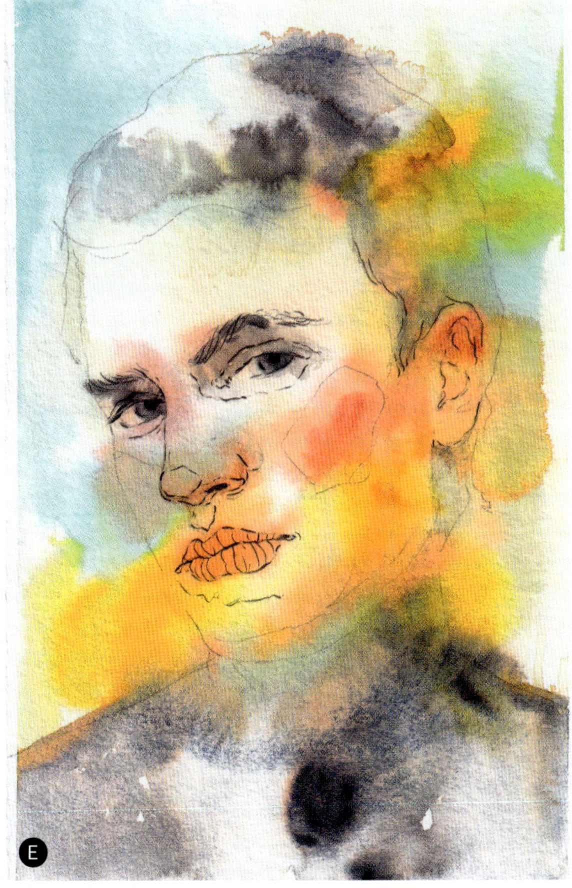

Sugerencia

He utilizado violeta tundra de la marca Schmincke para las sombras. Algunas acuarelas tienen cualidades muy interesantes. El color resultante no es plano, sino que tiene textura. Aunque estas pinturas son más caras, quizá quiera invertir en unas cuantas para dar un toque especial a sus obras.

ACUARELA Y BOLÍGRAFO

¿Quién no ha hecho alguna vez garabatos con un bolígrafo mientras hablaba por teléfono?

Una técnica que me gusta y me relaja mucho es dibujar a bolígrafo, no solo por la característica tinta azul, sino por los infinitos trazos y los diferentes resultados que se pueden conseguir. Puede hacer trazos sueltos, desordenados o nerviosos, o más delicados y limpios. La elección depende de sus preferencias y habilidad. Practique con diferentes motivos, sombras y volúmenes, empezando con cosas más sencillas.

Como vamos a trabajar con acuarela, es importante elegir un papel que aguante la humedad de la pintura y que también le permita trabajar bien con el bolígrafo. El papel rugoso le dará un resultado diferente al de un papel suave y liso, que permitirá que el bolígrafo fluya mejor.

QUÉ VA A NECESITAR

- Para esta técnica es esencial que disponga de un trozo de papel desechable para limpiar la punta del bolígrafo y eliminar el exceso de tinta que se acumula al dibujar. Si no limpia la punta del bolígrafo, puede transferir demasiada tinta a su dibujo y crear una zona emborronada con la que se rompa la armonía visual.

- También es útil disponer de otra hoja de papel para cubrir lo que ha dibujado y apoyar la mano para mantener limpio el dibujo.

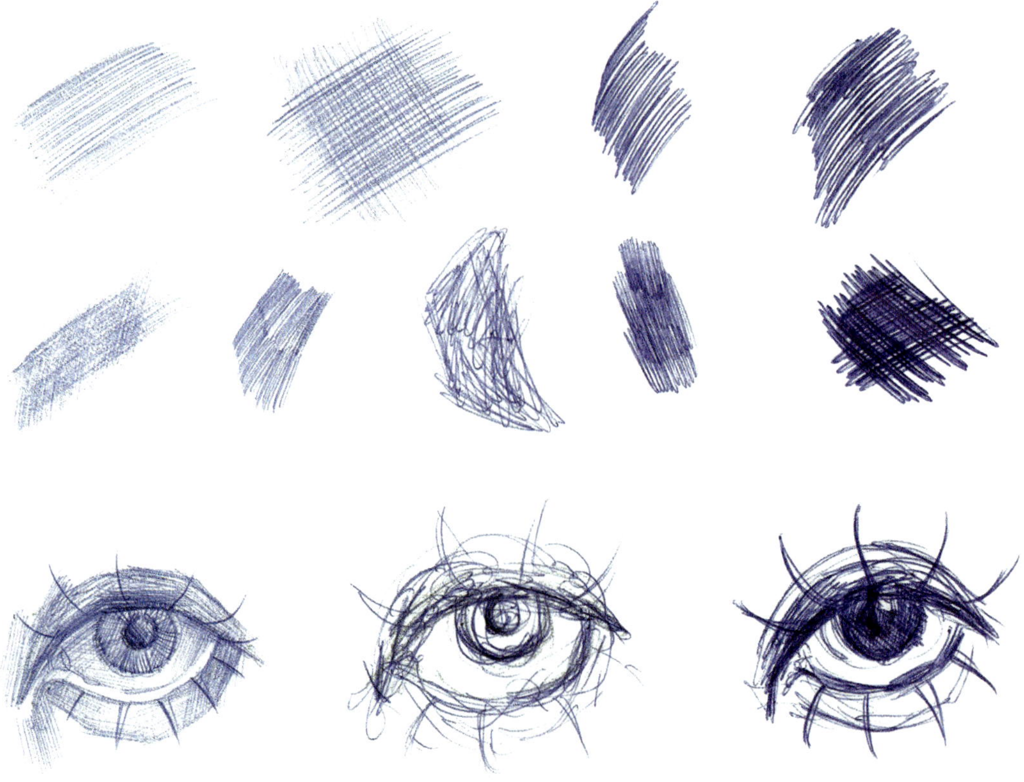

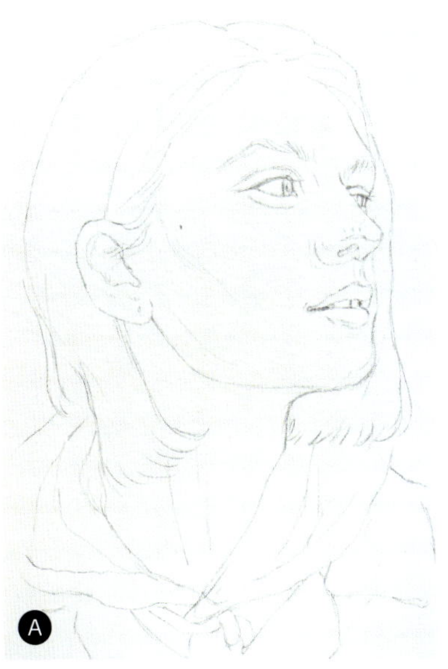

A

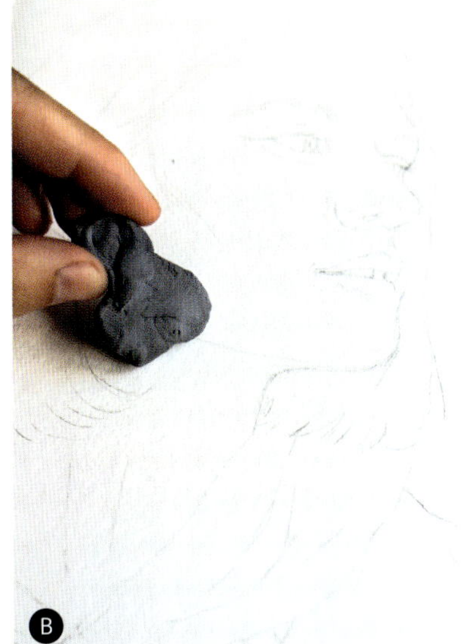

B

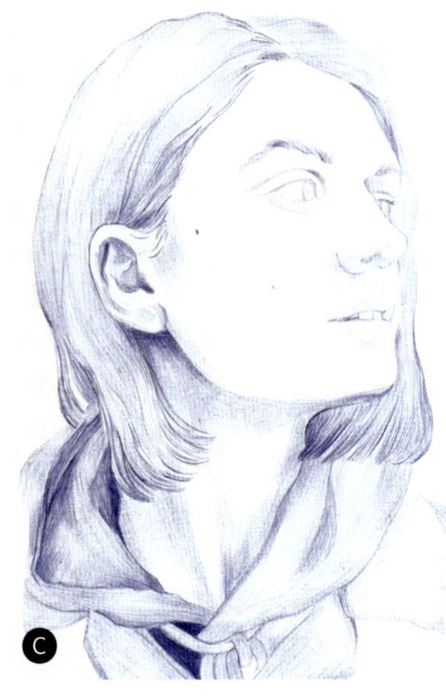

C

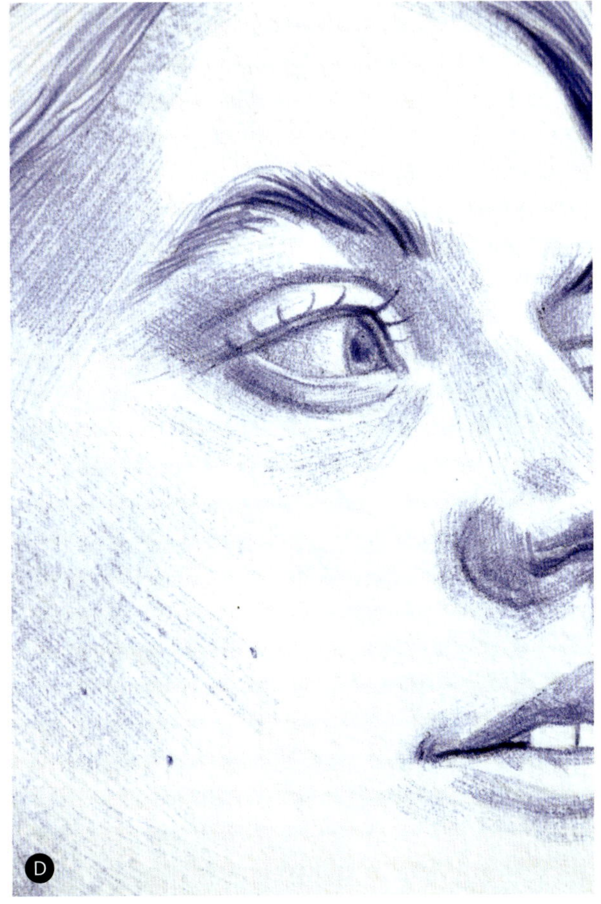

D

SECUENCIA DE TRABAJO

Personalmente me gusta ir de lo general a lo específico. Otros prefieren sombrearlo todo por zonas, pasando de una a otra. Depende de usted y de cómo trabaje mejor. Ir de mayor a menor tamaño me ayuda a ver el dibujo en su totalidad, y me resulta más fácil trabajar por capas y terminar añadiendo contraste y sombras.

1. Haga un boceto con un lápiz duro. Evite presionarlo demasiado sobre el papel. (A)

2. Antes de empezar con el bolígrafo, borre el exceso de lápiz con una goma, lo justo para que se vea el dibujo pero no demasiado. (B)

3. Dibuje poco a poco las líneas y rellene el retrato con motivos uniformes. (C)

4. El grado de contraste dependerá de sus preferencias. Cuantas más capas de bolígrafo aplique, más oscuro será. (D)

5. Deje secar completamente el retrato a bolígrafo antes de aplicar la acuarela.

(continúa)

115

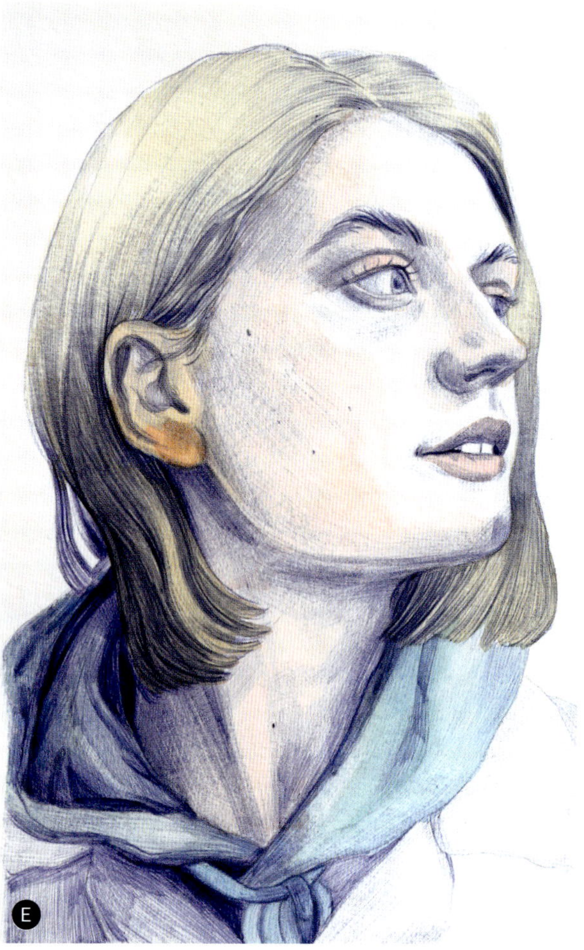

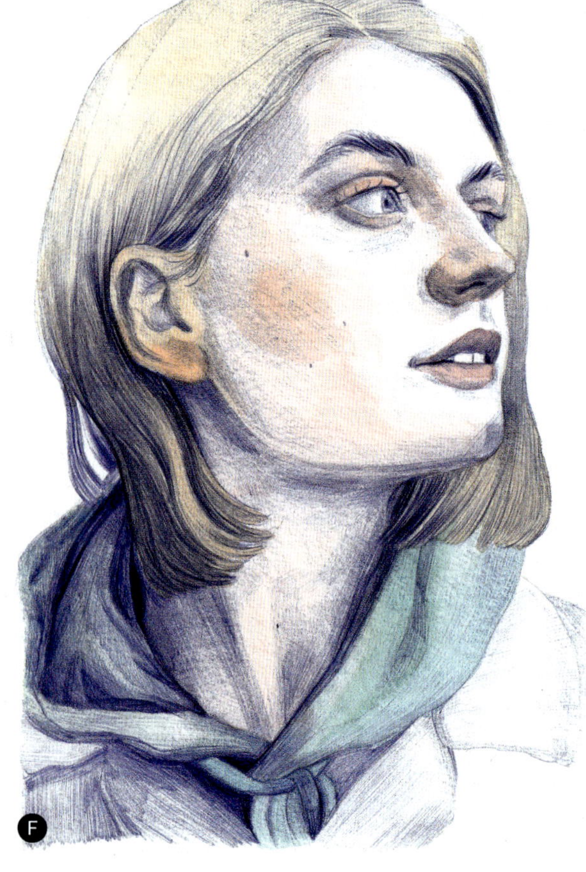

6. Elija una paleta de colores a su gusto.

7. Pinte cada parte del retrato con una aguada uniforme y transparente. Deje secar cada parte antes de trabajar la siguiente para que los colores no se mezclen. En este caso he pintado primero la cara, la he dejado secar y luego he pintado el cabello, y así sucesivamente. (E)

8. En cuanto la primera capa de color se ha secado, he aplicado una segunda, resaltando los ojos, la nariz, la boca, los pómulos y la oreja. (F)

Como me gusta mucho el color del bolígrafo, no quería utilizar demasiada acuarela, así que he optado por aplicar solo dos capas muy transparentes.

OTRA TÉCNICA DE ACUARELA + BOLÍGRAFO

Para obtener un resultado diferente, pinte primero con acuarela y luego sombree a bolígrafo. El bolígrafo se verá más claro. Para gustos, los colores.

CREACIÓN DE LUCES CON LÍQUIDO ENMASCARADOR

Para este retrato utilizaremos el líquido enmascarador para reservar pequeños puntos de luz del papel y poder utilizar aguadas de color sin miedo a equivocarnos.

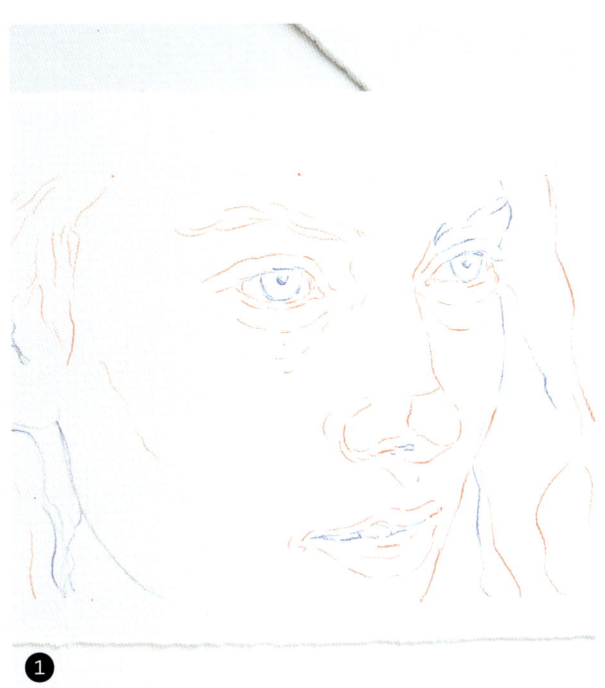

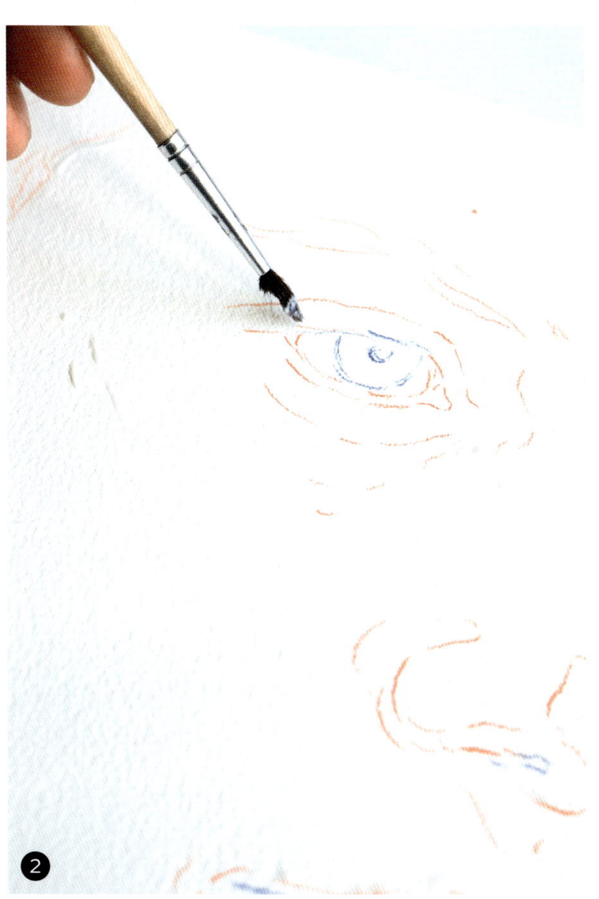

1. He hecho el esbozo principal con dos lápices de colores: azul y naranja. Estos son los colores principales que he utilizado en la acuarela, por lo que el esbozo se nota menos.

2. Utilice un pincel viejo para aplicar el líquido en las zonas claras. Podría estropear sus mejores pinceles si no los lava bien. Déjelo secar.

3. Cuando el líquido esté completamente seco, empiece a pintar las primeras capas. Primero he aplicado las sombras con un azul muy transparente y húmedo y lo he dejado secar.

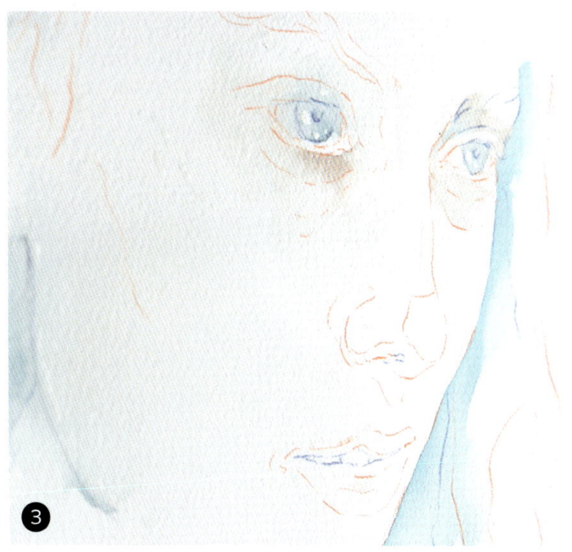

(continúa)

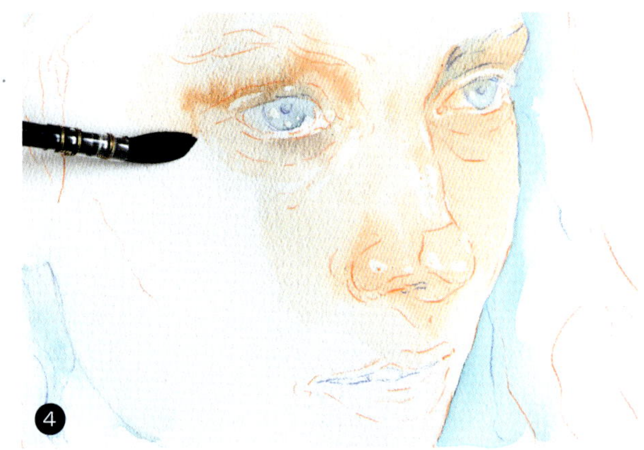

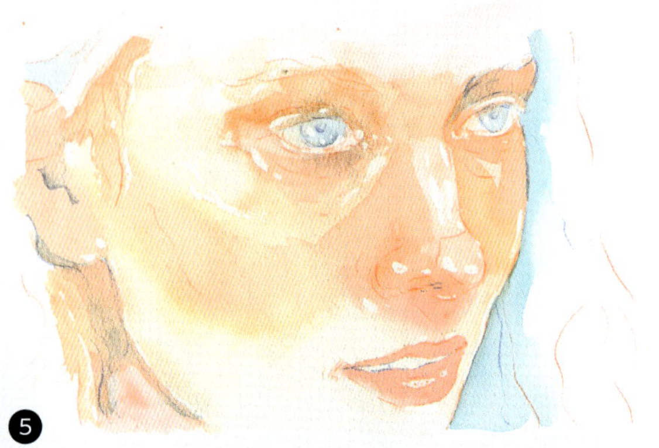

4. He aplicado una capa de un tono naranja muy transparente en una parte de la cara. En este caso quería crear más impacto en la zona de los ojos y la nariz y dejar el resto de la cara menos acabado. La cantidad de pintura y detalles en un lado crea un contraste con el otro lado, que queda más abocetado y sin muchos detalles.

5. Continúe añadiendo capas húmedas para dar volumen y forma a la cara, centrándose en las sombras. A medida que añada capas de color, el líquido enmascarador se hará más visible. Añada tantas capas como crea necesarias.

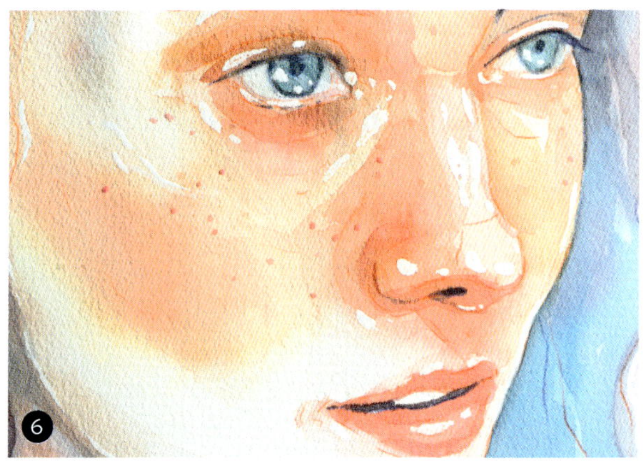

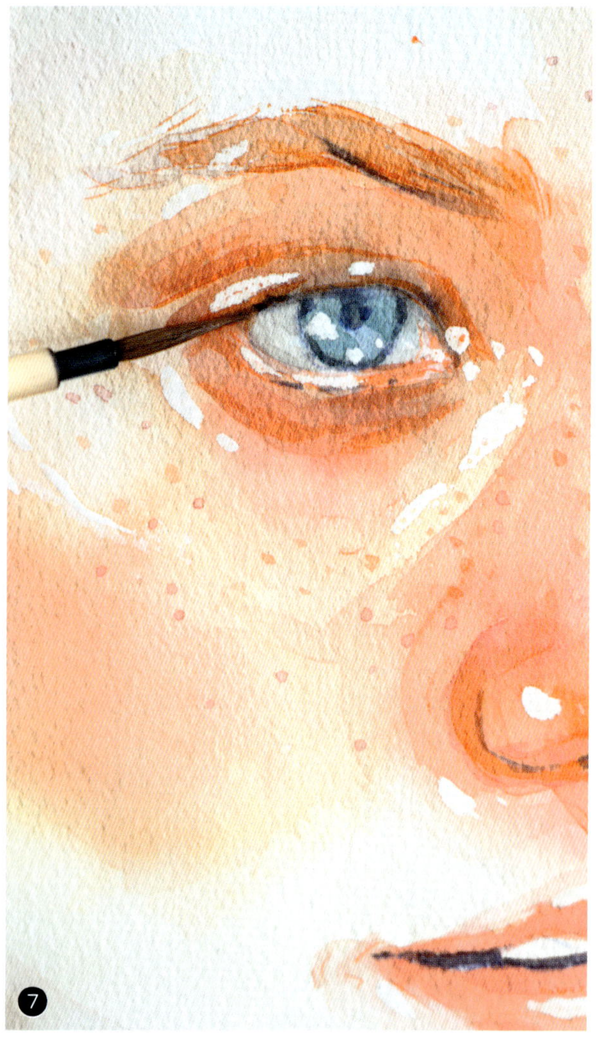

6. Pase a detallar los ojos, los labios y la nariz. Fíjese en las sombras y el volumen, y añada pequeñas capas de color. Utilice agua limpia para difuminar el borde y mezclar el color para conseguir una transición suave.

7. Con un pincel de punta muy fina, elija un color más oscuro para añadir detalles y dibujar de forma precisa las cejas, las pecas, los labios, etc.

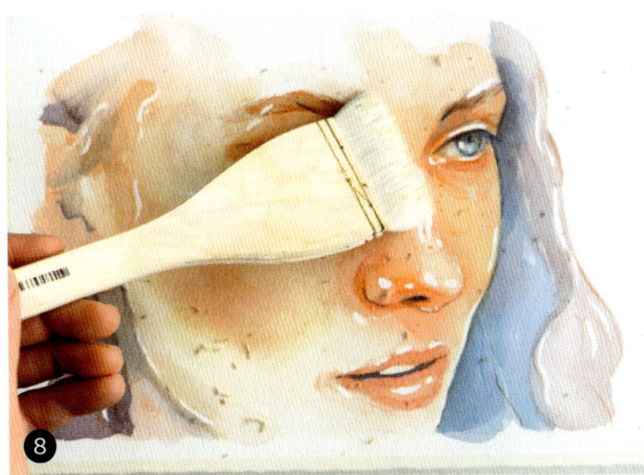

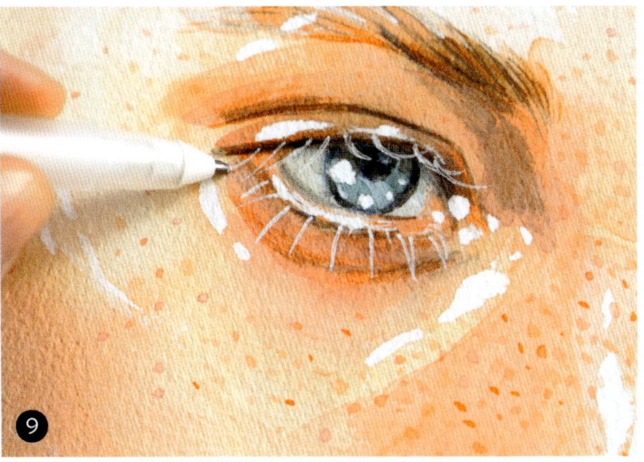

8. Cuando esté satisfecho con el resultado y la acuarela esté completamente seca, puede retirar con seguridad el líquido enmascarador suavemente con las yemas de los dedos (lávese primero las manos para no ensuciar la obra). Retire el líquido enmascarador despegado con un pincel grande y suave.

9. He decidido añadir un ligero sombreado con un lápiz duro.

10. Por regla general, me gusta improvisar y no tener ningún plan establecido. Dejo que el retrato me lleve en direcciones diferentes a las que tenía pensadas en un principio. En este caso se me ha ocurrido que las pestañas fueran blancas. He utilizado un bolígrafo Pilot blanco de punta fina, que es una opción excelente en este caso porque puede hacer que cada trazo sea preciso y muy definido.

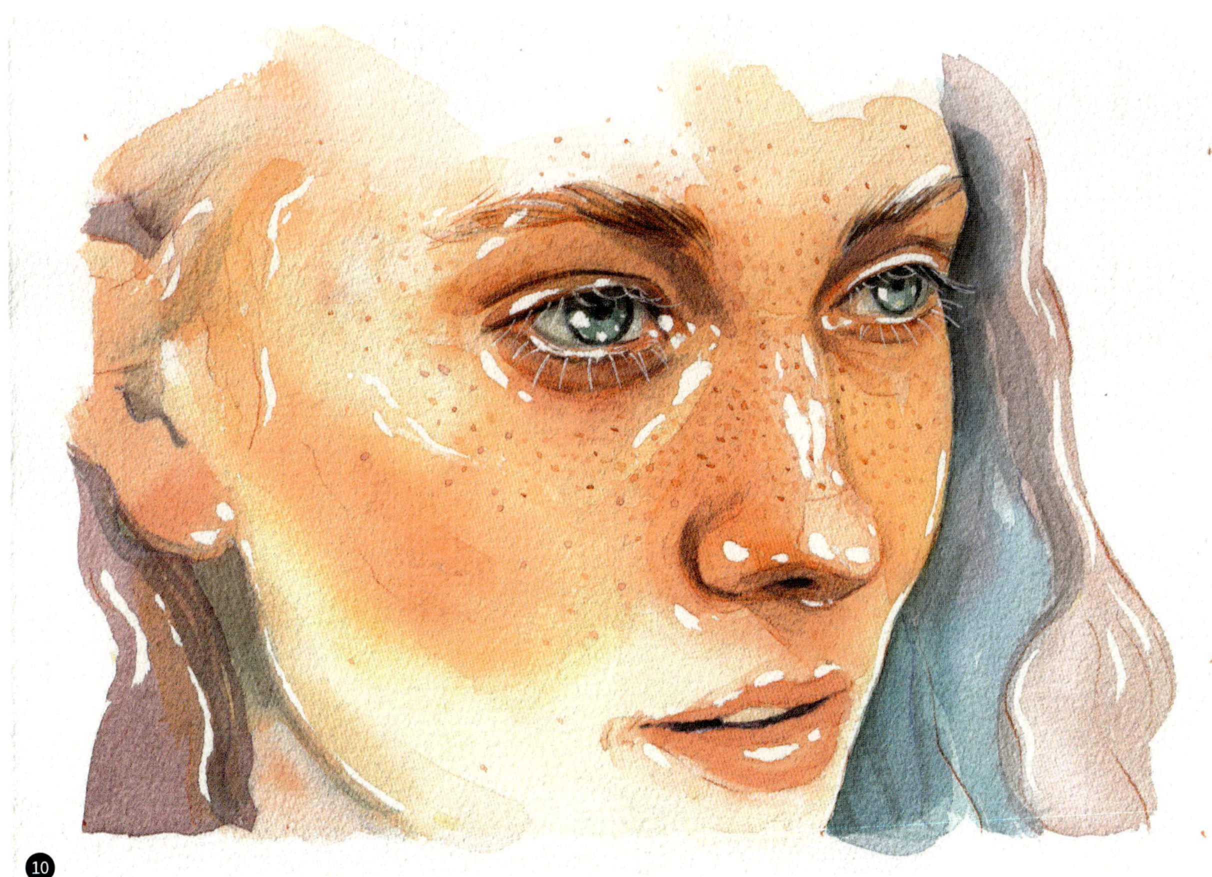

ACLARADO CON AGUA

Para este retrato vamos a experimentar y dejaremos que el agua nos indique el camino. Aclararemos las zonas de forma muy intuitiva, utilizando agua limpia para cada trazo o capa y dejándola secar. Es una buena manera de superar el deseo de controlar la acuarela. ¡Deje que todo fluya!

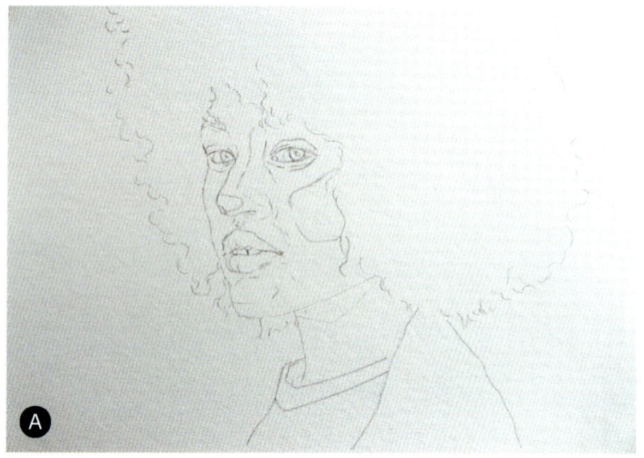

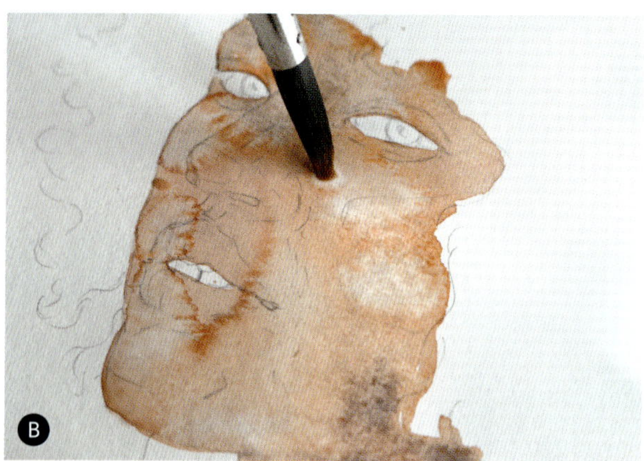

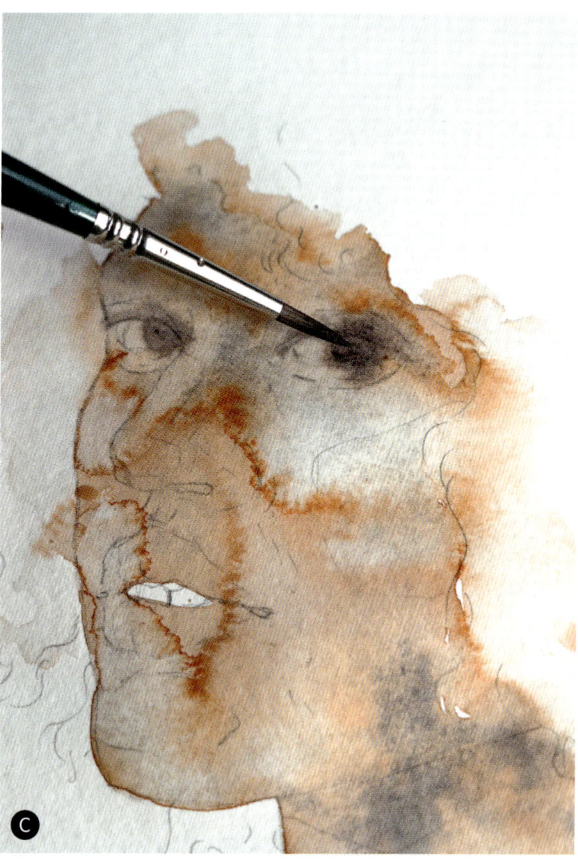

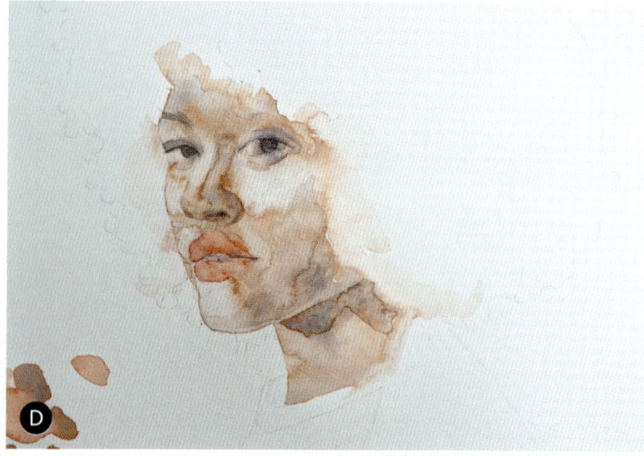

1. Esboce su retrato. (A)

2. Prepare el color para la piel en su paleta y aplique una capa húmeda uniforme. Antes de que se seque, humedezca un pincel limpio con agua y aplique pequeñas pinceladas, dejando que la pintura y el agua se mezclen. Aclararán zonas y crearán texturas. (B)

3. Si la capa aún está húmeda, aproveche para aplicar una segunda en los puntos que quiera resaltar, como los ojos o la boca. No tema que la pintura se deslice por el agua. Déjela secar y aplique tantas capas como desee de la misma forma. En este caso quería algo muy sencillo, así que solo he añadido una capa. (C, D)

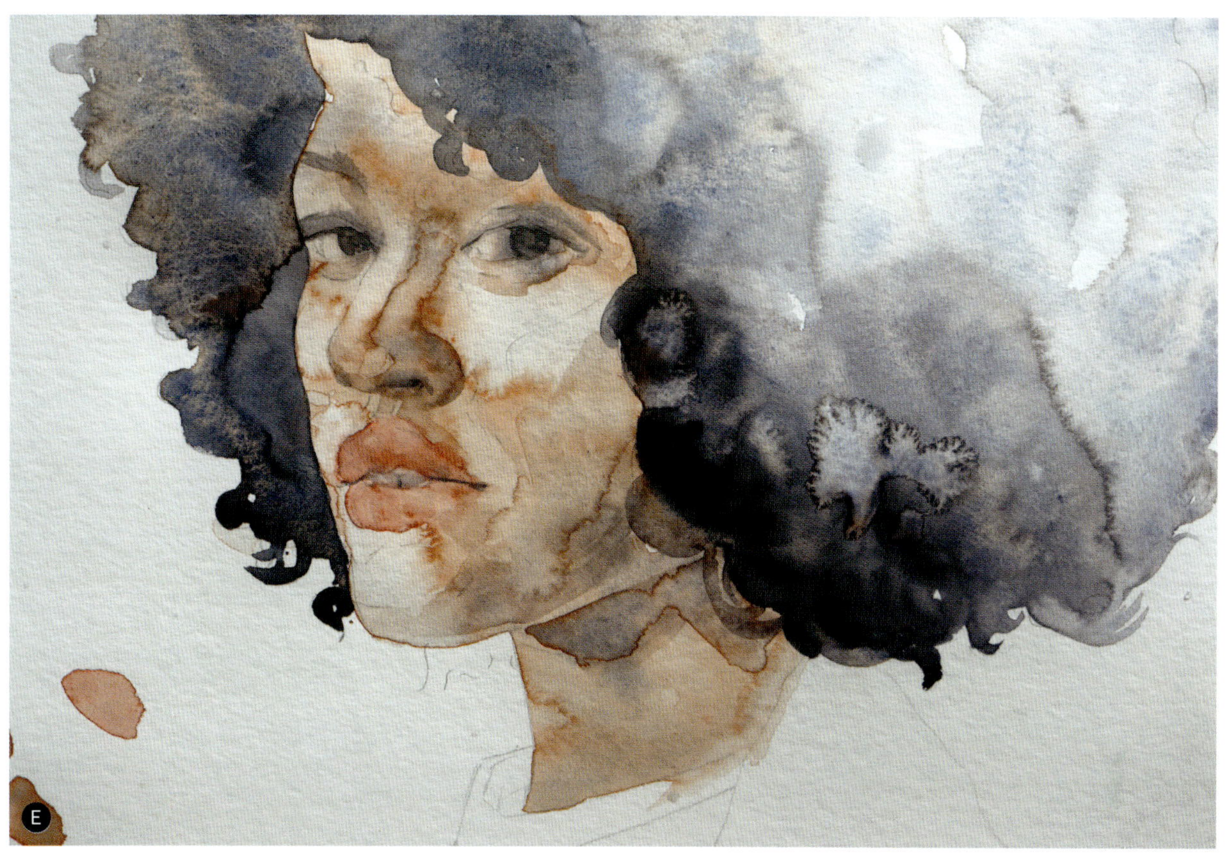

4. Por último, he empleado la misma técnica para el pelo. He utilizado el color violeta tundra, que aporta un extra de textura. (E)

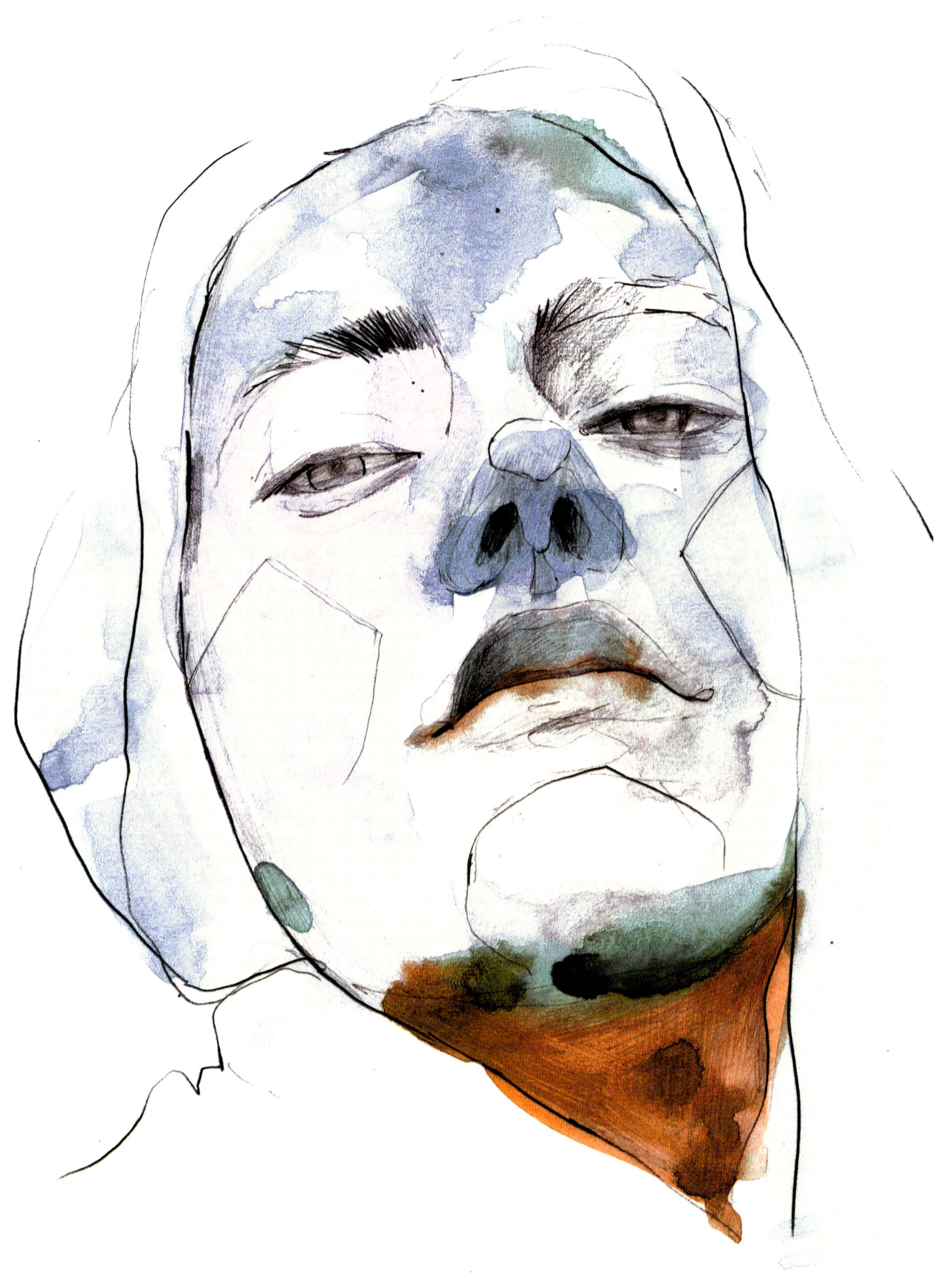

4

RETRATOS CREATIVOS

OTROS MÉTODOS

El retrato es un motivo complejo, y no siempre hay que abordarlo con realismo. De todas formas, trasladar la realidad al papel siempre es subjetivo.

En este capítulo veremos otras formas de hacer un retrato. Independientemente del nivel en el que se encuentre, el dominio del dibujo requiere mucho tiempo, paciencia y práctica. Con el tiempo progresará y mejorará su técnica. También aumentará su destreza, se fijará más en los detalles e incrementará su capacidad de innovación.

Dibujar es observar, mirar y comprender la forma, las proporciones y la dirección. Es detenerse a ver los detalles. Pero también es divertirse, explorar y experimentar. Es un acto de libertad absoluta en el que podemos coger un lápiz y un papel y simplemente dibujar y empezar a garabatear. Dibujar no es solo plasmar la realidad.

Estas lecciones pueden ayudarle a mejorar sus habilidades de dibujo, su imaginación y su creatividad.

DIBUJO DE LÍNEAS CONTINUAS

Elija un pincel que le guste. Aunque puede utilizar cualquier tamaño de pincel para este retrato, yo he elegido uno redondo del n.º 6 para las líneas más finas. Si utiliza un pincel de mayor número y punta fina podrá hacer trazos largos sin tener que seguir añadiendo pintura.

1. Este ejercicio consiste en dibujar una línea continua sin levantar el pincel del papel. Puede inspirarse en una cara que haya imaginado o fijarse en un modelo. Me resulta más fácil empezar por la nariz, ya que es el centro de la cara y puede servir de guía. (A)

2. No hace falta que repase las mismas líneas. Disfrute de los movimientos y espacios que cree y ¡no tenga miedo! Si utiliza un modelo de referencia, es un buen ejercicio de observación. Me encanta este tipo de ejercicio porque es muy relajante y da resultados sorprendentes y originales. (B, C)

3. Puede terminar aquí, pero si quiere continuar, puede colorear los espacios que ha creado. Puede añadir tantos como desee. Para este proyecto he limitado mi paleta a tres colores: rojo, rosa y verde. He pintado algunos espacios con pinceladas húmedas y transparentes. Elija un pincel de numeración alta para aplicar el color. Deje en blanco otras zonas del papel para dar más luminosidad al retrato. (D)

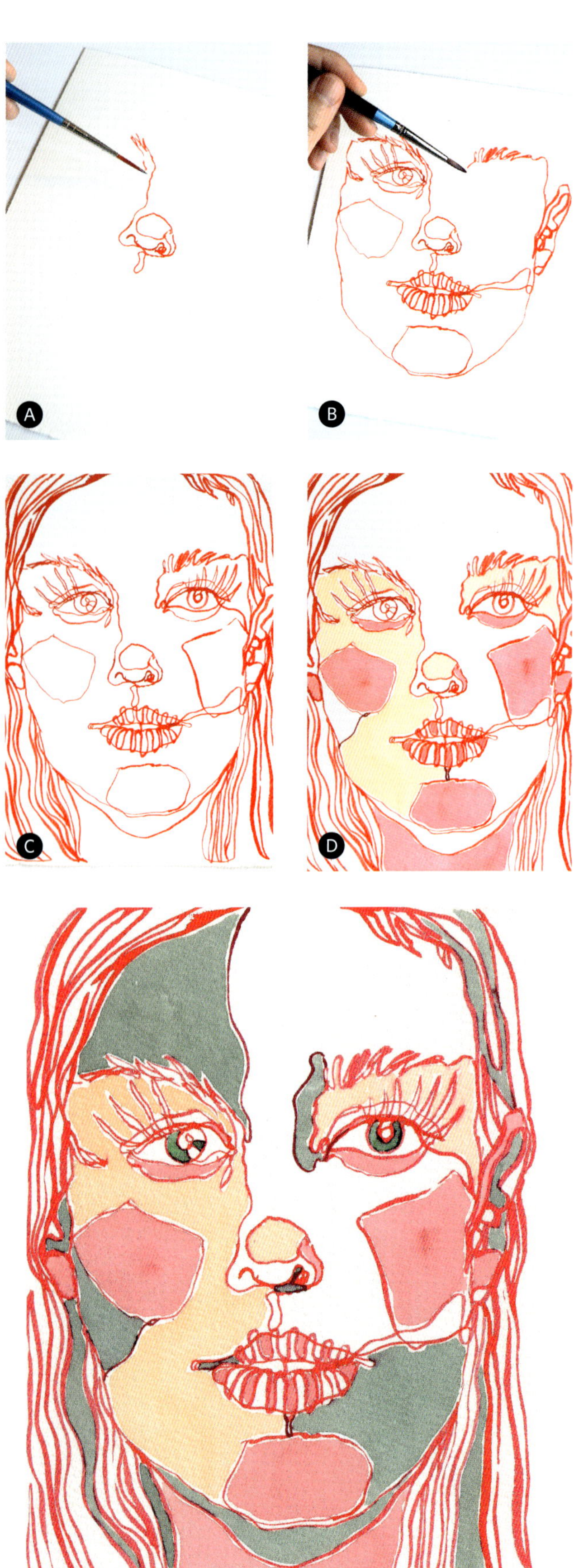

DIBUJO DE CONTORNOS

Para este retrato no perderá de vista su imagen de referencia mientras lo dibuja. Es como dibujar con los ojos y transferir el movimiento a la mano. ¡No puede mirar lo que está dibujando! El resultado es divertido y sorprendente.

Puede terminar pintando zonas con colores planos, degradados o motivos repetitivos. ¡Deje volar la imaginación!

Prepare las acuarelas en una paleta y pinte cada zona con un pincel de punta redonda. Puede utilizar uno del n.º 12 o del n.º 20, según el tamaño de cada sección, o el pincel con el que se sienta más cómodo. También puede añadir más capas de color si lo desea con las técnicas seco sobre seco o seco sobre húmedo.

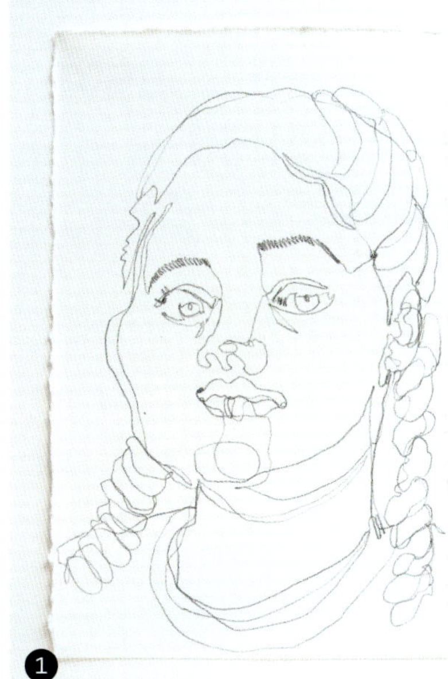

1

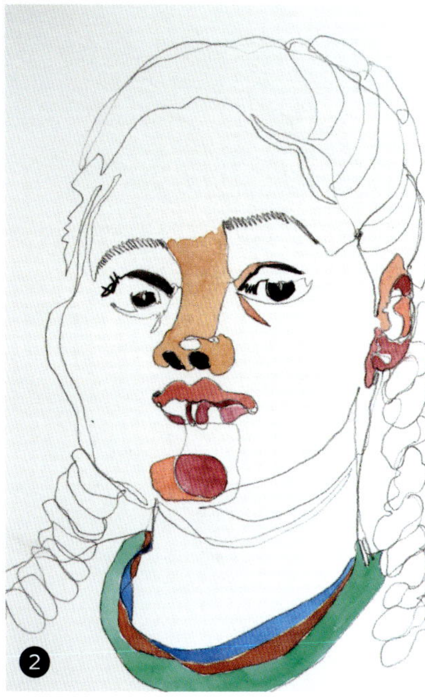

2

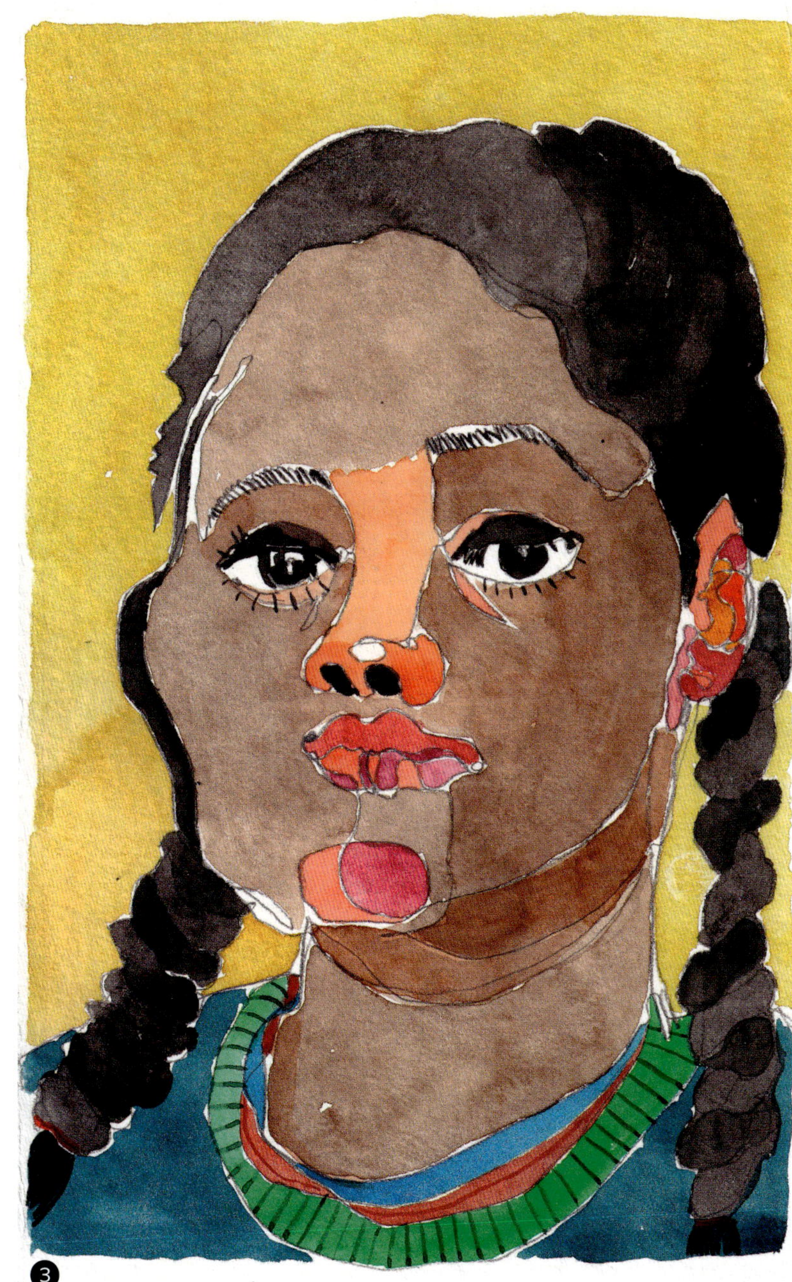

3

DIBUJO CON LA MANO NO DOMINANTE

Como en el retrato anterior, puede elegir una imagen que haya imaginado o utilizar un modelo. En este caso opté por un modelo para obligarme a intentar reproducir lo que veía.

Me gusta dibujar con la mano izquierda cuando busco un resultado tosco y original. Un dibujo hecho con la mano no dominante no es tan preciso como uno hecho con la mano dominante.

Este es un ejercicio perfecto para descubrir algo natural, genuino y atractivo en la falta de coordinación de nuestra mano.

El grado de dificultad de este ejercicio dependerá de lo mucho que utilice su mano no dominante. Si no tiene práctica, será aún más difícil. Pero dese una oportunidad y diviértase con el resultado. Es una forma estupenda de poner a trabajar el otro lado de su cerebro.

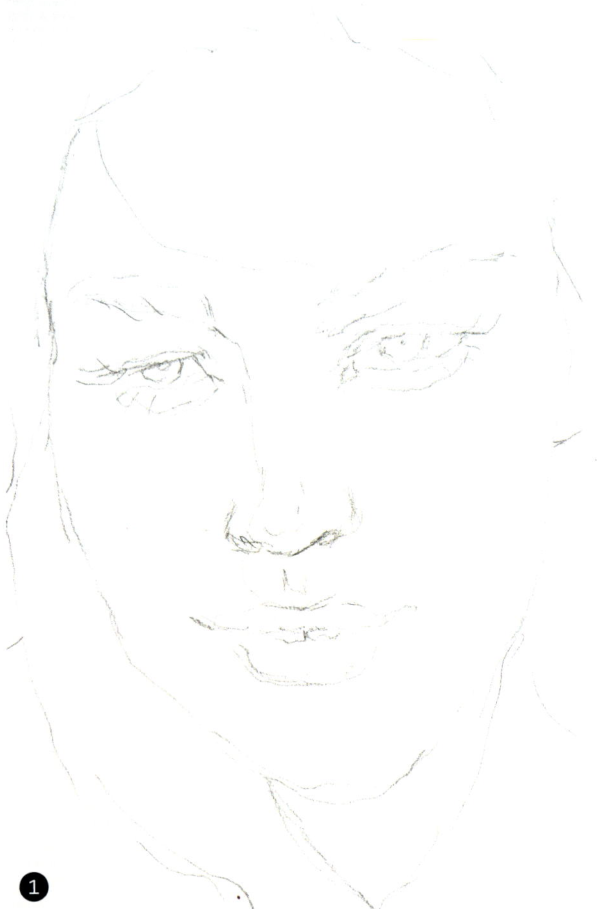

1. Si no está seguro de pintar directamente con acuarela, dibuje primero el retrato a lápiz con la mano no dominante.

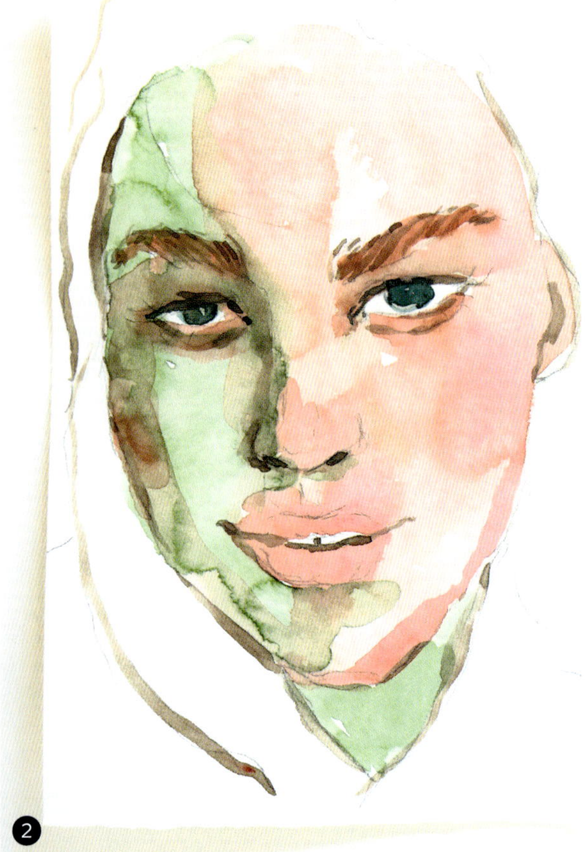

2. Elija los tonos y prepárelos en su paleta. He elegido el verde para las sombras y un pincel redondo y húmedo para las pinceladas amplias y diluidas. Añada las primeras capas húmedas y transparentes.

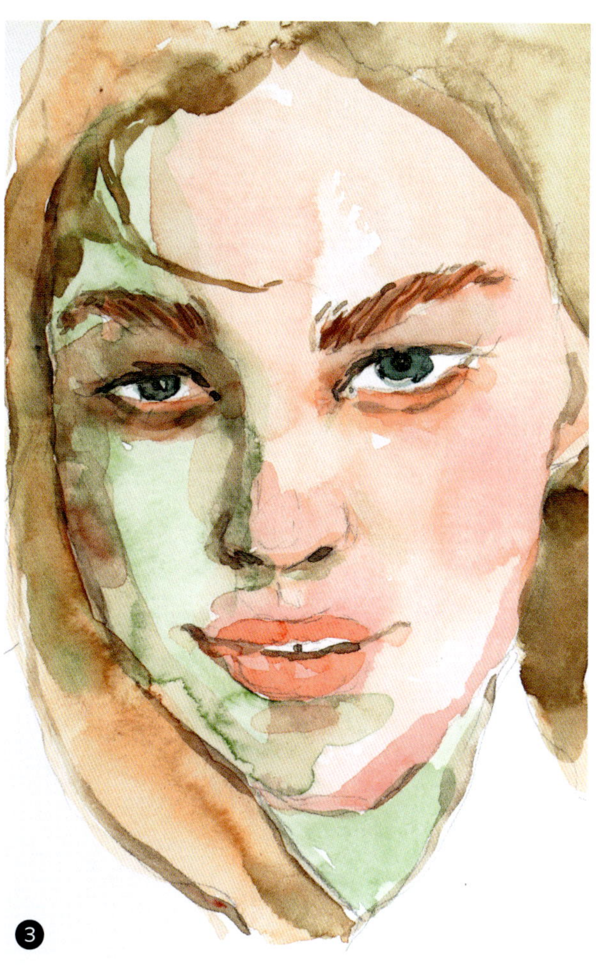

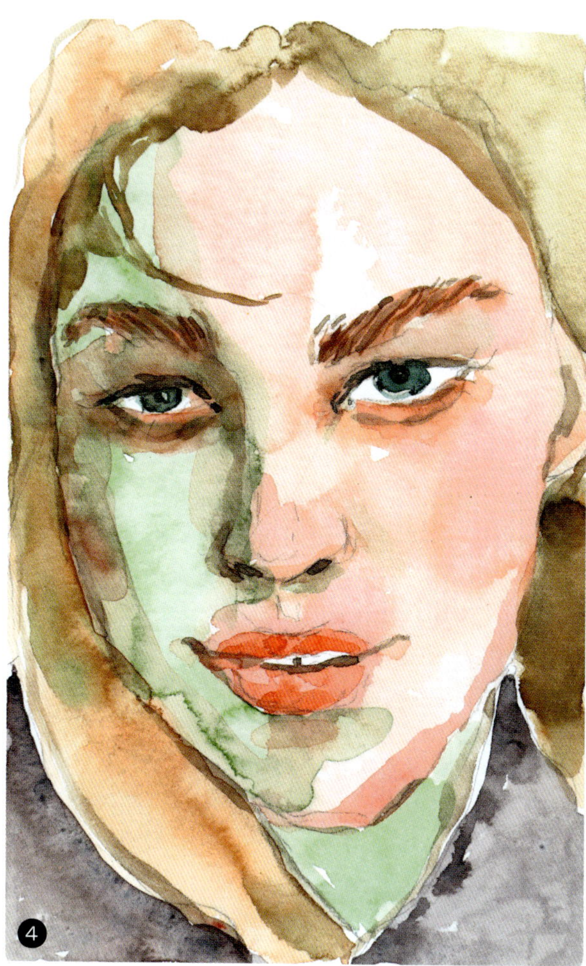

3. Cada vez que añada una capa de color, deje que se seque si no quiere que los colores se mezclen en el papel.

4. Una vez que las primeras capas se hayan secado, añada contraste y detalles a los ojos, las cejas, las fosas nasales, los labios, etc.

Yo he elegido un retrato sencillo con pocas capas, pero añada tantas como crea necesarias.

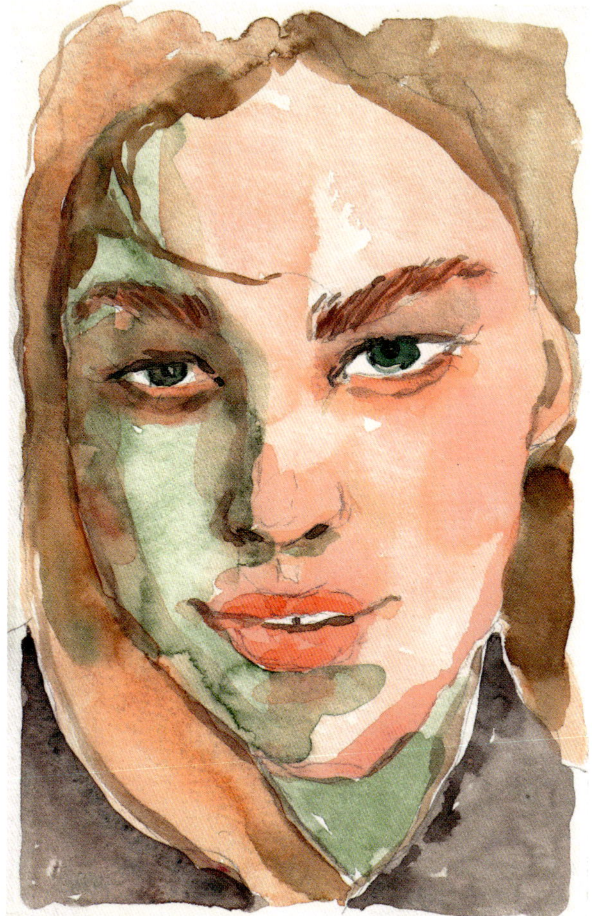

DIBUJO BOCA ABAJO

Elija una fotografía y póngala boca abajo. Esto engañará a su cerebro y no verá la imagen «conocida». Puede limitarse a lo que observa. Simplemente dibuje el modelo boca abajo e intente reproducir lo que está viendo, centrándose en la dirección de las líneas, los espacios y las formas.

Este es un ejercicio fantástico para «ver» literalmente lo que está observando y olvidarse de lo que es «real». El cerebro se acostumbra a ver una imagen después de un tiempo, y al ponerla boca abajo, el cerebro rompe la idea establecida, lo que le ayuda a tener nuevos conocimientos sobre lo que está observando.

Muchos profesionales suelen dibujar así para planificar sus dibujos.

Es una técnica ideal para hacer correcciones. Cuando crea que ha terminado el dibujo, dele la vuelta y compárelo con el modelo de referencia. Seguramente encontrará fallos que no habría visto de otro modo, por mucho que buscara.

Aquí tiene un ejemplo:

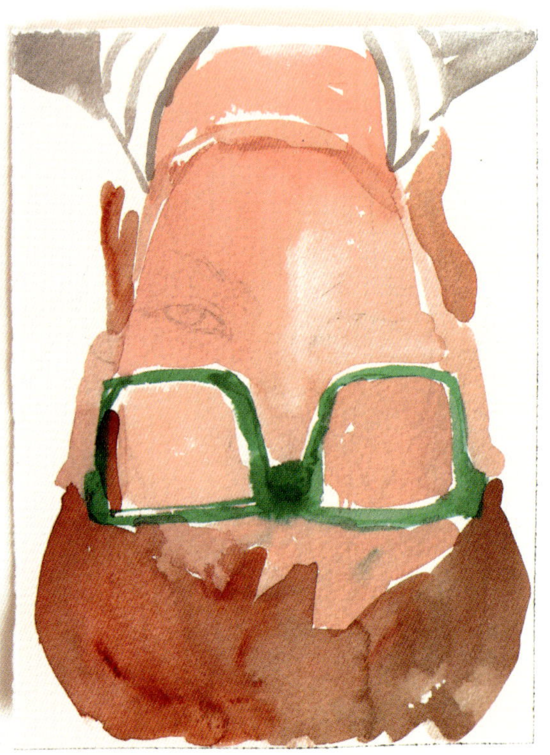

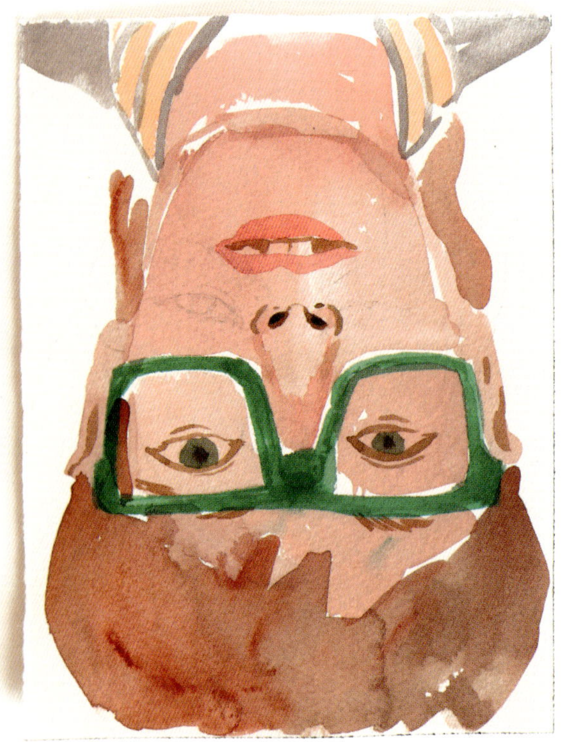

1. He pintado directamente con acuarela (sin hacer bocetos a lápiz). Primero he pintado las formas generales, los bloques principales. Es decir, he empezado por la forma de la cara y he dejado secar esa capa, dejando los bordes definidos. Una vez seca, he pintado el pelo, el cuerpo y las gafas.

2. Después de secarse, he añadido los detalles: ojos, nariz y boca. **Trabajamos de lo general a lo específico, para que sea más fácil ver las formas y centrarnos en los detalles más adelante.**

El resultado dependerá de su esfuerzo, paciencia y objetivos. En este retrato he hecho un ejercicio rápido y sencillo, con pocas capas y buscando un resultado más «infantil». A veces, cuando insistimos en hacer muchas capas, nos olvidamos de a veces basta con una o dos.

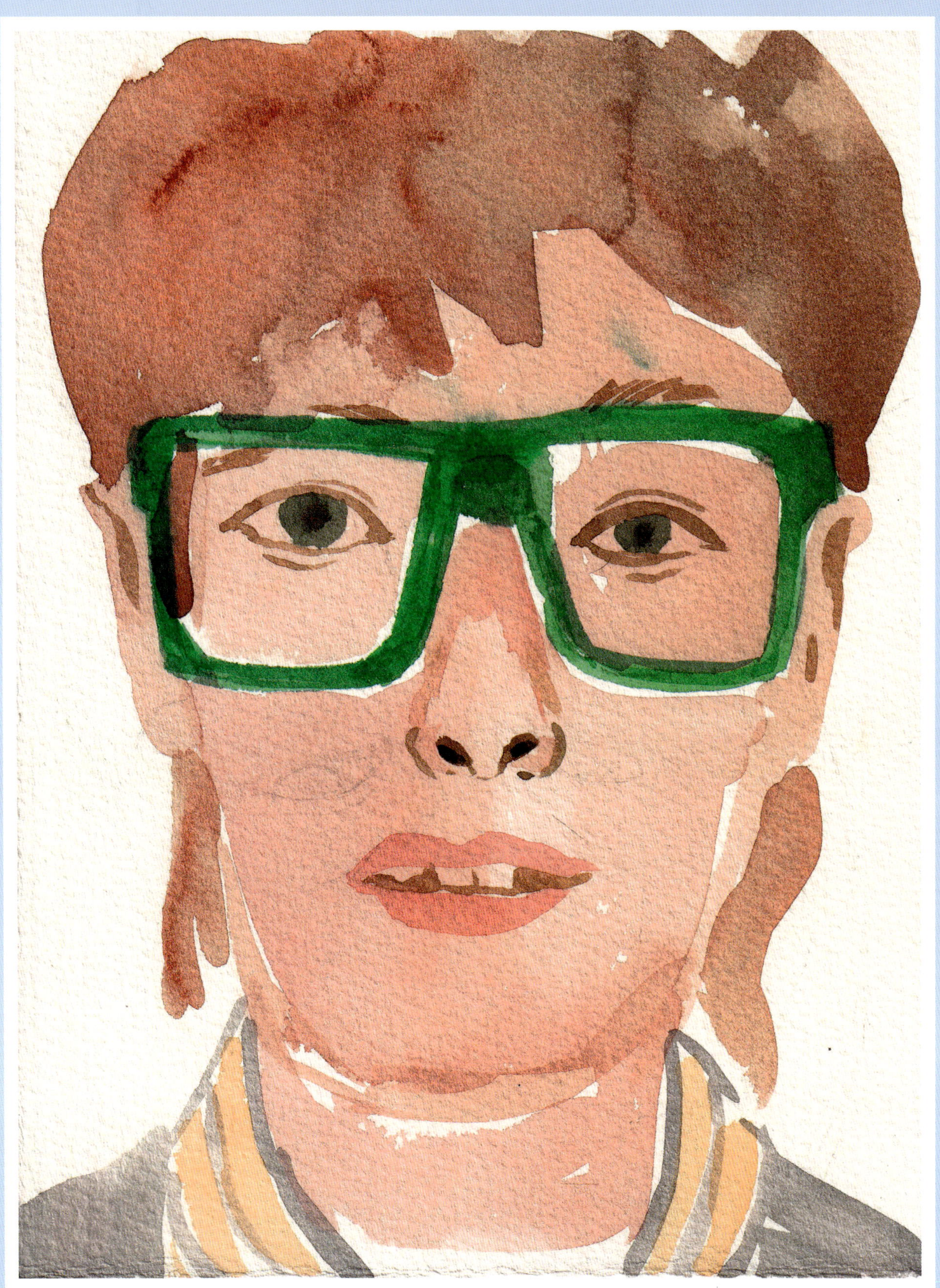

DIBUJO DE MEMORIA

Observe una imagen durante un minuto y, a continuación, analícela y recuerde tantos detalles como sea posible. Haga preguntas para centrarse mejor en lo que está viendo. ¿Cuál es la longitud del pelo? Si lleva gafas, ¿dónde están las cejas?

Dele la vuelta a la imagen de referencia para que no pueda verla e intente dibujar de memoria. Cuando haya terminado, compare la foto con su dibujo. ¿Cuánto se parece su dibujo al original? ¿Cuántos detalles ha conseguido memorizar?

Este retrato es muy sencillo. He elegido solo dos colores: rojo y rosa.

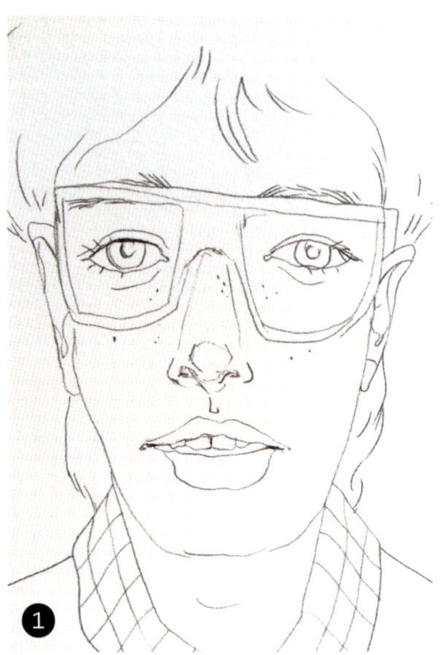

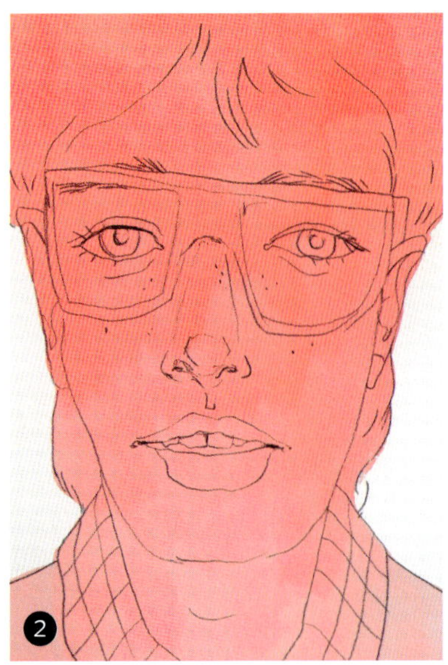

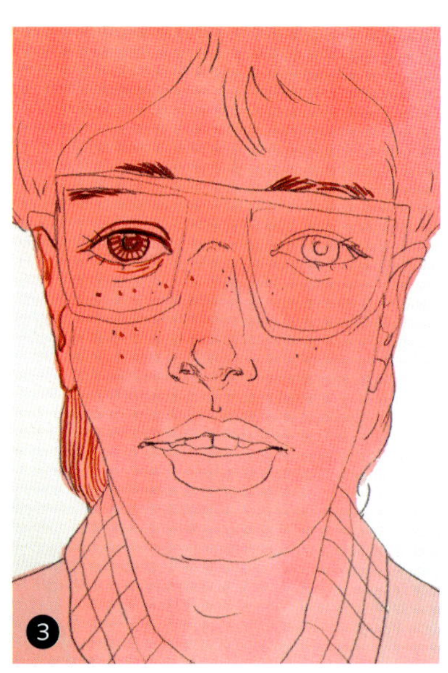

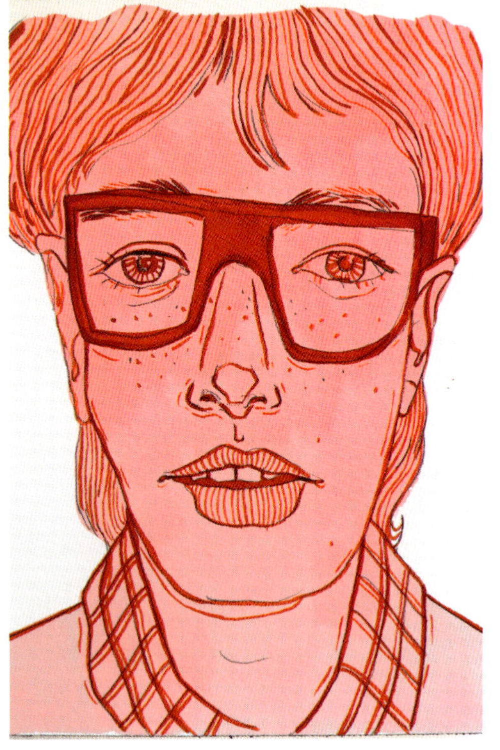

1. Lo primero que he hecho ha sido dibujar con un lápiz blando. He optado por un trazo grueso, y el resultado es un poco «infantil».

2. He pintado una capa uniforme y transparente de rosa y la he dejado secar.

3. Por último, he repasado todas las líneas con un rojo opaco.

DIBUJO CON LÍMITE DE TIEMPO

Este retrato se basa en la observación y el perfeccionamiento de sus habilidades artísticas. Póngase un límite de tiempo. Para este ejercicio, lo más importante es observar la forma y la dirección. Una vez que las haya captado, puede centrarse en añadir detalles. Este ejercicio resulta muy útil para dejar que la mano se relaje y se olvide de la perfección. Evite utilizar la goma de borrar para que se vean los trazos que ha aplicado para la cara.

En lugar de lápiz de grafito, he utilizado lápices de colores. (A)

Después de añadir los detalles, he aplicado una sencilla aguada de acuarela. (B)

El resultado es un ejercicio muy original y espontáneo. ¡Personalmente, me encanta este tipo de retrato!

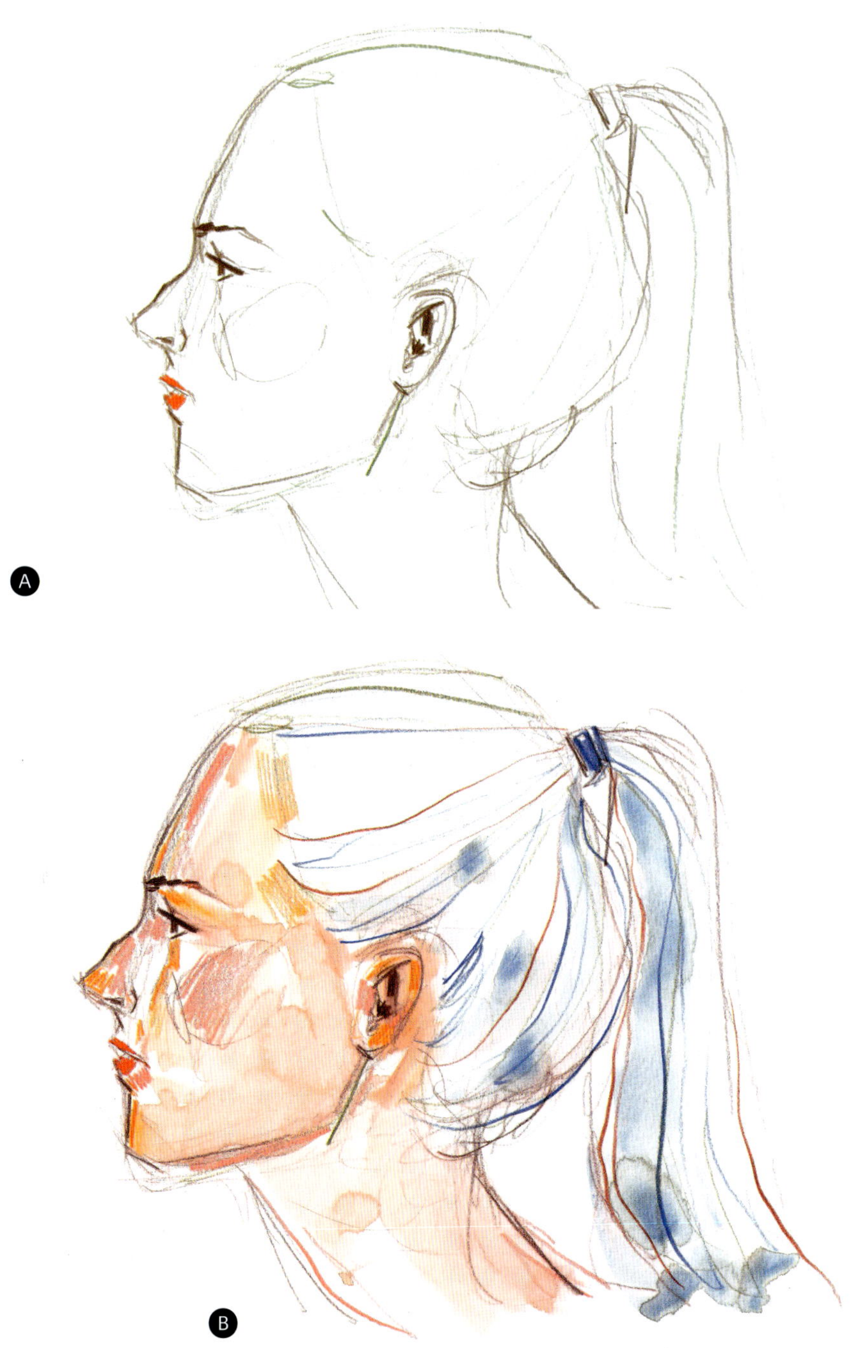

PUNTOS ALEATORIOS

Otra opción es dibujar rápidamente caras pequeñas con distintas formas para la cabeza y el pelo.
Al pintar estas caras pequeñas, puede experimentar con diferentes paletas de tres o cuatro
colores y probar distintas combinaciones. Este
ejercicio es muy útil para mejorar las técnicas
básicas de seco sobre seco, húmedo sobre seco,
húmedo sobre húmedo, etc. El objetivo de este
ejercicio es crear personajes a partir de las formas creadas con pinceladas húmedas.

Cree varios puntos aleatorios y espere a que
se sequen. Gire las manchas para verlas desde
todos los ángulos posibles y encuentre una que
le inspire para crear una cara. Con un pincel de
punta fina, añada los detalles: ojos, nariz, boca,
orejas y pelo.

Pruebe a utilizar diferentes técnicas de
acuarela: seco sobre seco, seco sobre húmedo
y transparencias.

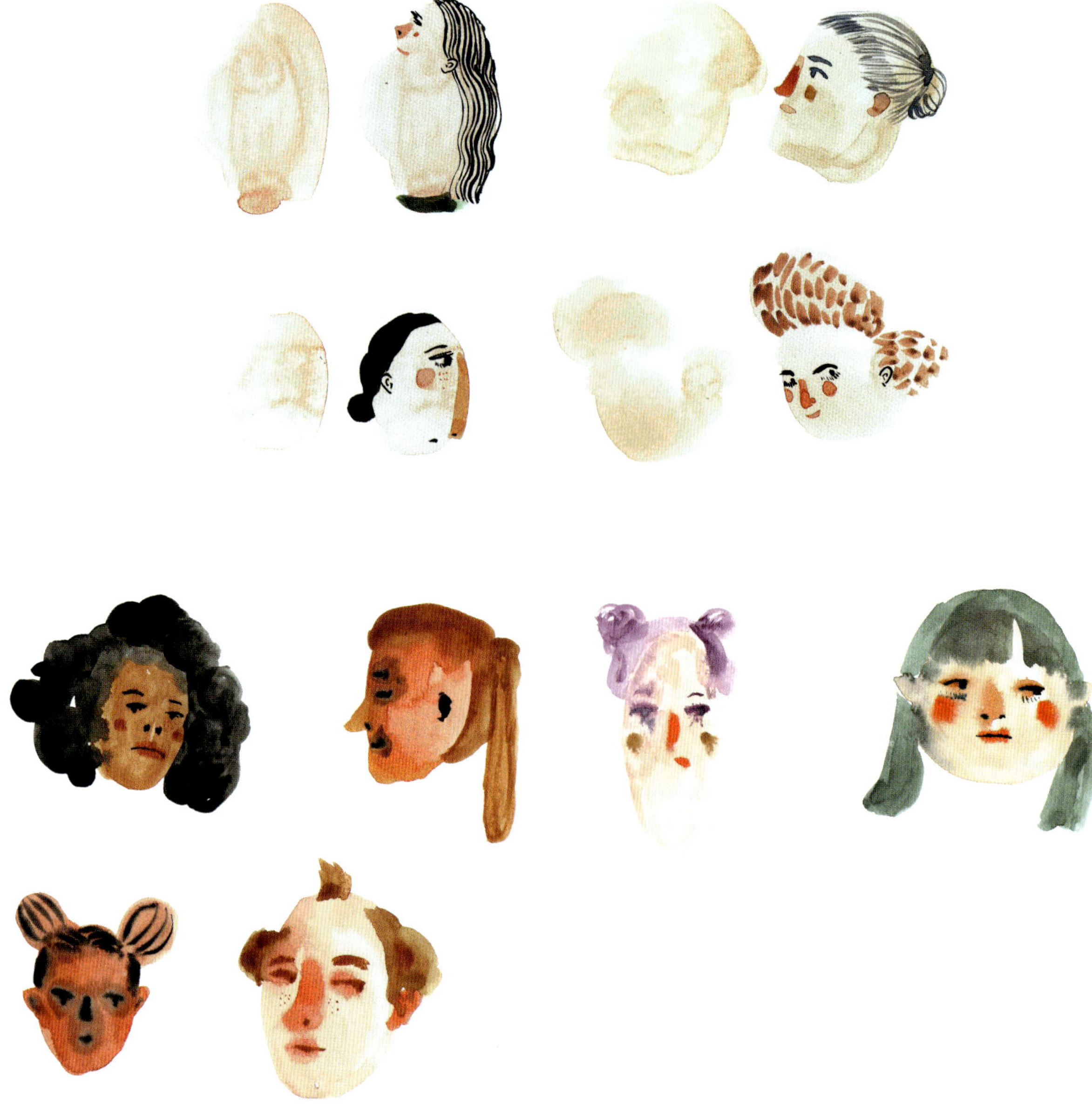

PRIMEROS PLANOS

Un primer plano es un retrato que muestra solo una parte de una cara. Un retrato no tiene por qué representar toda la cara. A veces, la simple observación de las manos puede decir mucho de una persona. Incluso dibujar los zapatos de alguien puede ser una forma de retratarlo. En este caso, céntrese en una zona concreta de la cara, cree un encuadre diferente o amplíe la imagen.

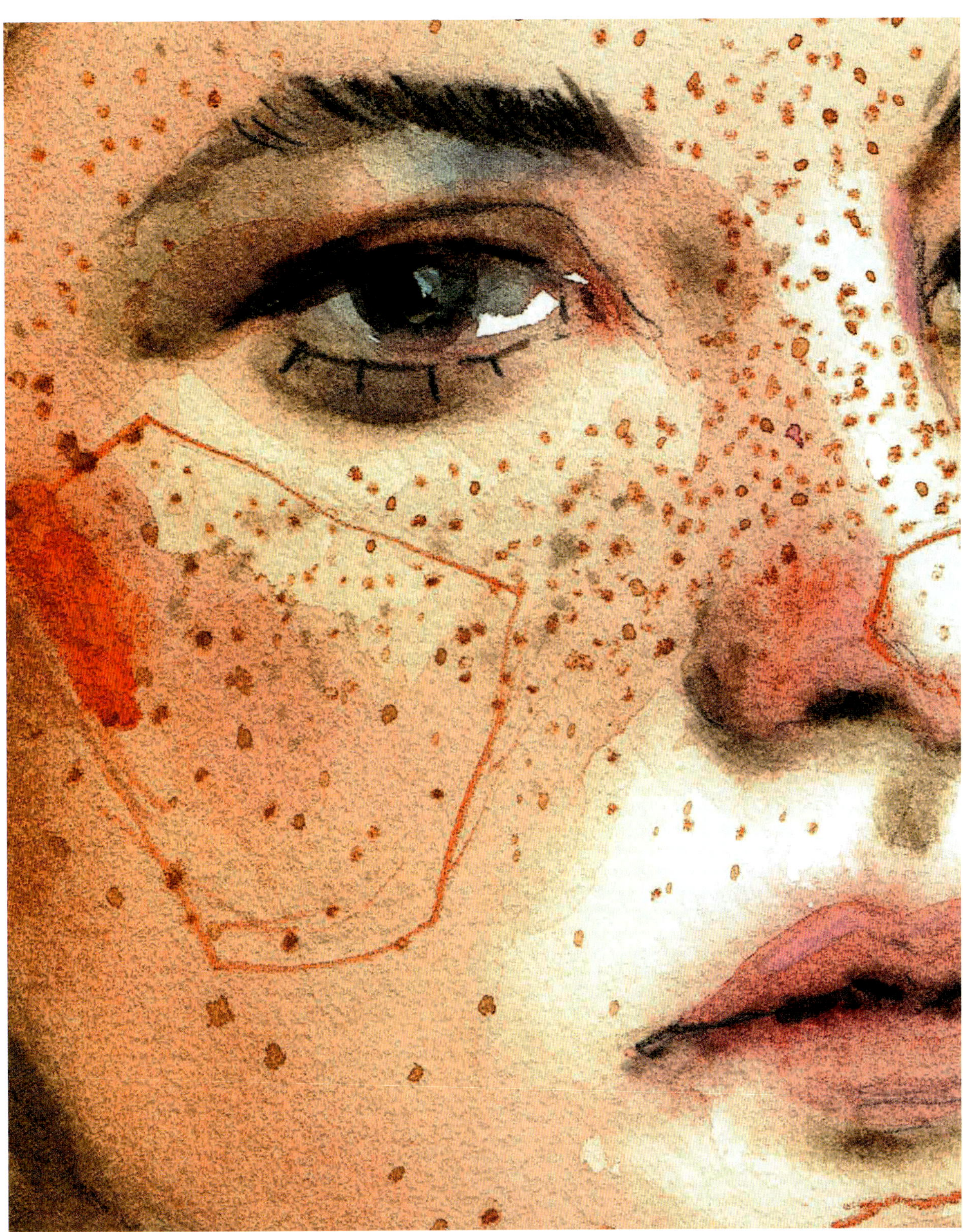

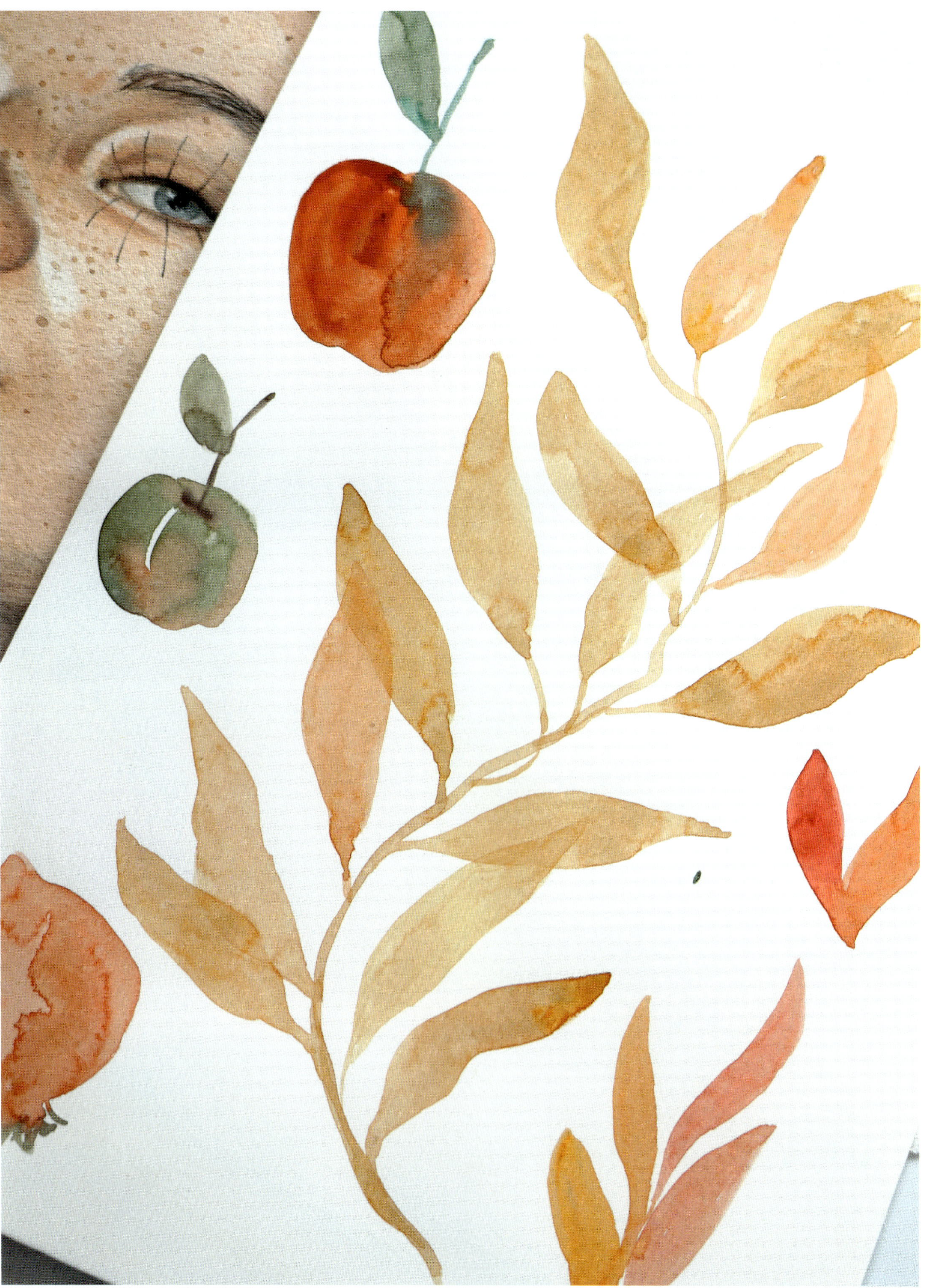

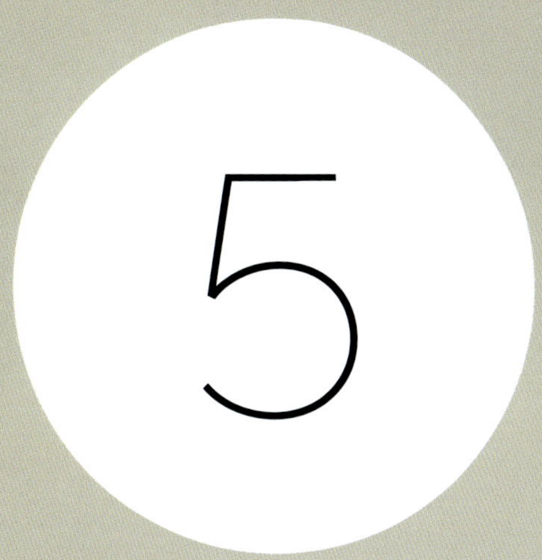

5

RETRATOS CREATIVOS

ACUARELA + DIGITAL

En este capítulo haremos un montaje digital de un retrato combinando otros motivos de nuestra elección.

Para acompañar la acuarela he elegido lápiz y lápices de colores, pero puede seguir las lecciones con los materiales que desee. Utilice los materiales con los que se sienta más cómodo y que más le interesen.

El proceso de este capítulo refleja mi estilo personal, que he desarrollado a lo largo del tiempo probando y equivocándome mucho. Le animo a que no se limite a aprender un método concreto, sino a que encuentre su propio lenguaje artístico, su *propio* estilo, con paciencia, tiempo y práctica. *No se limite a la hora de aprender y experimentar.*

DIBUJO TRADICIONAL

1. Dibuje su retrato en el papel que prefiera y con el que se sienta más cómodo. Yo he optado por un papel brillante de grano fino de 300 gramos por metro cuadrado.

2. Utilice un lápiz duro (2H) para trazar las formas del retrato, el contorno y los rasgos principales. Si quiere, puede aplicar sombras que le ayuden. He preferido no marcar las sombras a lápiz para que no se vean los trazos.

3. Aplique las sombras con una capa traslúcida en color oscuro (azul, verde, púrpura o color tierra). Prepare el color con agua en su paleta, procurando que no quede demasiado opaco. Es mejor ir de menos a más. (A)

Si lo prefiere, ignore este paso y no aplique las sombras hasta el final. En algunos ejercicios anteriores hemos creado una capa general y luego hemos aplicado sombras una vez que había volumen. ¡Así que usted decide!

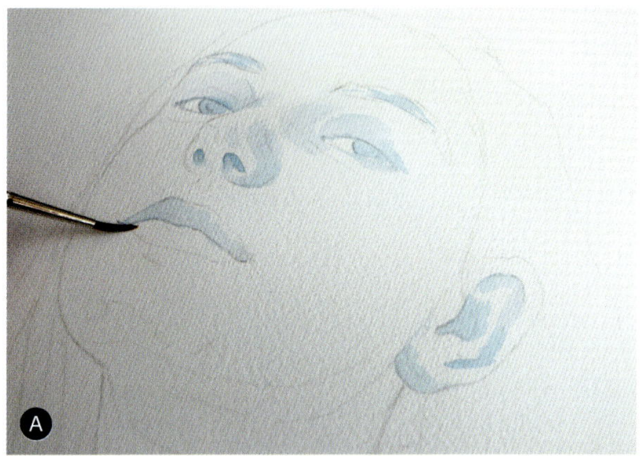

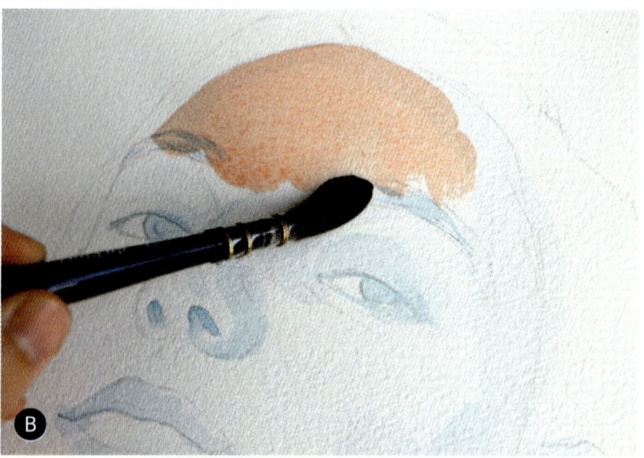

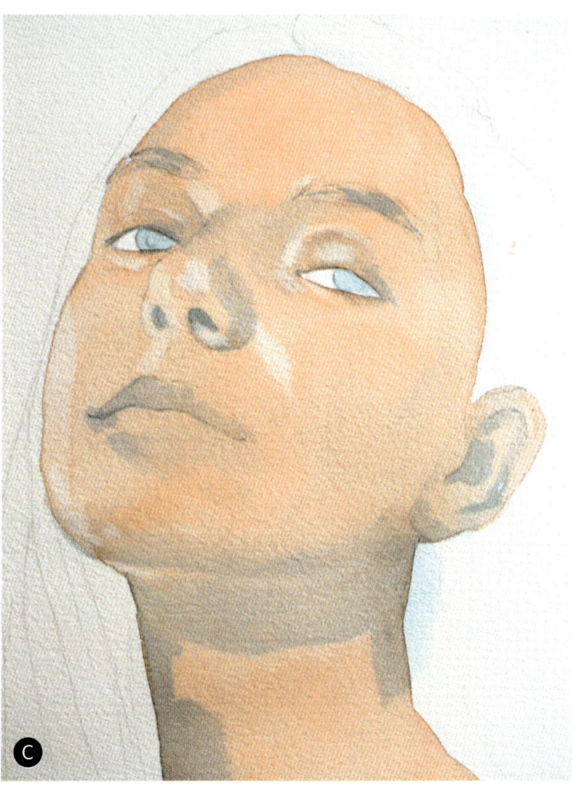

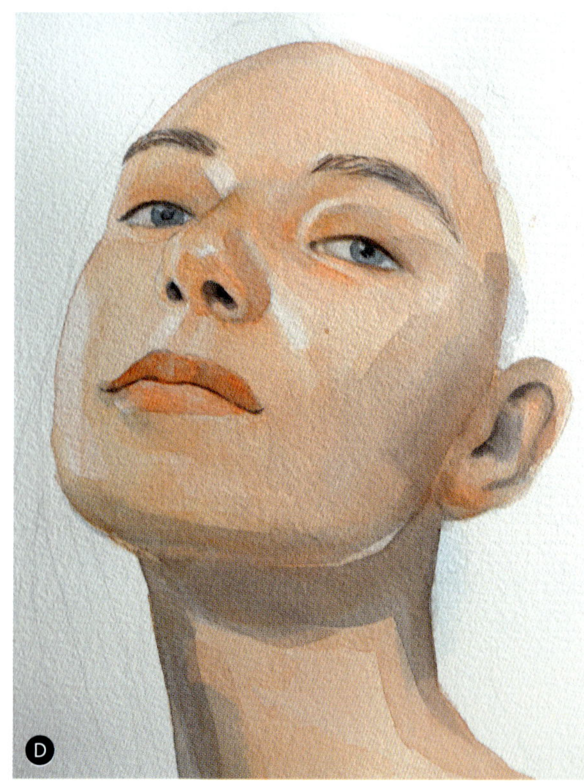

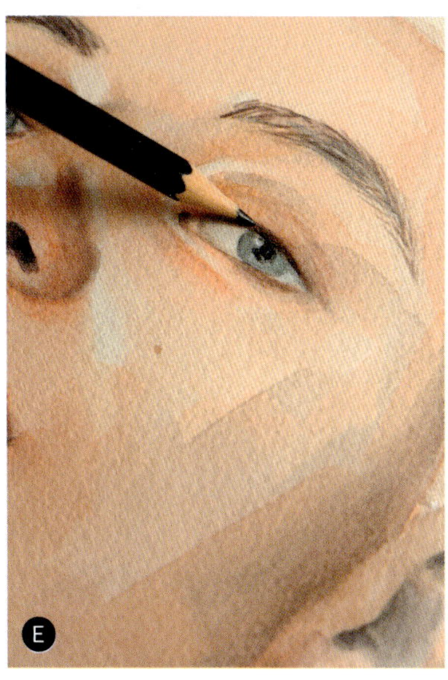

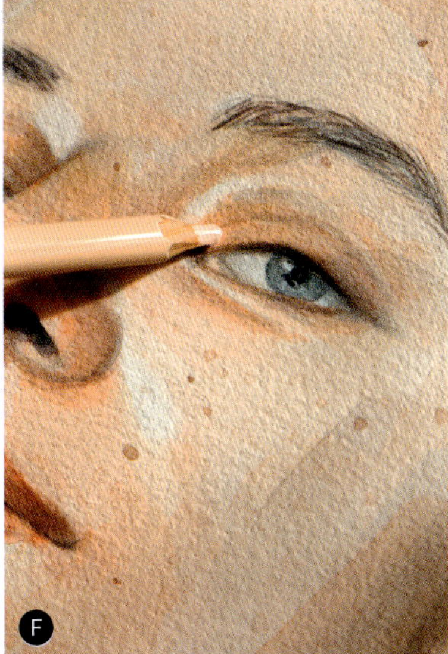

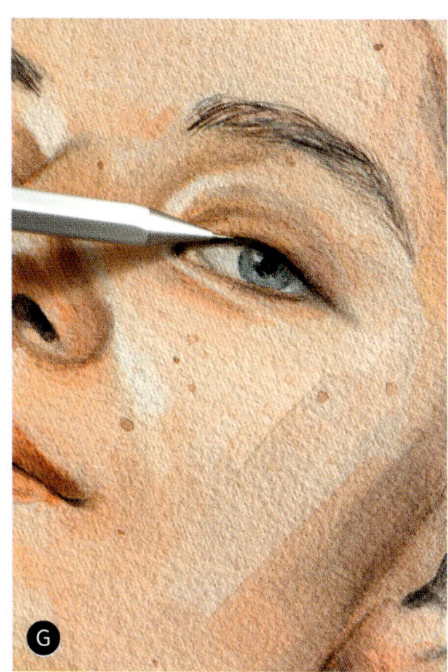

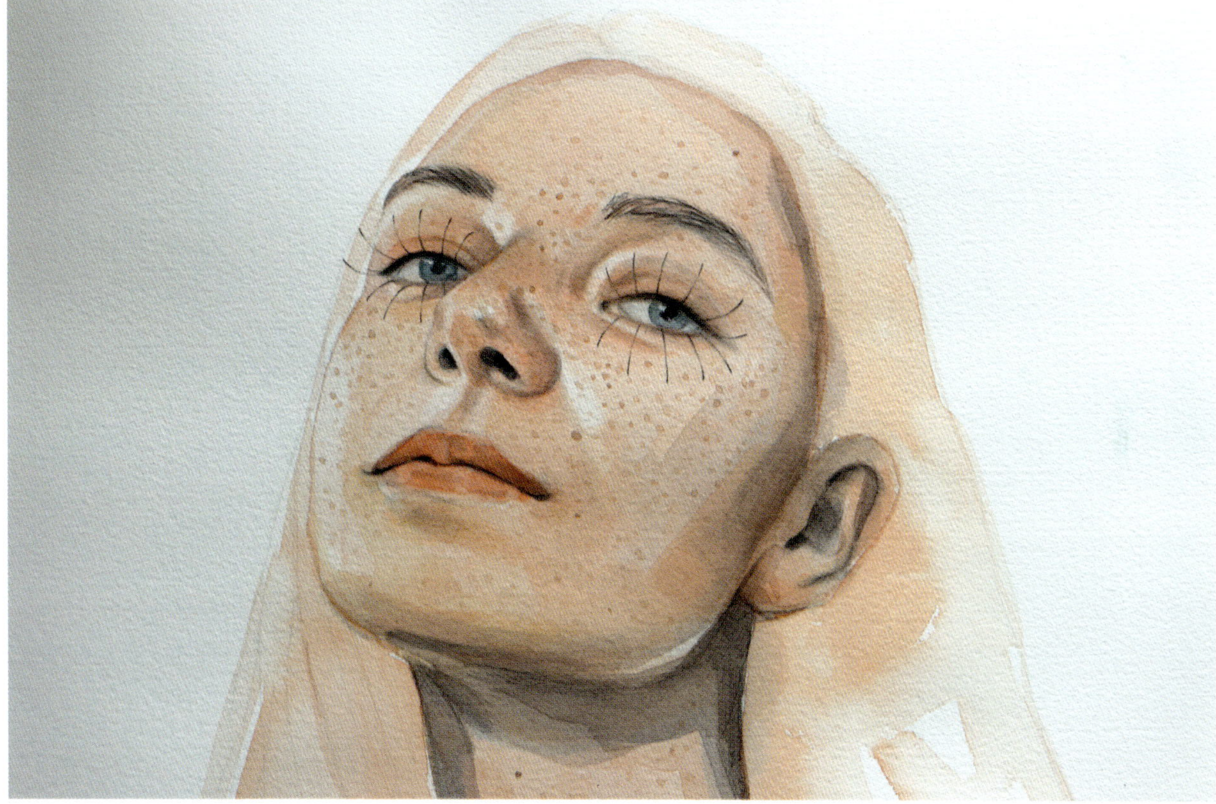

4. Cuando la capa esté seca, aplique una amplia capa húmeda en toda la cara. Antes de que se seque, utilice un pincel húmedo para absorber y crear zonas claras. (B)

5. Cuando se seque la capa, añada detalles en los ojos, la boca y las orejas. (C)

6. Añada el número de capas que necesite para crear volumen. Si quiere que las sombras sean precisas y controladas, deje secar la ilustración entre capa y capa. (D)

7. Si lo desea, añada sombreado con un lápiz duro (2H). A mí me gusta añadir un sombreado sutil en algunas zonas. (E)

8. También puede resaltar determinadas partes de la cara con un lápiz de colores. (F)

9. Por último, utilice un lápiz más suave (B) para añadir contraste y definir los detalles. (G)

Cuando tenga a punto su retrato en acuarela y los dibujos principales que desee añadir, es hora de escanear. Si quiere reproducir sus dibujos o utilizarlos con fines comerciales o editoriales, conviene que sepa cómo editarlos.

Es necesario que tenga nociones básicas de Photoshop, un programa que puede aprender fácilmente. Photoshop ofrece una variedad infinita de ajustes. En este caso voy a resumir el proceso para que sea lo más fácil y claro posible.

Configure el escáner a un mínimo de 300 ppp (puntos por pulgada) para que la imagen sea de alta resolución y la calidad no se vea afectada. El archivo será más pequeño a 72 ppp, pero esta configuración solo es aconsejable si va a utilizar la imagen en línea. Si la va a utilizar en línea, asegúrese de trabajar en colores RGB (rojo, azul y verde); y si va a imprimir la imagen, lo mejor es trabajar en CMYK (modelo de cuatricromía).

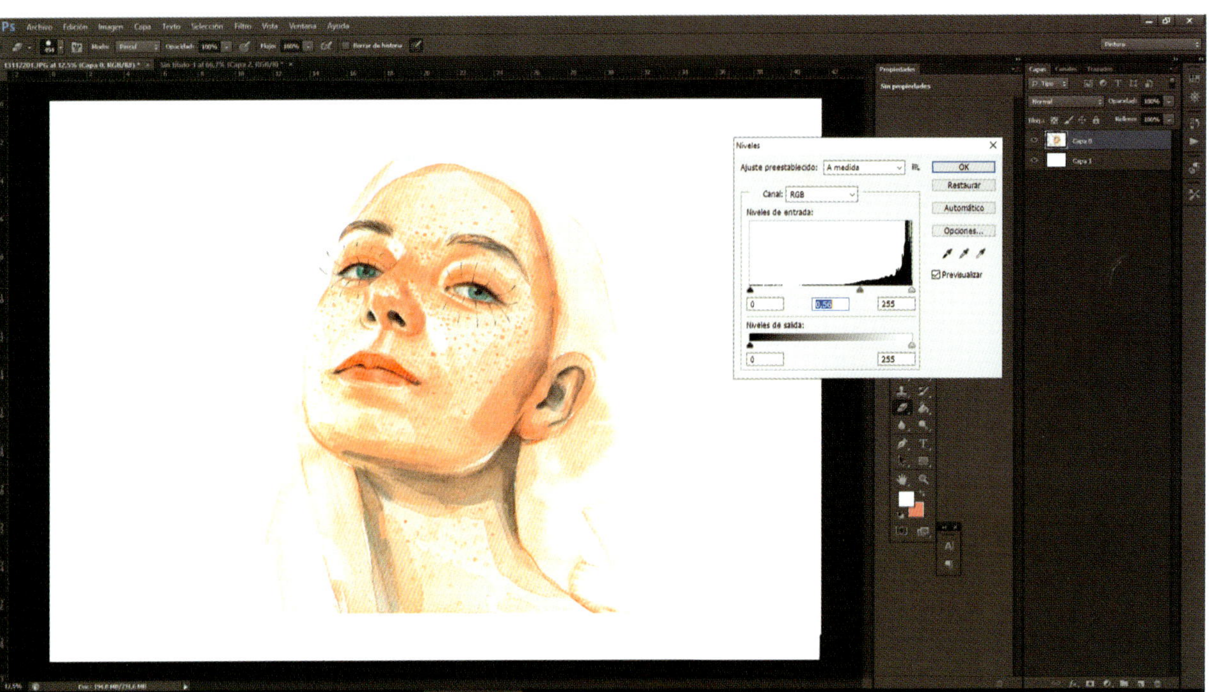

1. Vamos a hacer algunos ajustes para intentar que la imagen quede lo más realista posible. Luego podremos variar los tonos si queremos. Abra el archivo escaneado en Photoshop. Dependiendo de su escáner, los colores de la imagen importada pueden estar atenuados.

Lo primero que hago para corregir el color de la imagen es ajustar los niveles de sombras y luces. Vaya a Imagen → Ajustes → Niveles para realizar los ajustes necesarios para corregir los colores. Experimente y explore las posibilidades que ofrece cada configuración. En mi caso siempre deslizo la flecha de la izquierda al centro para oscurecer la acuarela porque el escáner hace que la imagen me resulte muy clara. Si hay alguna mancha no deseada, use la herramienta Borrador para limpiar cualquier imperfección.

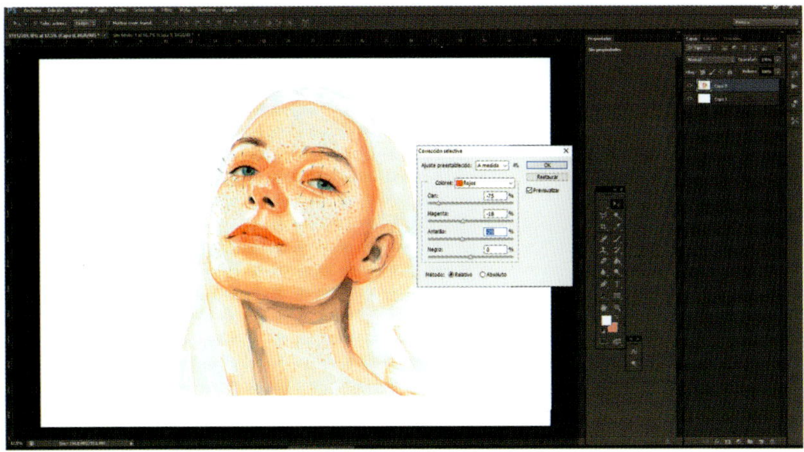

2. Ahora, modifiquemos un poco los colores. Vaya a Imagen → Ajustes → Corrección selectiva. Aquí puede ajustar los tonos y ver qué resultado le gusta más. Yo suelo hacerlo de forma intuitiva hasta que estoy satisfecha con el resultado. Si lo prefiere, puede crear una capa de relleno o ajuste para no modificar el original. Vaya a Capa → Nueva capa de ajuste.

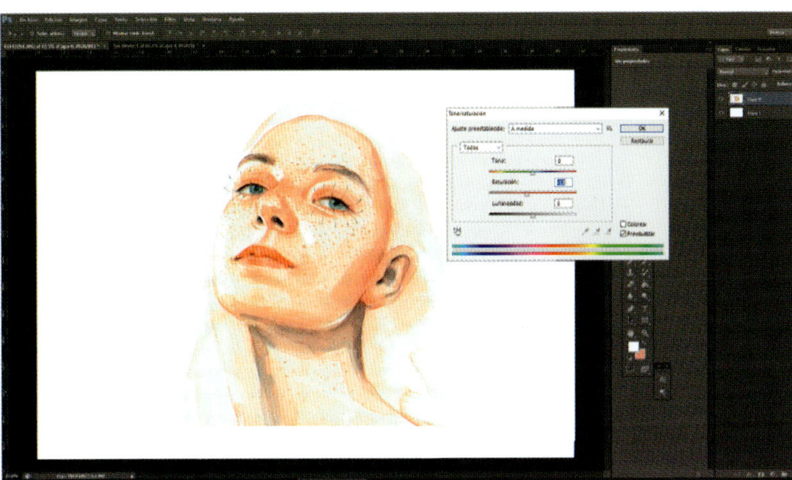

3. Otra modificación que suelo hacer es ajustar la saturación. A veces, las imágenes se escanean con colores muy vivos, y me gusta bajar un poco la saturación. Vaya a Imagen → Ajustes → Tono/Saturación.

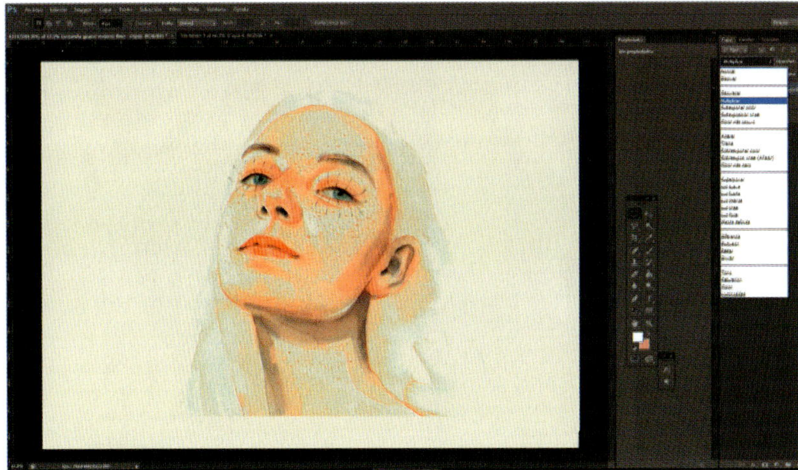

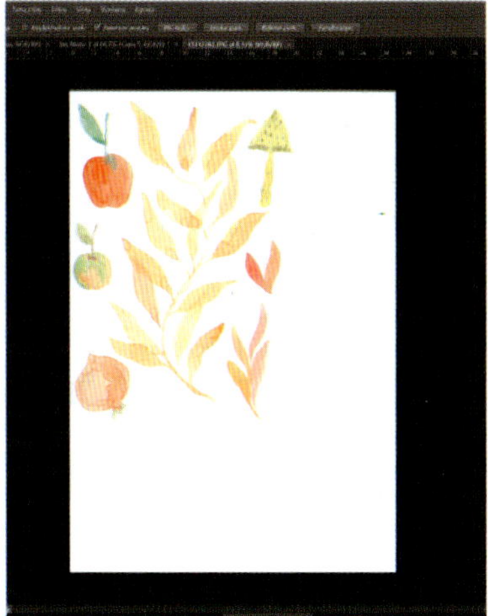

4. Uno de los pasos que más me gusta es dar textura a una acuarela. Puede escanear sus papeles o cartulinas, explorar sus texturas o buscarlas en Internet. Si va a vender su obra, es aconsejable invertir en texturas de buena calidad. Abra el archivo «Textura» y cópielo y péguelo en la imagen. Rasterice esta capa, convirtiéndola en píxeles, para poder editarla. Haga clic con el botón derecho del ratón y seleccione Rasterizar capa. En Capa, mueva la capa «Textura» al primer lugar y cambie del modo «Normal» a «Multiplicar» para que se vuelva traslúcida. Todas las capas que queden por debajo tendrán este efecto (continúa).

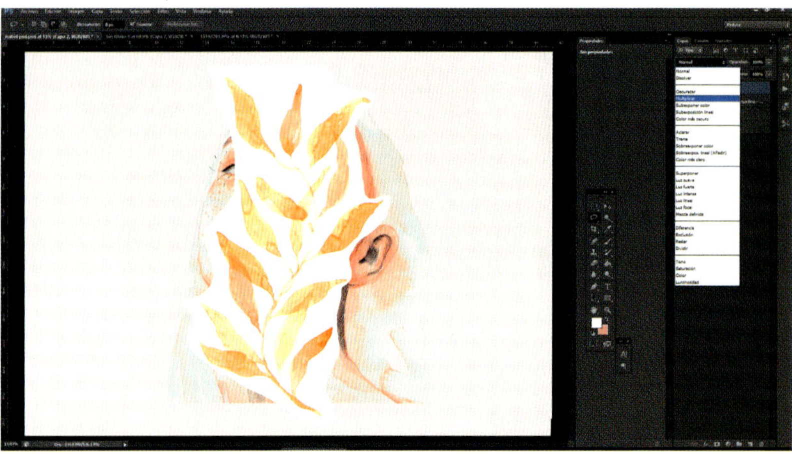

5. Pegue otro archivo con el motivo elegido. En mi caso he escaneado una rama con hojas.

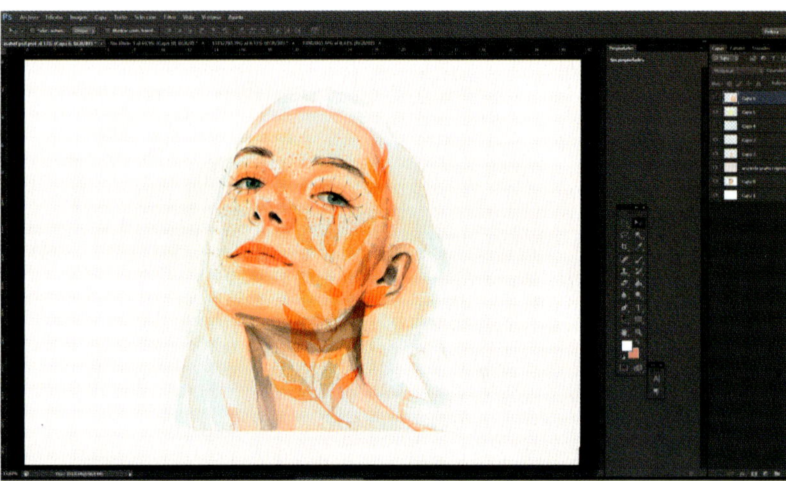

6. Vuelva a rasterizar la capa para poder editarla a su gusto. Repita el paso anterior de cambiar el modo a «Multiplicar» para que la capa se vuelva transparente. Si va a Edición → Transformar → Escala, podrá cambiar su tamaño. Utilice el cursor para mover la imagen y colocarla como desee.

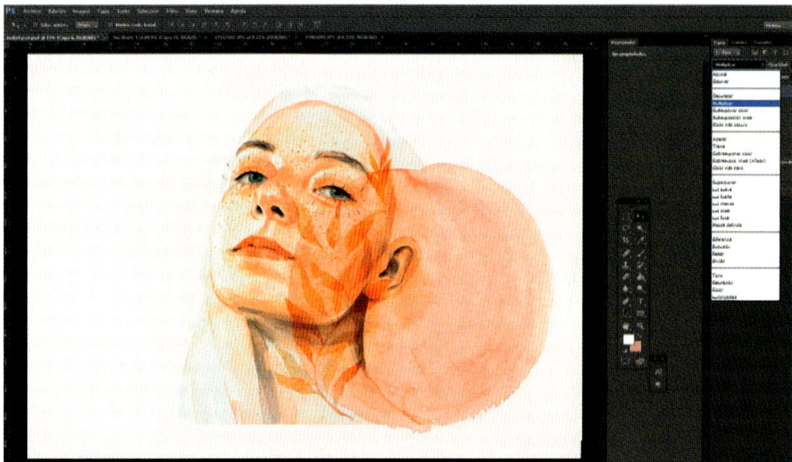

7. Cree manchas de formas diferentes con acuarela y escanéelas si desea añadir más color o textura al retrato. Puede crear un banco de imágenes con sus propias manchas de acuarela y añadirlas a sus retratos. En este caso he añadido una mancha de acuarela para dar más color al pelo y también una ligera sombra en la cara. Como he hecho antes, he rasterizado la capa y he cambiado el modo a «Multiplicar». Ahora puede realizar todos los ajustes de modificación del color que considere necesarios.

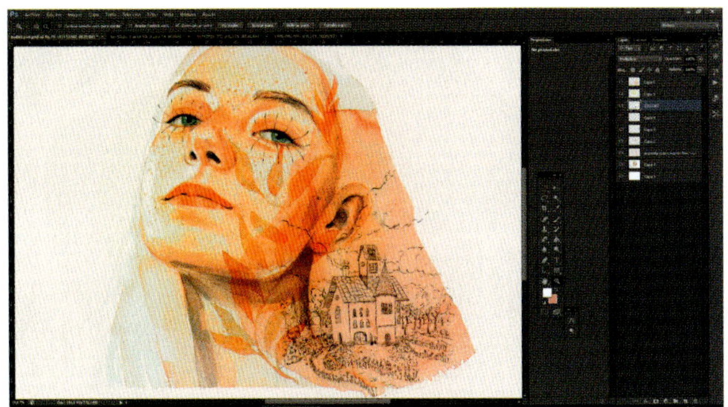 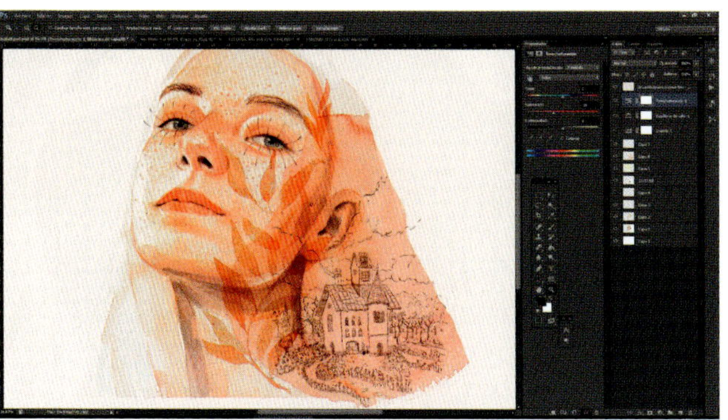

8. A continuación, he seleccionado las zonas que no quería y las he borrado con cuidado. De nuevo, he añadido un dibujo más que había hecho previamente en tinta china para crear una atmósfera y una historia para el dibujo.

9. Por último, cree una capa de ajuste para unificar todos los tonos del retrato. Este proceso ha sido muy sencillo, pero puede crear todas las capas y modificaciones que desee. En realidad, lo más divertido es el proceso en sí.

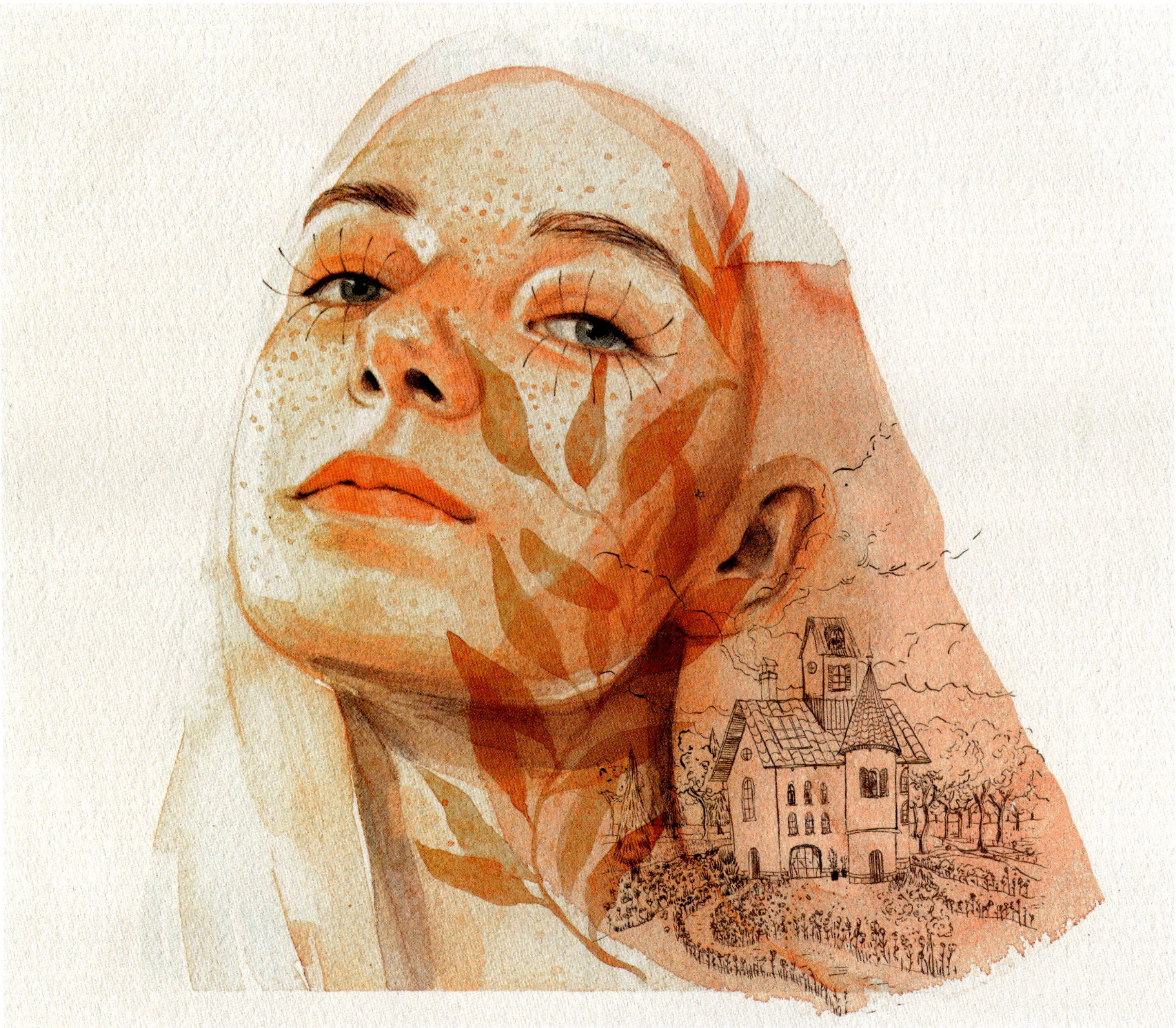

Esto no acaba aquí. Ahora le toca a usted seguir practicando y experimentando. Espero que este libro le haya ayudado y le haya dado nuevas herramientas para transformar sus ideas en realidad. No deje de mostrar interés y curiosidad por aprender cosas nuevas. ¡Gracias!

AGRADECIMIENTOS

Quiero dar las gracias a todo el equipo de Quarto por confiar en mí y mostrar interés por mi trabajo, especialmente a Joy y Hailey por su amabilidad y confianza. A pesar de los nervios, me he sentido muy apoyada durante la realización de este libro.

A mi familia, por su apoyo incondicional y por ayudarme tanto desde el principio. A mi madre, que siempre aprecia y valora todo lo que hago y me ha hecho amar el dibujo sin darme cuenta desde que era pequeña. Gracias, mamá, por enseñarme a dibujar. A mi padre, por apoyarme y animarme y por sus críticas que me hacen mejorar. A mi sobrina, por emocionarse tanto con los dibujos que le hago, aunque los suyos me emocionan más a mí.

A mis amigos más cercanos, por alegrarse de corazón de las cosas buenas que me pasan.

A mis antiguos alumnos del taller «La Habitación de Lhea», que me han hecho crecer como persona y como profesora. Guardo muy buenos recuerdos de aquella época.

A todas las personas que no conozco personalmente pero que me han apoyado de una forma u otra, a través de las redes sociales, comprando y creyendo en mi trabajo, asistiendo a cursos y mostrando interés por lo que hago, gracias de todo corazón por vuestro cariño y ánimo. Esto también es para vosotros.

Y a usted, lector, que se ha interesado y ha comprado este libro, muchas gracias. ¡Espero que lo haya disfrutado!

ACERCA DE LA AUTORA

ANA SANTOS Licenciada en Bellas Artes por la Universidad de Salamanca, en la especialidad de dibujo y diseño gráfico. Además de su trabajo como ilustradora y diseñadora para diversos clientes, imparte clases de dibujo y pintura presenciales y también en la plataforma de cursos en línea Domestika. Ana vive en Salamanca. Para obtener más información, visite anasantosilustracion.com o @anasantos_illustration en Instagram.

Título original: *Creative Portraits in Watercolor*

© 2024 Librero b.v. (edición española)
www.librero.nl

Primera edición en Estados Unidos, en 2023 a cargo de
Quarry Books, un sello editorial de The Quarto Group

© 2023 Quarto Publishing Group USA Inc.
Ilustraciones © 2023 Ana María Santos Hernández

Diseño y maquetación: Laura Shaw Design
Imagen de la cubierta: Ana Santos

Producción de la edición española:
Traducción: Antonio Vizcarra para Delivering iBooks & Design
Redacción y maquetación: Delivering iBooks & Design, Barcelona

Distribución exclusiva de la edición española:
Librero IBP S. L.
C/ Paseo de los Olmos, n.° 20
Planta 1.ª, oficina 7
28005 Madrid, España
www.librero-ibp.es

Impreso en China
ISBN: 978-84-1154-051-3

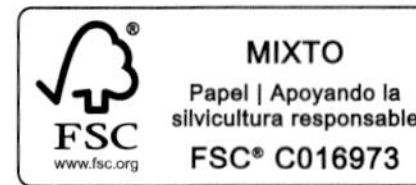